日语教学与研究

外语专业建设与人文精神培养 2

主　编 孟庆荣
副主编 由志慎 李光赫

外语专业建设与人文精神培养 2

大连理工大学出版社

图书在版编目(CIP)数据

外语专业建设与人文精神培养. 2 / 孟庆荣主编. —
大连 : 大连理工大学出版社，2016.10
ISBN 978-7-5685-0587-1

Ⅰ. ①外… Ⅱ. ①孟… Ⅲ. ①高等学校－外语－专业人才－人才培养－中国－文集 Ⅳ. ①H3－4

中国版本图书馆 CIP 数据核字(2016)第 227638 号

大连理工大学出版社出版
地址:大连市软件园路 80 号 邮政编码:116023
发行:0411-84708842 邮购:0411-84708943 传真:0411-84701466
E-mail:dutp@dutp.cn URL:http://dutp.dlut.edu.cn
大连理工印刷有限公司印刷 大连理工大学出版社发行

幅面尺寸:185mm×260mm 印张:15.5 字数:358 千字
2016 年 10 月第 1 版 2016 年 10 月第 1 次印刷

责任编辑:楼 霈 责任校对:徐函阳
封面设计:张 莹

ISBN 978-7-5685-0587-1 定 价:49.00 元

前　言

伴随着全球一体化的浪潮，人类逐步实现了信息的共享、文化的融合。文化的交流与融合对各国的社会进步起着巨大的推动作用。在此背景下，进行不同民族、不同地域之间的跨文化研究，就有着深刻的意义。作为跨文化交际的媒介——语言——在此研究中发挥的作用是不可估量的。小到生活细节、大到价值观乃至思维方式都从不同的角度影响着我们。作为不同语言文化的传播者，大连理工大学日语系一直致力于探索语言的本质、外语教学的重点和基本点，为培养有扎实语言功底、开阔国际视野和跨文化交际能力的外语人才而努力。在此背景下本论文集应运而生。

跨文化交际的英文名称是 intercultural communication 或 crosscultural communication。它是指本族语者与非本族语者之间的交际，也指任何在语言和文化背景方面有差异的人们之间的交际。由于所处的地理、历史、生态、物质、社会及宗教等环境不同，人类社会存在不同的语言习惯、社会文化、风土人情等诸多语境因素。不同的文化背景造成人们语言表达方式或习惯也不尽相同，而在进行交流时，人们总喜欢用自己的语言表达方式来解释对方的话语，这就可能使交际双方产生冲突和交流障碍。因此，进行跨文化交际研究，研究语言与文化的关系，通过对交际双方赖以生存的社会文化背景进行文化语用上的分析，掌握语言的本质，理解文化的差异，由此也可以提高语言教学质量，有效地进行跨文化交际。而语言学包括语言资源的语言学和语言使用的语言学，后者又分为与自然科学相结合的语言学及与社会科学相结合的语言学。本论文集主要是对后者的尝试，是对“言语行为的剖析”。各位老师从不同的视角分析中日两国言语行为的特点以及原则，并对日语学习者的特征加以分析，进一步推动日语的教学。

中日两国有着悠久的文化交流历史，尽管两国在文化习俗上有诸多相似之处，但跨文化交际中言语运用的规则及表达方式还是存在很大差异的。日语与中文的语言形式不同，作为一种“高文脉语言”，对话双方的亲疏关系和社会文化特征更多地暗含于语言形式之外。人们如何提出话题、展开话题、体会对方的真意从而维持交谈，直至会话结束，都有源于其社会文化深处的约定。因此从语用学的角度对语言运用、言语行为的表达方式、交际策略、中日社会文化比较、日语学习者及日语教师在学习和教学中面临的困惑等问题进行多角度、多维度的研究分析就显得尤为重要。我们也希望本论文集的面世为对日本社会文化感兴趣的人了解日本、为日语学习者提高日语能力、为日语教师的日语教学，提供参考依据。

编　者

2016年10月

目次

日本語教育

日本語学

社会文化

翻訳

文学研究

日本語教育

日本語教育史の意義と可能性：授業実践と研究リソースの構築を踏まえて

小川誉子美

要旨：本稿は、筆者が日本語教育史の授業で行ってきた取り組みを紹介し、日本語教育学において当分野を扱う意義と可能性について私見を述べるものである。日本語教育は、これまで各地で培ってきた豊富な経験を活かし、グローバル社会への貢献が期待される分野である。そのためには、日本語教育の歴史過程を学び、歴史の中の多様な事例をもとに現代を俯瞰しながら、複眼的に時代を把握する力を養うことが必要である。筆者は、その第一歩として、日本語教育史研究に関する情報のリソースを構築し、ホームページ上で公開してきた。日本語教育史に関する研究は、昨今、中国の研究者から多くの成果が発信されるようになった。また、日本の大学で日本語教育学を学ぶ中国人留学生も多い。日本語教育史という科目は、留学生とともに学ぶことで、交流史を双方の視点から見直す場としても重要な機会を提供するものであり、日本語教育学における当科目の果たす役割は大きいと思われる。なお、筆者は、多様な視野から議論を活性化し、日本語教育史に取り組む次世代の研究の萌芽を育む場として、当ホームページの充実をはかっていきたいと考えている。

キーワード：日本語教師養成　ホームページ　日本語教育史　日本概況　中国人留学生　日本語教育の歴史と現状

1. はじめに

日本語教育史研究は、世界各地での歴史資料の公開や資料情報の入手が容易になったことにともない、大きな進展を遂げている。しかし、これまで、その成果が日本語教育学に活かされたり、日本語教育に新たな視点や関心を喚起してきたとは言い難い。このような中、筆者は、これまで日本語教育の史実を扱う授業を複数の課程で開講し、いくつかの試みを行った。一つは、授業における学習者による課題発表であり、もう一つは、当分野の研究情報のホームページ上での公開である。本稿は、日本語教育史をテーマとした授業実践および発表に用いた課題例を紹介し、日本語教師を養成する課程で当領域を扱う意義と可能性について私見を述べるものである。

2. 本稿の背景

日本語教育が行われてきた時代や地域は広く、そこには現代の想像を超えた数々の史実が眠っている。こうした史実から得られる知見は、今日の言語教育の課題に示唆を与え、有意義な議論へと繋がっていく。しかし、現在、その日本語教育史を扱う意義が共有されているとは言いがたい。たとえば、日本語教育関連の学会や研究会の掲載論文や発表題目、『新版日本語教育事典』（2005年、日本語教育学会編）の項目、日本語教育課程における「日本語教育史」という科目の開講状況を見れば明らかである。しかし、「日本語教員養成において必要とされている教育内容」①に示されたガイドラインでは、3領域5区分のうち、社会・文化・地域の区分の一つとして、「日本語教育の歴史と現状」が示されている。ガイドラインで言及されているにもかかわらず、実施されていない要因の一つが、教科書の候補となる書籍が不十分な点にあると考え、『日本語教育史テキスト作成に向けた基礎的研究』（課題番号12520531平成21年度～平成23年度）では、留学生とともに学ぶクラスでの使用を想定したテキスト（小冊子）『日本語をめぐる国際交流史』（2012年、小川誉子美・河路由佳）を作成した②。

さらに、冊子の配布範囲にとどまらず、広く次世代の留学生や学生たちを対象に、当分野への関心を高めるためには、別の装置が必要であると考え、『日本語教育史のコンテンツの再構成と資料の公開に関する基礎的研究』（課題番号21520572平成24年度～平成26年度）において、ウェブサイト『ようこそ！日本語教育・学習史のホームページへ』（http://ynu-isc-kokusai.jimdo.com/）を作成した。ここでは、受講生らが自ら先行研究を読み解き、あらたな歴史資料を用いて自律的に取り組めるしくみを構築し、具体的な研究テーマや参考文献、一次資料等の情報を「課題と文献」「デジタルアーカイブ」という項目にまとめ、ウェブ上で公開した。なお、「課題と文献」を辿ることで各時代の日本語教育の展開や研究の動向についても俯瞰できるよう、構成を考えた。特に、歴史資料のウェブ上での公開が急速に進んでいる今日、歴史資料にウェブ上で触れる機会を提供することは、史実への関心を喚起し、研究の萌芽を育むことにもつながると考え、今後も内外の情報を収集して行く予定である。

平成27年度は学部や大学院の授業でこれを用い、授業での成果も掲載した。大学院の受講生の多くが中国人留学生を占めることから、中国の日本学科にも配信した。当テー

---

① 文化庁の日本語教員の養成に関する調査研究協力者会議報告『日本語教育のための教員養成について』（2000年3月）の中で示されたガイドライン。

② 構成は以下のとおりである。Ⅰ．言語教育の展開と日本語教育の位置づけ　1. 外国語学習の変遷　2. 海外の日本語教育　3. 国内の日本語教育　4. 「日本語」をめぐる動き—近代日本の〈日本語〉〈国語〉—　Ⅱ．日本語教育の展開1—黎明期の展開と日本における展開　5. 黎明期の日本語学習—江戸時代まで—　6. 近代日本の日本語教育（戦前）—留学生・宣教師たちの日本語学習—　7. 戦中・戦後の日本語教育　Ⅲ．日本語教育の展開2—各地域における展開　8. アジア・太平洋地域の日本語教育　9. 欧米他の日本語教育　Ⅳ．人物と国際交流史　10. 人物・業績　11. 日本語をめぐる国際交流史「年表」（学生作業用）

マを扱う筆者の授業では、受講生が「課題と文献」をもとに「課題発表」を行い、その成果は、「課題発表の例」にて紹介した。2節では授業の概要を、3節では「課題発表」の方法と「課題と文献」を紹介し、4節では、受講生の反応を、5節では先行研究を踏まえ、日本語教師養成講座や中国の大学の日本学科で当科目を扱う意義について考えてみたい。

3. 授業の概要

筆者は、複数の課程で、各目的のもとで日本語教育史の事例を紹介してきた③。時間的制約から、欧米の日本語教育かアジア・日本の日本語教育のいずれかを取り上げた。また、授業の目的によって、DVDを含む参考資料や課題内容などを調整したが、どの授業においても、学期中に2回、課題発表を行った。ホームページの「課題と文献」から各自テーマを選び、文献は論文に加え、新聞のデジタルアーカイブやアジア歴史資料センターの一次資料なども利用した。この「課題と文献」は、今後も随時追加していく予定である④。

講義では、戦前のアジアのほか、ヨーロッパや南北アメリカ、中東地域を範囲とし、アジアや日本国内の状況に関しては、特に中国を中心に戦前戦後の史実を取り上げた。また、日本語教育の史実と日本を取り巻く国際関係の影響に焦点を当てた事前課題やキーワード、事後の課題や文献など、授業の前後に取り組む課題を提供した。

日本語教育の史実について、対日交流史、各国の日本研究史、植民地研究史、キリスト教史、中国人留学生史などの研究分野でも報告されている。ホームページの「課題と文献」には、こうした関連領域での報告も紹介した。特に、対外交流を支えてきた通訳の活動、日本語学習の需要を創出した社会背景、例をあげると、日露戦争や第一次大戦が契機となってもたらされた日本語学習、また、日本語学習から派生した発見や事象もその範囲とし、日本語学習を日本の対外関係史の文脈においてとらえ、その影響にも視線を向けることで、日本語学習がより多くの領域と関わりあっているという事実への理解をうながした。

当授業の受講生に関しては、教養科目の場合、専門や学年も異なり、異文化の人々との交流活動という側面から日本語教育に関心を持つ者が目立った。また、日本語教育を専攻する大学院では、留学生の比率も高く、背景知識だけでなく、史実に関する評価も

③　日本語教育史の事例を紹介した授業の科目名［学科と科目区分］は、「国際理解、日本語をめぐる国際交流史」［全学対象の教養科目］「日本語教育史」［日本語教育学科の専門科目］「国際交流史」［人文社会系学科の専門科目］「日本語教育学講義」［教育学研究科の選択科目］であり、いずれも、2011年度以降、複数の大学で継続中である。

④　「課題と文献」の構成は以下の通りである。Ⅰ　近代以前の日本と東アジアの人々／Ⅱ　近代日本（国内）と清国人留学生／Ⅲ　近代のアジアの日本語教育／Ⅳ　近代以前の日本とヨーロッパ・ロシア／Ⅴ　近代の欧米他の国々／Ⅵ　近代日本と来日西洋人／Ⅶ　戦後（現代）の日本語教育。Ⅰ・Ⅱの目次は本稿末の資料１に掲載した。

日本人学生との間では異なることから授業の運営に配慮が求められた。

4.「課題発表」の方法と「課題と文献」の例

各授業の共通点は、受講生はそれぞれ、複数の課題から一つを選び、文献をまとめ、グループ内で発表、討論をするという方法である。テーマや文献はクラスごとに調整した。1回目の課題発表では、受講生は指定した基本文献を中心にまとめるが、大学院や日本語教育専門課程の授業では、基本文献以外の文献を探すことも義務付けた。2回目の課題発表では、テーマは地域と時代を指定するにとどめ、文献の内容を紹介するほか、アジア歴史資料センター、朝日新聞や読売新聞のデータベース、海外の新聞等など、史実に関わる一次資料にあたることも義務付けた。一連の作業に関する相談時間を設けたところ、ほとんどの学生がこれを利用した。以下に、「課題と文献」の中で、特にアジアに関するものを紹介する⑤。

(1) 唐通事

対外交渉において重責を担う通訳者は、かつては、訳官、訳士、通事、通詞と呼ばれていた。江戸時代には、朝鮮語を担当する通訳は対馬に、オランダ語や中国語を担当する通訳は長崎に常駐し、朝鮮語通詞、オランダ通詞、唐通事と呼ばれていた。「通詞」と「通事」は、どのように区別されているのか、唐通事とはどのような組織であり、どのような活動を行っていたのか、言語に関する活動を中心にまとめよ。

(2) 梁啓超と和文漢読法

日清戦争後の清国では、政治改革運動である戊戌の変法（1898）が失敗に終わると、変法（改革）のモデルを日本に求めた康有為や梁啓超らは、日本に亡命し、西洋の近代学問を学ぶために日本留学を勧める記事を本国に発信し続けた。直接西洋に学ばず、日本に学ぶ理由の一つは、両国の言語は「同文」であることであった。張之洞は『勧学篇』（1898）の中で、日本語は「半年習得すれば速成出来る」と言い、梁啓超は、「日本語は学ばずに出来る」と述べ、来日してまもなく日本語概説書『和文漢読法』を執筆し、日本留学を促したのである。この書名を借りた日本語学習書が次々と出版されるほど、当時『和文漢読法』は広く知られていた。本書の特徴について調べよ。

(3) 清国留学生部

清国からの日本留学は、1896年の13名の来日にはじまり、1905年には最盛期を迎え、8000人に上る留学生が学んでいたというのが定説である。1907年には、清国留学生教育指定校として、宏文学院をはじめ、早稲田大学、法政

⑤ 「課題と文献」の欧米の例については、本稿末の資料２に２点掲載した。

大学、明治大学などがあげられ、留学生の教育にあたっていた。この中には、「清国留学生部」を設置するところもあった。清国人留学生のために設置された機関では、どのような人々によって、どのような理念で留学生教育が始められたのか、日本語教育をはじめとする教育内容やカリキュラムについてまとめよ。

(4) 南方特別留学生

太平洋戦争最中の1943年から44年にかけて、南方特別留学生と呼ばれる国費留学生が、東南アジアの日本の占領地から招かれ来日した。フィリピン、インドネシア、マレーシア、ミャンマー、タイ、ブルネイから招かれた205名は、東京で日本語の研修を受けたあと、各地の専門学校や高等師範学校、大学で学んだ。終戦後、欧米の旧宗主国の支配が復活した地域の出身者は帰国したが、その他の留学生の中には、日本にしばらく残留した者もいた。戦後行われたヒアリング調査を通じて、南方特別留学生招聘事業の実態が知られるようになった。それらの報告を通じて、招聘の目的、日本語教育、留学生活、彼らの戦後の活動についてまとめよ。

5. 受講生の学び

当授業を通して、受講生にどのような学びがあったのか、フィードバックシートやグループ活動での質疑を中心に、筆者が観察した内容を以下にまとめる⑥。

一つ目は、言語学習の動機に関するものである。具体的には、「受講前は考えたこともなかったが留学生や日本語教育と社会的背景に深い関係（明治期の清国留学生の目的、軍人の留学、中島敦の苦悩）があること」「政治情勢の変化や経済的な利害関係によって学習者層が変化すること」を発見したというものである。これに関連し「かつて倭寇対策のために日本語が学ばれていたと知って驚いた」という感想がしばしば寄せられるが、外国語学習は個人の関心で選択して学ぶものという概念から、国や地域の安全保障という視点、すなわち、重要地域の専門家として外国語人材の養成が必要とされているという言語政策の視点に気づきを促すのにも重要な史実でもある。

二つ目に、教師の理念や姿勢に関するものである。まず、近代において、日本語を民族のアイデンティティにつながる継承語として言語を考える観点から、海外の日系人に対してはそれを重視する立場であったが、植民地では、現地の人々の母語ではない日本語を普及させるという政策が推進されていたことへの矛盾と、多くの日本語教師がそれ

---

⑥ このクラスでの発表は、1回目は、本稿末の資料1の目次（Ⅰ・Ⅱの例）から、2回目は、Ⅶから、「解放後の韓国の日本語教育」「韓国における日本語学会」「大連日語学校の展開」「1949年以降の中国の日本語教育」「大平学校」「台湾日本統治期初期の日本人教員」「インドシナ難民に対する日本語教育」「ベトナムの日本語教育」「日本語教師養成の展開」などが選ばれた。

に追随していったことに対する指摘である。このほか、当時の清国留学生の受け入れや日本語教育に従事した人物（下田歌子や松本亀次郎、高田早苗、青柳篤恒ら）の教育者としての理念、留学生（漢字圏・非漢字圏）、宣教師、軍将校、インドシナ難民など、新しい学習者層に出会うたびに、それぞれの目的に対応した教材作成を行ってきたことへの指摘もあった。

三つ目に、歴史の中の日本語教育と現在との共通点に関するものである。昨今、日本語学校で学ぶ学習者の出身地が、これまでの東アジアから東南アジアや南アジアへと変化している。こうした変化はすでに1930年代にも生じていたが、当時、国際学友会は新たに迎えた非漢字圏学習者向けの教材を作成している。現在、非漢字圏出身の留学生に日本語教育を担当している受講生の中には、従来の中国人学習者に使用してきたテキストを使い続けている現状に気づかされたという感想を持つ者もいた。現在とは全く異なるものだと思っていた歴史の中の日本語教育に現在との共通点を見出すことで、現在を歴史の一コマととらえ、相対化する視点を徐々に持つようになっていくのである。

また、歴史の中の各国の教育制度やカリキュラムから直接取り入れてみたいものやヒントを見出す者もいた。日本語教育史を通じて、「立場や考え方といった、教師としての核となるものが重要になるということ」を学び、日本語教育史から得た視点は、「現代の日本語教育だけでなく、教育場面全般に対して活かせる。」と他分野への応用の可能性を見出そうとする意見もあった。

一方、日本語教育を専攻しない学部生が授業から得た内容として次の点を挙げている。よく考えれば当たり前なことかもしれないが、思いもよらないところで、想像を超えた日本語学習が行われていたという史実に触れられたこと、そこで学ぶ人々や支援する人々の姿勢に触れたり、他国の日本語教育を知ったりすることで日本の英語教育や自身の外国語学習を見直す機会となったこと、海外の視点から見た日本や日本語教育について知ることが出来たという点などである。

6. 日本語教育史の意義と展望——中国の例から

最後に、日本語教育課程において日本語教育の歴史を扱う意義について考えたい。前述のとおり、「日本語教員養成において必要とされている教育内容」（文化庁2000年）では3領域5区分が設定され、「日本語教育の歴史と現状」もその一つとして示されたが、実際、関連科目を提供する機関は少ない。民間の養成講座は、概して、短期間で即戦力となる人材の育成が期待され、限られた時間に多くを盛り込むのは難しい状況にあるが、そんな中でも「日本語教育の歴史と現状」「言語政策」等の科目を提供する機関があることは特記すべきことであろう。一方、大学や大学院においては、日本語教育史関連科目を開講する機関は少ないが、日本語教育学以外の人文・社会学系領域では、各学問に史的変遷を辿る科目（例：教育史、社会科教育史、思想史、経済学史など）が複数開設されている。日本語教育学は、教育活動に対応できる知識や技術を身に付けるための分野であるとともに、社会の需要に応じながら変遷を遂げてきた分野であることは日本語教育史が語るところである。留学生とともに学び合う日本語教育学の課程で、当分野の意義はどのようなところにあるのか、中国を例に考えてみる。中国は日本語学習者数において世界一位（2012年交際交流基金調査）でもあり、また、日本の大学院で日本語教育学を学ぶ学生の中で中国人留学生の占める割合はきわめて高い。さらに、第3節の「課題と文献」に示したように、中国の日本語教育史に関わる研究の多くは、日・中双方の資料を用いた成果として、中国人研究者によって発表されている。このような背景から、将来当分野の重要な担い手となり、当分野を牽引していく可能性を秘めている地域の一つとして、中国の例を取り上げる。

日本語教師に求められるものという視点から、春口（2010）は、中国の教育機関に日本語教師として赴任した場合、日本語のほか、「日中交流史」や「日本概況」（日本事情）などの科目の担当を依頼されることもあるという。また、徐一平氏は、早稲田大学大学院日本語教育研究科開設記念シンポジウムにおいて、「中国で日本語を教える日本人講師に必要なものは何か」というフロアからの質問に対し、「歴史を知ること」と回答している。教師として異文化・異言語を背景に持つ学習者に日本語や日本文化について伝えるためには、特に海外に日本語母語話者が赴任する場合、当地の対日関係史や文化交流史をはじめ両国の関係史についての知識は、教える技術や知識と同様に重要であるが、長い歴史を有する日中関係史に関する正確な知識を持つことは殊更重要であろう。

では、日本学科の学生が歴史学習の中で希望する分野はどのようなものであろうか。中国の日本学科の学生が学ぶ日本事情のテキストを分析した見城・三村（2013）の報告によると、日本事情の科目で中国人学習者が「歴史」の時間に期待する内容や時代は、日中関係史（35%）、近代（27%）古代中世（23%）と続き、日中関係史が最も多かったという。中国における「日本事情」テキストの日本像を分析する見城・三村（2015）では、「日中関係を取り上げるテキストで、文化交流を取り上げるものがある。近代以前は人と物を通じた文化交流を紹介しているが、近代以降は孫文、周恩来、魯迅といった著名な人物のみを取り上げており、他の無名の留学生たちの動向や影響には言及がない」（69頁）と指摘し、これに対処するためには、教える内容と方法を検討すべきであると述べている。

以上、断片的な例ではあるが、日本語教師養成のために日本語教育史の分野が果たす役割は、等閑視できるものではないことが分かる。日本語教育は、日本語教育史が語るように、社会的需要に応じながら発展をとげてきた分野である。日本語教育学が「学」として、その蓄積を活用し、より一層社会に貢献していくためには、学史に相当する科目を設置し、自らの歴史過程を辿るとともに、広い視野から現在を俯瞰できる視座を養成する必要がある。そのためには、これまで戦前の史実を中心としてきた日本語教育史に、戦後70年の歴史を加え、日本と海外の言語政策、留学生史、各国の対日政策史や地域研究の視点を盛り込んだ「日本語教育の歴史と現状」という枠組みは有効であろう。歴史の中の多様な事例をもとに現状を分析することで、日本語教育が地域社会や国際社会で貢献していく方策など、よりマクロな視点からの日本語教育の発展についても考える力を養うことができるのではないだろうか。国内の日本語教育学関連の課程では留学生比率が高まっている。留学生と日本人学生が共に日本語教育の歴史を学び合うことで、日本語教育が担う役割は、国や地域によって異なるという事実⑦をあらためて実感でき、また、対外交流史を双方の視点から議論するという体験を通じて、より深い考察を促すことができよう。

筆者は、日本語教育史の史実が現代の各地の課題について考える際も有効な素材となり、かつ、次世代の研究の萌芽を育むことができるよう、海外の研究者による論考も紹介しながら複数の言語でホームページを充実させ、関心のある人々に届くように努めていきたいと考えている。

資料

1　目次（Ⅰ・Ⅱの例）

Ⅰ　近代以前の日本と東アジアの人々

古代の日本語(外国語)学習／李氏朝鮮時代の日本語学習書／唐通事／朝鮮語通詞雨森芳洲／明朝時代の日本語研究…

Ⅱ　近代日本（国内）と清国人留学生

梁啓超と和文漢読法／宏文学院／松本亀次郎／清国留学生部／留学生向けの日本語教科書／清国女子留学生と実践女学校／中国の東文学堂(日本語学校)　／留学経験と帰国後の活動／和製漢語／留学生派遣・受け入れの意義…

2　「課題と文献」（ヨーロッパ）の一例

(1) 19世紀：パリのロニーと福沢諭吉

フランスの日本学・日本語研究の創始者であり、パリ大学付属図書館東洋語学校の教授となったレオン・ド・ロニー（1837～1914）は、訪日経験はなかったが、日本からの遣欧使節団や日本人留学生と積極的に交流をした。ロニーと親交を持った日本人たちの日記や回想録には、しばしば、彼の名前が登場する。ロニーと接した一人である福沢諭吉は、彼との会話は英語で交わしたが、ロニー宛の手紙は日本語で書き、ふりがなや英語を添えるなどロニーの日本語学習を支援したという。ロニーが日本人から日本語や日本に関する情報を学びとろうとする姿が、福沢ら使節団の記録にどのように記されているのか調べよ。

(2) 20世紀：ロシアの日本語教育

19世紀のロシアは、清から沿海州を獲得し、さらに「満州」を勢力下に置き、南下政策を

⑦　日本語教育が担う役割については、日本の外務省では、広報文化外交をすすめる上で重要な国際文化交流事業の一つとして位置付けられている。これに対し、海外では、日本語教育の主たる担い手は現地の教員であり、各国の対日政策や外国語教育、地域研究の方針に応じて実施されている。

はかった。沿海州に建設された軍港ウラジオストックには極東問題にあたる実務家を養成する機関として東洋学院が開設されると、中国語や朝鮮語、満州語、日本語が教えられるようになり、ロシア人と対象言語の母語話者が教育にあたった。日本語科では、ロシア人のスパルヴィンや日本人講師の前田清次らが教壇に立ち実務家を育成した。優秀な成績をおさめた生徒は日本研修旅行に派遣され現地調査を行った。こうしたロシアの日本語教育について、当時の日本の新聞は詳細に報じている。日本の新聞は、明治から昭和に至るまで、当地の日本語教育やロシア人講師についてどのように報じてきたか、新聞アーカイブを利用して調べよ。なお、新聞アーカイブは、各社と契約をしている大学図書館や公立図書館内で利用できるが、閲覧できる年代は異なる。日本新聞博物館（横浜市）の新聞ライブラリーでは、全国主要紙が各媒体で保存・公開されている。

参考文献

[1] 大橋百合子（1983）「唐通事の語学書—「訳詞長短話」管見」『語文研究』55, 九州大学国語国文学会

[2] 中島幹雄（2000）「唐通事の学んだ言語：『訳詞長短話』と『東京異詞相集解』(分科会「東アジアの都市の人々のことばと文化」論文)」『京都産業大学国際言語科学研究所所報』21, 京都産業大学

[3] 林陸朗（2010）『長崎唐通事—大通事林道栄とその周辺　増補版』長崎文献社

[4] 横山宏章（2011）『長崎唐人屋敷の謎』集英社

[5] 許海華（2012）「幕末における長崎唐通事の体制」『東アジア文化交渉研究』 5, 関西大学

[6] 南勇（2007）「近代中国の言語意識と「日本語」—中国留学生が編纂した初期日本語教科書をめぐって—(言語研究, <特集>中国における地域文化研究及び言語研究)」『成城文藝』198, 成城大学

[7] 古田島洋介(2008)「梁啓超『和文漢読法』(盧本)簡注—復文を説いた日本語速習書—」『明星大学研究紀要日本文化学部・言語文化学科 』16, 明星大学

[8] 李海（2010）「梁啓超の『和文漢読法』をめぐる日中批評史に関する一考察」『多元文化』10, 名古屋大学国際言語文化研究科国際多元文化専攻

[9] 盧守助(2011)「日本亡命前における梁啓超の日本認識」『環日本海研究年報』18, 新潟大学大学院現代社会文化研究科環日本海研究室

[10] 吉岡英幸(1994)「早稲田大学清国留学生部—そのカリキュラムと日本語教師—」『講座日本語教育』29, 早稲田大学日本語研究教育センター

[11] 孫倩（2012）「清末留日学生の教育機関—早稲田大学と法政大学を中心に—」『社学研論集』20, 早稲田大学社会科学研究科

[12] 呂順長(2006)「高田早苗の中国教育観」『四天王寺国際仏教大学紀要』42 四天王寺国際仏教大学

[13] 島田正郎（1980）「私立明治大学経緯学堂始末記—清朝の対留日学生政策をめぐって(明治大学法学部創立百周年記念論文集)」『法律論叢』(別冊), 明治大学法律研究所

[14] 胡穎（2010）「清国留学生教育機関における留学生の受け入れ—明治末期の東京府知事宛申請書類群に関する考察」『アジア教育史研究』19, アジア教育史学会

[15] 酒井順一郎（2010）『清国人日本留学生の言語文化接触—相互誤解の日中教育文化交流』，ひつじ書房

[16] レオカディオ・デアシス（著）高橋彰（編訳）（1982）『南方特別留学生トウキョウ日記：

フィリピン人の見た戦時下の日本人』秀英書房
[17] オスマンプティ（著）小野沢純（訳）（1991）『わが心のヒロシマ：マラヤから来た南方特別留学生』勁草書房
[18] 藤原聡・篠原啓一・西出勇志（1996）『アジア戦時留学生：「トージョー」が招いた若者たちの半世紀』共同通信社
[19] 多仁安代（2001）「南方特別留学生の諸相」『太平洋学会学会誌』(90)，太平洋学会
[20] 上遠野寛子（2002）『東南アジアの弟たち—素顔の南方留学生』暁印書院
[21] 橋本 明（2011）『共に生きるAsia Living Together ブルネイ前首相ペンギラン・ユスフと「ヒロシマ」』財界研究所
[22] 王冲（2013）「中国人日本語学習者が求める『優れた』日本語教師像—量的データと質的データによる実証分析」『Polyglossia』25，立命館アジア太平洋センター
[23] 小川誉子美（2015）「科学研究費助成事業研究成果報告書」基盤研究（C）平成24年度～平成26年度、課題番：24520572，研究課題名：日本語教育史のコンテンツの再構成と資料公開に関する基礎的研究
[24] 見城悌治・三村達也・中島英介・菅田陽平（2015）「現代中国における大学生に対する「日本事情」ニーズ調査」『国際教育』8,千葉大学国際教育センター
[25] 見城悌治・三村達也・（2013）「現代中国における大学生に対する「日本事情」テキストに見る日本像」『国際教育』6,千葉大学国際教育センター
[26] 春口淳一（2011）「中国で求められる日本人日本語教師像—副専攻としての日本語教員養生講座の今後の課題」『長崎外大論叢』15，長崎外国語大学
[27] 平畑奈美（2007）「グローバル時代の日本語教師に望まれる資質—差異を知る力・差異を超える力」『お茶の水女子大学比較日本学研究センター研究年報』3,お茶の水女子大学比較日本学研究センター
[28] 水谷修・徐一平・李徳奉・細川英雄・吉岡英幸（2002）「早稲田大学大学院日本語教育研究科開設記念シンポジウム」『早稲田大学日本語教育研究』1,早稲田大学
[29] 「西航手帳」文久2年（1862）解読・解説　富田正文・長尾政憲
[30] 福沢諭吉(著)慶応義塾(編纂)（1962）『福沢諭吉全集』19
[31] 大蔵親志（1999）「レオン・ド・ロニー研究—1862年遣欧使節の若き洋学者たちとの出会い」『別科論集』 1,大東文化大学別科日本語研修課程
[32] 佐藤文樹（1972）「レオン・ド・ロニー　フランスにおける日本研究の先駆者」『上智大学仏語・仏文学論集』7，上智大学仏文学科
[33] 西川俊作（2005）「書簡に見る福澤人物誌(第12回)レオン・ド・ロニー—実ニ欧羅巴中唯一人ノ良友」『三田評論』1078，慶応義塾
[34] 桧山真一（1993）「東洋学院（ヴラヂヴォストーク）最初の日本人教師」『ロシア語ロシア文学研究』 25，日本ロシア文学会
[35] A.ディボフスキー（2009）「極東ロシアにおける日本研究と日本語教育の行方—東洋学院(1899-1920)の日本学を中心に」『言語文化研究』35，大阪大学大学院言語文化研究科
[36] 小川誉子美（2014）「新聞が報じた日本語教育—日露戦争前後の極東ロシア」『ことばと文字』2，日本のローマ字社

日本語教室活動における対話的アセスメントの実践

大連理工大学　孫成志

要旨：本稿は、日本語教育における対話的アセスメント活動の実践を通して、教師と学習者の間で共有できるアセスメント基準はいかに形成されているかを、検討したものである。アセスメント活動についての分析からは、（1）アセスメントの基準を決める際の困難点（他者を評価することへの躊躇、教室参加者間のアセスメント観の衝突）、（2）アセスメント基準の決定・共有、（3）対話的アセスメントの意義の問い直し、というプロセスからの考察ができた。日本語教室活動における対話的アセスメントの実践は、教師と学習者たちの多様な解釈と価値観が交換し合える場と状況があって初めて成立される。また、最終的には、アセスメント活動の到達度を目指すのではなく、教室参加者の間にその場において共有できる基準を創出するプロセスを作り続けること、よりよいアセスメント活動の姿を教室参加者皆で求め続けることが、重要な理念になると考える。

キーワード：対話的アセスメント　アセスメント基準　日本語教室活動　実践研究

1. 研究の背景と目的

近年「評価者＝教師」という伝統的評価やアセスメントに対する数々な問題点が指摘されてきている。常に評価活動を教師がコントロールすること、学習者の知識の量や質をテストの点によって判定すること、点数による競争をあおること、そもそも人の能力は数値化できるのかという根本的な疑問などが上げられる。佐藤・熊谷（2010）では、グローバリゼーションや情報化が進む現代において、様々な世界観や異なった価値観をもった人々と関わりをもっていくには、規範／標準を身に付けるという受身的な態度、あるいは、模範／基準に基づいて学習者を評価するという発想だけでは不十分であり、教室活動において、教師と学習者が共に相手の声をしっかり聞き、助け合いながら、創造的、且つ積極的に社会に関わっていくためのアセスメントの機会を提供することが必要であると述べている。

このような従来の評価観への批判をふまえ、日本語教育の現場では、代替的評価の考え方が広まってきた。ポートフォリオ評価（横溝2001）や、自己評価（トムソン木下2008）、相互自己評価（細川2008）、対話的アセスメント（市嶋2014）などの研究が報告されている。これらのアセスメントに関する研究は、学習のプロセスを評価するもので、協働的な活動に注目し、自己評価や自己モニター能力に焦点を当てている。その評価観は、大きく以下の3点にまとめられる。

（1）点数化された、一次元のものさしに並べられる「テスト」や「測定」という学習結果（量的評価）ではなく、その結果を生み出す学習プロセス（質的評価）に注目している。

（2）教師が一方的に学習者の学びを評価するのではなく、学習者自らも評価に主体的に参加し、協働的な評価活動を目指している。

（3）学習者の自律性を育てる一環として、自分ができること・できないことが意識化でき、自己モニター能力も向上していく。

このように、日本語教育の分野において、言語教育のパラダイム転換により、言語能力や言語活動の普遍性だけでなく、動態性、教師と学習者の関係性に注目した評価観が見られるようになった。

しかし、大きな問題点としては、評価やアセスメント基準の決定権が教師のみに委ねられていることが上げられる。教師の教育理念に基づいた評価やアセスメントの基準を学習者に明確に示すことの意義は大きいが、その基準を静態的なものとみなし、その特性を固定的にとらえる従来の視点だけでは、評価やアセスメントに内在する価値の多様性を捉えきれない。学習者も教師も、一人一人異なる価値観、評価観を持っており、完全に一致することはありえないが、両者の間で共有できるアセスメント基準を検討することが可能であると考える。

そこで、本稿では、日本語教育における対話的アセスメント活動の実践を通して、教師と学習者の間で共有できるアセスメント基準はいかに形成されているかを、検討する。

2.「対話的アセスメント」の実践に関する先行研究

本稿では、「アセスメント（assessment）」を、「測定」や「テスト」という言葉と混同されてとらえられるようになってしまった数値化や格付けのための「評価」と区別し、学習者も教室活動やアセスメント行為の主体となり、学びのプロセスに注目する一連の活動と考え、日本語教室活動のプロセス分析を行う際に、「評価」ではなく、「アセスメント」という言葉を用いることにする。

従来の日本語教室活動では、教師が下記のようなIRE／IRF連鎖（IRE／IRF Sequence）（Mehen1979）と呼ばれる教室内相互行為を通じて、話題や発話、発言順等をコントロール（Initiation：発問／説明／指示）し、学習者は受動的に答え（Reply：応答）、その答えが教師によって評価（Evaluation：評価/フィードバック）される。

教師（I）：今、何時ですか。

学習者（R）：3時15分です。

教師（I）：よくできました。

しかし、ここで注目すべきは、IRE型の教室活動における役割構造は、学習者が教室内相互行為に「参加しない」ことによって作り出されるというよりは、むしろ、学習者がIRE型の教室内相互行為に「参加」し、その過程でさまざまな判断、解釈、評価が行われ、それが調整されることによって浮かび上がっていくという視点である。クラスでの相互行為過程において、教師がIREを使って評価するのではなく、学習者に主張の根拠や関係づけや反論することを求め、クラスへの貢献を学習者に自己決定させるなら、それはより自然な談話形態に発展していく。本稿では、こうした教室の相互行為過程に埋め込まれ、教室の相互行為過程で動的、不断に行われる評価を、「アセスメント」のプロセスとして考える。

そして、本稿で扱われる「対話的アセスメント」との理念は、市嶋（2014）が提唱したものであり、「価値の衝突と同意を含んだ対話に基づいて、教室参加者が、アセスメントの目標や基準を関係的に創り出し、更新し続けていくプロセス（p. 139）」との位置づけである。

市嶋（2009，2014）などの実践研究では、一連の相互/自己評価活動について、【意義があるが、学生は評価する力がない】や【力にはなるが、教師が評価したほうがいい】【学習意欲の高い学生には良いが、低い学生には問題】といった学習者の躊躇が見られた。一方、アセスメント活動についての対話の教室談話分析からは、（1）教師と学習者のアセスメント観の異なりと衝突、（2）学習者間のアセスメント観の異なりと衝突、（3）アセスメント目標の意義の問い直し、（4）アセスメン基準の更新・共有、というプロセスを抽出することができたという。

本稿では、これまでの作文やレポートの作成プロセスではなく、特定のテーマについてグループで行った口頭発表に関して、教師と学習者の間で共有できるアセスメント基準がいかに形成されているかを、検討する。

3. 実践報告

3.1　実践概要

本稿の分析対象クラスは、2015年度春学期に全16週、週2コマ、1コマ90分というスケジュールで行われた、中国語と日本語との間の口頭通訳を専攻とする大学院の通訳訓練の授業である。授業の活動参加者は、教師である筆者と、履修生の大学院一年生の4名である。履修生は、4人とも大連理工大学大学院通訳専攻に所属する一年生であり、日本語能力試験N1に合格した上級学習者である。

このクラスは、口頭通訳の訓練、即ちシャドーイングや、リプロダクション、サマライゼーションといったトレーニングを主に行ったものであるが、授業実践の一環として、4人が二つのグループに分かれ、それぞれ関心の持つテーマを選び、クラス内外で対話がなされたパワーポイントの内容を授業中2回にわたって口頭発表し、その都度、クラスでは、学習者の発表内容をめぐって対話が行われ、アセスメントの基準が検討された。

発表のテーマは、事前に授業履修者に相談し、2015年日本国内で新聞やテレビで話題になった下記の4つのテーマから一つ選ぶことになった。1回目の授業で検討した結果、グループ1（L・Nさん）は、「日本の消費税増税問題」を、グループ2（M・Kさん）「環太平洋パートナーシップ（TPP）協定交渉への参加」を選ぶことになった。

テーマ：
（1）アベノミクスの行方
（2）日本の消費税増税問題
（3）2020年東京オリンピック構想
（4）環太平洋パートナーシップ（TPP）協定交渉への参加

今回の実践は、学習者には、自分の考えていることを他者に伝え、他者の考えと言葉を受容し、自分の考えと言葉を再構築していくことのほか、ほかの発表にコメント・評価する義務が求められた。アセスメントの基準については、教師が事前に決めることなく、みんなで検討しながら決めていくことを学生たちに伝えた。

なお、教師は、発表内容を準備するときの大切なポイントとして、市嶋（2014）に倣い、（1）事実関係の明確化：初めて聞く人でも分かるように、消費税問題とTPP交渉の経緯を説明できるか。（2）オリジナリティー：選んだ発表テーマと、中国や自分自身との関係性をどう解釈するか。（3）議論の受容：対話やクラスでの話し合いの中で他者の意見を聞き、自分の考えを深めているか。（4）論理性：発表内容に一貫性、整合性があるか、といった4つの基準を示した。しかし、筆者は、この4つの基準を絶対的なものとして捉えるのではなく、学習者と共有できる新たな基準を創出するためのたたき台として捉えた。そこで、学習者には、この4つの基準は、修正可能であることを伝えた上で授業を進めていた。

3.2　対話的アセスメント活動の詳細

本実践における対話的アセスメント活動は、以下のように実施された。

（1）発表テーマの選定：日本経済や国の政策に関する内容の中から、関心を持つテーマを自由に選び、その理由（特に自分との関連性）や展開の仕方（論理性）などについてクラスで話し合った。

（2）3回にわたって発表内容の検討：それぞれのグループが作成した発表概要をクラスで検討し、お互いのよい点、足りない点を口頭でコメントし合った。

（3）2回の発表会：学期中（第7週）と学期末（第15週）に、2回同じテーマについて発表してもらった。発表とアセスメントの基準に関する検討時間はそれぞれ45分であった。

（4）アセスメント項目の決定：各グループが最終発表を行う前に、発表内容をどのような項目で評価するのかを決定した。具体的に、毎回の発表会の後（全2回）、「このクラスでいい発表とは何か？」との問いに関して議論していく。そのプロセスを録音して、その中から出てきた基準をグルーピングした上で、アセスメント項目を決定した。

（5）コメント会：そして、学期末には、授業全体を振り返った上で、自分とクラスメンバーの発表内容に関して気がついた点を話し合った。

このような対話的アセスメント活動は、全て実践のプロセスに段階的に踏み込まれていた。分析にあたって、本稿では、発表会（授業2コマ分）と学期末のコメント会（授業1コマ分）の音声録音、学習者の産出物（パワーポイント、アセスメント項目を記したメモ用紙）をデータとし、主にアセスメントの項目や基準に関わる談話を取り上げ、検討を行う。

4. 対話的アセスメントの実践

4.1 アセスメントの基準を決める際の困難点

発表内容及びアセスメントの基準を検討した初回の授業では、下記の事例1のような会話があった。そこからは、LとNのように、評価というと、点数化され、成績化されるものと強く意識している学習者の存在が浮かび上がってくる。本実践においては、アセスメント活動を成績として数値化しないものとして学習者に説明してあるが、Lの発言から、「評価＝教師」という評価観、教師の評価を「正しい」ものとして捉え、自分なりに考察を加えることを避けようとしている、アセスメントの基準を決めることへの躊躇が見られた。

事例1：アセスメントの項目をめぐる教室参加者間の会話（2015年3月19日）

L：私たちがお互いのグループの発表に点数を付けるんですか。←学習者の【問いかけ】

T：皆さんはどう思う。←教師の【問いかけ】

N：やったことはないですね。何点でもいいですか。←学習者の【問いかけ】

L：アセスメントのポイントは先生のほうがよく知っているから、先に決めてもらえないですか。先生とは基準が違うし混乱する。←学習者の【意見述べ】

T：アセスメントの基準って、難しいことですね。えーと、このクラスでは、試みとして、点数ではなく、コメントだけをすることにしたいの。つまり、お互いの準備状況や発表内容を見ていい点、足りない点をみんなで話し合っていく。アセスメントのポイントは、教師の私だけではなく、ここにいる5人で授業を進めながら、考えていく。こういう形で進めていきたい。皆さんはどう思う？←教師の【解釈】【問いかけ】

N：評価の基準は、授業案内に書いた「発表内容を準備するときの大切なポイント」で、いいですか。←学習者の【問いかけ】

T：それも参考になるね。でも、それ以外もたくさんあるはず。授業が進む中、考えついた基準になりそうなものは全部リストアップしてみて、皆であるいはグループ内で。←教師の【意見述べ】

M：評価のポイントが正しいかどうか、先生が判断してくれますか。←学習者の【問いかけ】

T：皆でまとめていく。←教師の【回答】

1回目の発表会まで、授業中、少しずつアセスメントの項目について会話が増えてきたが、事例1にも見られたような、「教師が評価の主体」や「アセスメント事項の正確さが最終的に判断するのは教師だ」という教師と学習者間のアセスメント観の異なりが観察された。そして、1回目の発表会のあと、具体的なアセスメント基準について教室参加者の間で検討され、事例（2）のような会話が見られた。

事例2：アセスメントの項目をめぐる教室参加者間の会話（2015年4月16日）

M：（前略）増税の理由や、そのメリットとデメリット、先送りの理由、各政党の主張という順で、パワーポイントの説明が非常に分かりやすかった。←学習者の【コメント】

K：でも、中国経済、特に日本輸出に頼っている企業への影響、その説明が足りないし、よく分からなかった。（中略）事実関係の説明だけでなく、自分なりの分析をいれたほうがいいかな。←学習者の【コメントと意見】

T：オリジナリティーのことですね。どう思う？←教師の【ターン調整】

（中略）

L：日本の新聞記事などでは見つからなかったので（中略）。でも、消費税についてよく分かってきたから、我々外国人または外国企業への影響については、あとで二人で相談して、次回の発表のとき、付け加えます。←学習者の【応答（納得）】

4.2 アセスメント基準の決定・共有

2回目の発表を終え、15週目の授業の後半、再度アセスメントの基準を学習者自身が決めるためのディスカッションの時間を45分設けた。その手順は下記の通りに行った。①自己と他者の発表についてのいい点、足りない点を発表し、自分の基準を示す。②グループ1とグループ2の中でそれぞれ、アセスメントのポイントを考え、リストアップする。③教室参加者の5人で、アセスメントの基準について話し合い、最終的に決定する。この手順に沿って、以下のようなアセスメント基準が決定された。

表1　　決定されたアセスメント基準

アセスメント基準	詳細
分かりやすさ	・話の事実関係が正確ではっきりしている ・事の流れがよく見える ・具体的な例／録画・音声データがある
論理性	・はっきりした構成がある ・意見に理屈がある ・違う論点間の比較があり、考えの発展がよく分かる
オリジナリティー	・テーマに関心を持つ理由がよく分かる ・事実関係のみならず、自分の意見や分析もある
聞き手のことを配慮している	・やさしい語彙・箇所書き・図・表の提示 ・専門用語の解釈がある
言語面の正確さ	・資料（パワーポイント）と口頭発表に正しい日本語 ・声が大きいまた発音がきれい
態度	・資料をたくさん集め、よくがんばった ・皆さんのコメントをよく参考にした

このように、これまでの活動を通して養われたアセスメントの基準を出し合い、教師から提示された基準を、一連の活動を通して捉え直し、自分らの言葉で意味付け、更新していた。そして、その内容を議論することによって、学習者らの間で、基準を共有することができた。しかし、ここで生成され、共有された基準は、絶対的な、固定的なものではなく、更なる活動により、更新され続けていく、動態的なものであると言えよう。

4.3 対話的アセスメントの意義に関する話し合い

最後の授業において、一連のアセスメントの活動を学習者がどう認識しているのかを考察するため、学習者4人に口頭発表の内容に関するアセスメント基準の決定と共有のプロセスについて感想を述べてもらった。

事例3：対話的アセスメントの活動に対する感想・内省（2015年7月2日）

学習者L：（前略）普段あまり接したことのない分野のことなので、パワーポイントの構成を考えるのに苦労した。皆さんのコメントを参考にして、2回目の発表のとき、構成を大きく変更することにした。それで、今のように、だいぶ分かりやすくなったと思います。ただ、内容は全体的にちょっと硬くて、面白さは足りないと思います。

学習者M：（前略）録画と音声データの編集、新聞記事のまとめ、専門用語の解釈など、資料の数が多くて作業時間が長かったが、二人で協力しながらやってきたので、非常に勉強になりました。楽しかった。自分自身もよくがんばったため、最後皆でまとめたアセスメントの基準には非常に納得。

学習者K：TPPには、将来中国もWTOのときのように積極的に参加すべきかどうか、どのところを非常に悩みました。（中略）深く分析したりすると、やはり皆さんの批判的な意見やコメント、仲間の協力が必要となります。（中略）分析の視点がそれぞれ異なりますが、最後のアセスメント基準は今後の口頭発表の作業にも参考できると思います。

事例3に示したように、学習者たちは、今回の対話的アセスメントの活動を基本的に肯定的に捉えている。そして、発表の準備などに苦労していた様子がうかがえたが、一連の活動を通して、学習者間の相互作用、共振関係も現れるようになった。学習者たちは、教師を含めた教室参加者との具体的な相互行為を通して、お互いの発表テーマの共有化が達成された。そのため、最後決定されたアセスメントの基準が教室参加者の皆さんに納得された結果になったと言えよう。

5. 終わりに

本稿では、日本語教育における対話的アセスメント活動の実践を通して、教師と学習者の間で共有できるアセスメント基準はいかに形成されているかを、検討してきた。市嶋（2014）の実践を踏まえて、（1）アセスメントの基準を決める際の困難点、（2）アセスメント基準の決定・共有、（3）対話的アセスメントの意義の問い直し、というプロセスを検討した結果、教室環境において、学習者らが、学習者同士が互いに行うという相互評価活動に対して心理的負担を抱きながらも、これらの葛藤と向き合い、教師や他の学習者との相互行為を通して絶えずアセスメントを行い、対話のクラスでのアセスメントの視点を教室参加者と共に形にし、実践していくことが明らかになった。

また、そうしたパーソン・プラス的で協働的な教室状況の中で、それぞれの学習者がそれぞれのアセスメントをもとに、教師の予見を超えた対話を展開していく様子が観察されたが、このような対話のクラスは、教師が予め計画したプランとして実行するものではない。そして、このような教室活動の過程において、学習者と教師の間で共有できるアセスメントの視点がゆるやかに立ち上がり、それが教室参加者全体によって不断に解釈、再解釈されて、教室活動が織り成されてきた。このような教室での相互行為過程におけるアセスメントに注目することは、私たちに評価や教室活動を見る新たな視点を提供してくれると考える。

参考文献

[1] 市嶋典子（2009）「相互自己評価活動に対する学習者の認識と学びのプロセス」『日本語教育』142, 134-144, 日本語教育学会

[2] 市嶋典子（2014）『日本語教育における評価と「実践研究」対話的アセスメント：価値の衝突と共有のプロセス』ココ出版

[3] 佐藤慎司・熊谷由理編（2010）『アセスメントと日本語教育』くろしお出版

[4] OECD教育研究革新センター編著（2008）『形成的アセスメントと学力：人格形成のための対話型学習を目指して』明石書店

[5] トムソン木下千尋（2008）「海外の日本語教育の現場における評価－自己評価の活用と学習者主導型評価の提案」『日本語教育』136, 27-37, 日本語教育学会

[6] 細川英雄（2007）「日本語教育学がめざすもの－言語活動環境設計論による教育パラダイム転換とその意味」『日本語教育』132, 79-88, 日本語教育学会

[7] 細川英雄（2008）『ことばの教育を実践する・探求する－活動型日本語教育の広がり』凡人社

[8] 横溝紳一郎（2001）「ポートフォリオ評価と日本語教育」『日本語教育』136, 105-114, 日本語教育学会

[9] Mehan, H. (1979) Learning lessons: Social organization in the classroom. Harvard University Press.

付記：本研究は中央高校基本科研業務費（DUT14RC(3)155）の助成によるもの。

状況的認知論に基づいたビジネス日本語実践教育の研究

大連東軟信息学院　佟玲

要旨：ビジネス日本語教育は、学習者の語学力以外に、即ち戦力と応用力を重んじ、育成することが特徴である。それらの能力やスキルを養うために、実践教育の設計と実施を重視すべきである。本稿は、実践教育の先行研究を踏まえ、また実践教育における広範に活用された状況的認知論に基づき、中国国内のビジネス日本語実践教育体系を研究対象にし、構築の原則、体系の目標、内容、保障、さらに管理と評価などについて研究したものである。

キーワード：実践教育　状況的認知論　ビジネス日本語　研究と応用

1. はじめに

企業からの即ち戦力、応用力を持つ日本語人材への需要が高まりつつある。それに伴い、優秀な語学力を持つというだけでは社会からの要求にこたえられなくなりつつある。こうした状況のなかでは、大学における日本語教育の内容も社会の要求に応じてさらなる充実が求められる。学生の実践能力と素質養成を重視するビジネス日本語教育もいまだかつてないほどに発展しつつある。

ビジネス日本語教育の目標は社会向けて実践的、応用的な能力を持った人材を育成することである。つまり、社会の需要に基づき、日本語文法や語彙などの基礎知識よりも日本社会や日本の一般的な企業文化、ビジネス習慣などに慣れ親しんでいき、日本企業などで勤務するに際して、予備知識として持つべきことを習得させ、従来、企業からの要求と大学が実際に行ってきた教育の間にあったギャップを縮小することが目標なのである。

このような教育目標を実現するために、実践教育体系の構築に重点をおく必要がある。ところが、日本語の実践教育に関する研究論文は、CNKIで検索したところ、わずか35篇しか見つけることができなかった。今後はより以上に日本語実践教育について深く研究する必要があると思われる。

実践教育に関する先行研究を纏めると、教育現場で数多く応用されているのは「状況的認知論」である。「状況的認知論」とはレイヴとウェンガー(1993：原著 Lave and Wenger, 1991)によって提唱された理論である。この理論によれば、人間の認知は、頭の中の記号操作の結果（表象主義）ではなく、人間を取り巻く状況（人、物）との積極的な交流を通して成立している。人間は、状況に働きかけることによってはじめて、状況の中に意味を見いだす。このとき、状況の中にあって人間の行為を直接引き出すものを、アフォーダンスと呼ぶ。アフォーダンスの組み込まれた道具や機械などの人工物は、使い勝手がよいことになる。状況論的アプローチには「脱中心化方略」「正統的周辺参加」「最近接発達領域」という3つの視点がある。

高木（1996）は、「脱中心化方略」とは学習主体の行為やそれを可能にしている知識などを直接捉えようとすることではなく、学習主体を取り巻く多様な事物の諸関係、すなわち学習の文脈を入念に記述することで学習現象を捉えていこうとする方法であると述べている。

「正統的周辺参加」とは、「脱中心化方略」を採った場合、学習という現象は他者あるいは実践の構造全体との協調関係の構築として捉えられる。しかし、我々は、「自分がうまく～ができるようになったのは、社会的実践の現場と協調関係を築いたからだ」とは考えず、「自分は～できるだけの技術あるいは知識を身につけた」と考える。学習者主体によるこうした「現場の理解」の構築過程をも射程に入れたアプローチである。

田島（1996）は、「最近接発達領域」とは、大人や仲間の手助けを受け入れれば問題解決が可能になる部分であるが、その相互交渉過程は、最初、大人の援助があるときのみ解決可能であったものが、その意味で問題解決に対する共同作業（活動）における大人の責任が大きい状態から、徐々にその責任を子供のほうに分担させられるようになり、ついには子供自身で問題解決の責任をすべて担うことができるようになるという過程をふむのであると紹介している。

以上の内容をまとめると、状況論的アプローチには、以下の視点がある

（1）学習主体をとりまく多様な事物の諸関係、すなわち学習の文脈入念に記述する。

（2）学習主体の変化だけではなく、それについての学習者の理解、アイデンティティの構築までを叙述する。

（3）実践共同体自体が参加者によって変容していく過程に注目する。

本稿では、実践教育の先行研究を踏まえ、ビジネス日本語教育体系の構築原則を検討し、また、状況的認知論に基づき、ビジネス日本語教育体系の構築内容などについて探りたいと思う。

2. 実践教学体系（体制）の構築原則

上述したように、実践教育体系は複数の子系統から成り立った体系である。その体系を順調に運行させるため、構築する前に、原則を作っておく必要がある。鄭春竜など（2007）は「目標性、系統性、レベル性、規範性、実践性」を提出した。唐人（2008）は「目標性、系統性、規範性」を提出した。韓叙（2012）は「系統性、実践性、統括

性、発展性」を提出した。筆者はビジネス日本語教育の特徴に基づき、「目標性、系統性、レベル性、規範性」を試みて提出する。

2.1　目標性原則

人材育成はシステムであるから、あらゆる要素が同じ目標に従って、協力し合うと、人材育成の目標が達成できる。ビジネス日本語実践教育体系はビジネス日本語教育の一環として、人材育成の目標に従うべきである。企業のニーズ、学習者の能力発達、及び日本語教育の特徴などに注目し、知識、能力、素質教育などの育成を実践教育の中に溶け込んで実施するべきであると思われる。

2.2　系統性原則

系統性原則、つまり、全体性原則である。システムの最適化に基づき、各子系統がバランスよく運行させるようにする。ビジネス日本語実践教育体系には、二つの関係に注目すべきである。一つ目は、同じ人材育成目標の下に、理論教学と実践教学の優勢補完である。二つ目は、実践教学内部の各要素の協調性である。

2.3　レベル性原則

外国語を身につけるには、順を追って少しずつ進めるべきである、実践教育も着実に段階を経て実施すべきである。特にビジネス日本語教育には、90%以上の学習者がゼロから学習を開始するので、ビジネス応用能力の実践も日本語レベルに応じて設計されるべきである。つまり、単純なものから複雑に、初級から上級に段階的に進むほうが良いと考えられる。

2.4　規範性原則

教学活動を効率的に実施するため、規則を作る必要がある。実践教育体系はコースと違い、各部分から成り立たせるべきである。時間から見ると、人材育成の終始を貫くように設計されるべきである。場所から見ると、校外、校内を含める。関わる要素が多ければ多いほど、品質の管理が難しくなる。そのため、実践教育全体的な指導書を作ったうえ、各部分の品質管理と評価方案を作るべきである。

3.　ビジネス日本語実践教育体系の構築と実施

3.1　目標体系

実践教育体系は人材育成目標と育成パターンに基づき、構築するのである。人材育成の目標は各大学の位置づけ、企業のニーズ、及び専攻の特徴によって決められたのである。また、企業のニーズもさまざまであるから、人材育成の目標を決めるには、企業調査をする必要がある。そのため、本研究では、実践教育の目標体系を決めるには、インタビュー調査、インターネット上の調査などを通して、150社の企業にアンケート調査を行った。収集されたデータを統計、分析した上で、企業のニーズを以下のように明らかにした。

日本語言語知識とスキルを身につけ、日本文化を知り、日本の企業文化とビジネスマナーを理解し、日本語とオフィスソフトを使いこなし、同時に、正確な人生観、価値観、独学能力、チームワーク、コミュニケーション能力、イノベーション能力などを育成するべきである。

それらを踏まえて、以下の目標体系になった。

表1　　ビジネス日本語実践教育の目標体系

知識目標	専門知識	日本語言語基礎知識
		日本社会文化知識
		企業文化
		ビジネス常識とマナー
		ビジネス日本語知識
	共通知識	経済、管理知識
		政治
能力目標	専門能力	日本語運用能力
		異文化コミュニケーション能力
		ビジネス知識応用能力
		思弁とイノベーション能力
	職業能力	問題分析と解決能力
		情報処理能力
		時間管理能力
		終身学習能力
		チームワーク
		コミュニケーション能力
素質目標	態度と習慣	よき学習、生活、職業態度と習慣
	責任感	社会と職業責任感
	価値観	正確的な人生観及び価値観

3.2　内容体系

実践教育の内容はその目標の表れである。ビジネス日本語実践教育体系の内容は日本語教育の特徴、及び教学ニーズに基づき構築したのである。主に、学内トレーニング、部活動、社会実践、インターンシップ、卒業論文などを含める。また、実際の職場の仕事内容を学生の能力に応じて、段階的に分解し、「理論と実践、知識とスキル、校内と校外」の一体的な実践教育体系を構築した。

3.2.1　学内トレーニング

教室は実践教育を実施する主な場所である。外国語教育に対して、語学応用能力を養うことは反復的に実践、トレーニングを強化することである。それ故、学内トレーニングは外国語の教育において、重要な役割を担っている。基礎日本語、聴解、会話、作文などのコースはそれぞれの特徴とポイントがまちまちであるから、具体的な実践内容もそれらに応じて設計すべきである。

以下はビジネス基礎日本語、日本語聴解、日本語会話のシリーズコースを例にして述べる。

表2　　学内実践プロジェクト一覧表

番号	実践内容	コマ	学期	対応するコース名
1	職場の踏み込み	2	1	ビジネス基礎日本語（一）
2	職場体験	2	2	ビジネス基礎日本語（二）
3	職場成長	2	4	ビジネス基礎日本語（三）
4	合格な社員	2	5	ビジネス基礎日本語（四）
5	即時回答	2	1	日本語聴解（一）
6	ポイント理解	2	2	日本語聴解（二）
7	概要理解	2	4	日本語聴解（三）
8	話題理解	2	5	日本語聴解（四）
9	総合理解	2	7	日本語聴解（五）
10	自己紹介	2	1	日本語会話（一）
11	日本について	2	2	日本語会話（二）
12	キャンパス生活	2	4	日本語会話（三）

3.2.2　部活動

毋育新（2004）等により、部活動に参加した日本語学習者の総合能力が上達したということが明らかにされた。これらの研究成果を鑑み、学内の補足として、学習者を豊かな部活動に参加するように励ますべきである。学習者の学習意欲と日本語応用能力を高めるために、以下の部活動、コンテストを設計した。

表3　　　　　　部活動、コンテスト一覧表

学年	内容
一年	仮名書道コンテスト、日本語のど自慢大会、日本語入力コンテスト、ビジネス日本語会話発表会、桜フォーラム
二年	日本語朗読コンテスト、日本語単語コンテスト、日本知識コンテスト、ビジネス日本語プロセス発表会、社会実践、桜フォーラム
三年	日本語スピーチコンテスト、コスプレ大会、日系企業模擬面接、ビジネス日本語総合発表会、桜フォーラム、社会実践
四年	日本語スピーチコンテスト、日本語作文コンテスト、桜フォーラム

3.2.3 集中実践

集中実践は段階的な学習効果を検証し、より高めるための一環である。実践プロジェクトの内容は企業が求める能力と学生のレベルにより、以下のように設置した。

表4　　　　　　実践学期プロジェクト設置一覧表

学年	プロジェクト名	授業時数	単位
第一学年	ビジネス日本語場面実践	40	2
	ビジネス文書処理プロジェクト（一）	40	2
第二学年	ビジネス日本語プロセス実践	40	2
	ビジネス文書処理プロジェクト（二）	40	2
第三学年	ビジネス日本語総合実践	80	4

(1) ビジネス日本語場面実践プロジェクト

この実践プロジェクトは基本的なビジネス場面における会話能力を強化し、学生に基本的なビジネスマナーと企業文化を理解した上、特定したビジネス場面における簡単な会話内容についてやり取りできようにさせる。

表5　　　　「ビジネス日本語場面実践プロジェクト」の授業内容

第一章	自己紹介
第二章	挨拶
第三章	電話
第四章	問い合わせと応答
第五章	会議
第六章	訪問
第七章	プレゼンテーション
第八章	接待

(2) ビジネス日本語プロセス実践プロジェクト

この実践プロジェクトは基本的ビジネス業務の流れをベースラインにし、日本語言語能力を高めるとともに、日本のビジネスマナー、企業文化への理解を深めるし、コミュニケーション能力、チームワーク、学習能力、問題の分析、解決能力を養う。

表6　「ビジネス日本語プロセス実践プロジェクト」の授業内容

第一章	第一節	アポイント
	第二節	訪問
	第三節	引き合い
第二章	第一節	社内打ち合わせ会議
	第二節	提案説明会
	第三節	契約締結
第三章	第一節	プロジェクト立ち上げ
	第二節	業務中の会話
	第三節	アフター5の会話
第四章	第一節	テスト結果確認会議
	第二節	運用開始のお礼
	第三節	会食の誘い

(3) ビジネス日本語総合実践プロジェクト

この実践プロジェクトでは、「IT、旅行、ホテル、イベント業界」を背景にして、企業活動で日常行われる打ち合わせ、報告・連絡・相談での会話、顧客へのプレゼンテーション、電話やメールのやりとり、ビジネスレターなどから構成される物語を学生自身の手で創り、そしてそれを演じることを主眼としている。これによって、単にビジネス日本語会話能力を有するだけではなく、「企業」、あるいは「会社」とはどのようなところなのか理解を深め、企業で要求される「自ら問題を見つけ、考え、提案する能力」を習得することを目的としている。学生は企業参観、講座聴講、また教師の指導、アドバイスを受けながら、自らグループ活動を軸に進め、要求されている成果物を完成させることにある。

この実践プロジェクトの主眼は学生自身が、6名から10名程度からなるグループごとに物語を創り、そしてそれを演じることによって、企業、あるいは会社とはどのようなところなのか理解を深めると共に、企業活動で必要とされる真の日本語会話能力を修得することにある。

表7　　「ビジネス日本語総合実践プロジェクト」IT業界の授業工程

授業項目	課題	1. 授業準備		2. 物語骨子	3. 物語シナリオ シナリオその1	シナリオその2	シナリオその3	4. 発表		
	コマ数目（注記）	1	2	3～12	13～27	28～42	43～57	58～60	61～62	63～64
	コマ数/課題（注記）	1	1	10	15	15	15	3	2	2
全体工程		△授業の進め方説明 ―――――――――― 発表△ 授業開始　　　　　　　　　　　　授業終了								
1. 授業準備	(1) 授業の進め方説明	⟷								
	(2) グループ運営		⟷							
2. 物語骨子	(1) 企業訪問									
	(2) 想定企業～物語シナリオ骨子			⟷						
3. 物語シナリオ	(1) シナリオその1（引合～受注）				⟷					
	(2) シナリオその2（顧客要求実現）					⟷				
	(3) シナリオその3（出荷・運用）						⟷			
4. 発表	(1) 全体まとめ							⟷		
	(2) クラス発表会								⟷	
	(3) 全体発表会									⟷

（4）ビジネス文書処理プロジェクト

ビジネス活動では、さまざまな情報を文書によって伝達する機会が多くある。情報を速く正確に伝えるためには、ビジネス文書処理に関する基本的な技能を兼ね備えている必要がある。ビジネス文書処理プロジェクトは、ビジネスで常用されるWord、Excel、Power Point、Outlookを基礎から応用まで体系的に学ばせ、学生にOfficeソフトウェアの操作能力を身につけさせる。

表8　「ビジネス文書処理プロジェクト」の授業内容

ビジネス文書処理プロジェクト（一）	案内状を作成する
	社内新聞を作成する
	社内用の表と図形のある文章を作成する
	ビジネスレポートを作成する
	ビジネス文書を印刷する
	計画案の準備編
	計画案のテキスト編
	計画案のデザイン編
	計画案の図形描画編
	計画案の表・グラフ編
	計画案の写真・クリップアート編
	計画案のアニメーション編
	計画案の実行編
ビジネス文書処理プロジェクト（二）	Excel 基本操作編
	集計表を作成する
	集計表の体裁を整える
	集計表から売り上げグラフを作成する
	関数を駆使して見積書を作成する
	メールを起点に仕事をする
	便利な機能を使い仕事能率を上げる

3.2.4　インターンシップ

インターンシップとは在学中に企業などにおいて、自らの専攻や、将来のキャリアに関連した就業体験を行うことである。インターンシップを経験することにより、高い就業意識を身に付けることができ、大学での学習意欲の向上につながるという効果がある。

現在、大学と企業との産学連携の一環として、インターンシップを推し進める例は多くみられるが、企業から提供されるチャンスは多くはなく、大学自らインターンシップのチャンスを作り出す必要がある。本学では学内に設置したSOVO（大学生実践創業基地）を基にして、企業からプロジェクトを受託し、企業の運営を模擬して、大学内でインターンシップしている。

3.3 保障体系

ビジネス日本語実践教育体系を有効に運営するため、実践教育環境、教育基地、及び指導力を備えた教師陣に有力な保障を提供している。

3.3.1 実践教育環境

ビジネス日本語教育環境は主に日常教学に満足できるマルチメディア教室、聴解実験室、及び会社の雰囲気を体験、ビジネス活動を模擬するビジネス活動模擬室などがある。マルチメディアと聴解実験室はすでに基本的な教学設備になった。しかし、ビジネス模擬室は大学によって、建設状況もまちまちである。ビジネス模擬室の使用率を高めるため、日本語、英語、ロシア語などの外国語専攻の実践教育のニーズを統合し、公共実験室と個別実験室を設立することが可能である。また、個別実験室も機能により、受付、事務室、会議室など分けて設立する。

3.3.2 実践教育基地

学生の実践力と即戦力を集中的に育成する場所は、職場であることは言うまでもない。3-2-5には述べたように、企業と連携し、実践教育基地を構築するのは、普通のやり方であるが、単なる企業だけに目を注がなく、大学自身も実践のチャンスを作り、学生に提供することにも力を入れる必要がある。

3.3.3 教師陣の育成

実践指導力を備えた教師陣が実践教育を実施する人的保障である。ところが、大学の日本語教師は大学院を出て、すぐ教壇に立ち、教師になるのは現状である。教師自身の実践力を育成、また向上するために、流行っているやり方は、教師の企業研修である。それ以外、企業専門家を招き、講座や授業を開くこともある程度、教師の実践力を養うことができる。

3.4 管理と評価体系

実践教育の質は実践教育体系の構築と実施をしたのは成功したか否かを検証する要因である。そのため、日本語専攻の質管理と評価体系を構築することは不可欠である。

まず、「学校、学部、学科」という三つの段階の教学質管理体系、評価体系を構築する。また、実践教育の各部分に応じて、それぞれの品質管理と評価方案を作る。例えば、実践学期と卒業設計を学内教学の一環にし、理論教学と同じような管理と評価方法を取り入れる。部活動、コンテストなどを学生の素質評価体系に取り入れる。インターンシップの管理と評価は企業側と指導教師両方に責任を負い、管理と評価を受け持つ。

4. まとめ

ビジネス日本語実践教育体系の構築と実施をすることは、ビジネス日本語人材の質を高めるには重要な役割を担う。実践教育体系の実施を通じ、学生の即戦力、応用力、及び就職競争力を顕著に高めたことを明らかにした。しかし、その一方、教師の実践指導力と実践教学の管理力など、まだ不足しているところがたくさんあるから、大学間が地域や分野に応じて相互に連携し、社会の要請に応える共同の教育・質保証システムの構築を行い、教育の質の保証と向上、強みを活かした機能別分化を推進すべきであると提言したい。

参考文献

[1] Jean Lave & Etienne Wenger（1991）.Situated Learning: Legitimate Peripheral Participation. Cambridge University Press.P98

[2] 高木光太郎(1996).「実践の認知的所産」.『認知心理学5　学習と発達』東京大学出版会. 37-58.

[3] 田島信元(1996).「ブィゴツキー」『別冊発達』No. 20, 74-94.

[4] 孔繁敏，等(2010).应用型本科人才培养的实证研究—做强地方本科院校[M]. 北京：北京师范大学出版社.

[5] 毋育新，等(2004).通过课外活动提高日语专业本科生综合能力的研究[J]. 外语教学，第4期.

[6] 郑春龙，邵红艳(2007). 以实践创新能力培养为目标的高校实践教学体系的构建与实施. 中国高教研究[J]. 第4期.

[7] 唐人(2008).外语专业学科实践教学体系构建探析[J]. 怀化学院学报，第4期.

[8] 韩叙(2012).高职实践教学体系要素构建研究[J]. 天津职业院校联合学报，第1期.

持続可能性言語教育としての日本語教育のデザインと実践

——中国語母語話者日本語専門組受講生の書いた振り返りをめぐって

大連理工大学　唐暁煜・黄文瀾

要旨：世界の激しい変動は当然就職や進学に臨む大学生に不安を覚えさせている。スペックを高めるために、一生懸命勉強に励む中、学習プロセスと評価が望ましくないと学習者の心理(動機づけなど)を大いに影響している。一方では、世界への認識が足りなく、ぼんやりして不安であるため、対策を考えるとき、仕方なく世界に仕組まれているのに従えばいいと思いながら、自分を起点にして問題解決に繋がらないことが考えられる。それゆえ、本稿は言語生態学アプローチにおいて、持続可能性日本語教育の実践を通して、中国における日本語学習者に向ける教育デザインを検討したい。本授業は主として事前課題、教室活動、事後課題という流れに沿って進めた。要するに、事前にもの、こと、人と関連のあるテキストを読むのを前提に教室活動を実施した後、事後課題の振り返りを書くことである。それに応じて、本実践は人生の生き方についての語り合い、またそれを振り返る中、考えが深まったと同時に、自分の成長と他人の成長に気付いたことが実現された。それに従い、試験の点数や「聞く」「話す」など技能中心の評価システムから解放され、自己評価の系統が形成されはじめた。それとともに学習する動機づけも繋げられたのである。

キーワード：振り返り　自問自答　気付き　自己内省

1. はじめに

持続可能性言語教育とは「『人間生態系における人の生存を支えるものとしてのことばの学である言語生態学』において、言語の形骸化・融解として記述・分析されている言語生態に対する保全・育成の一つの形が、持続可能性教育としての言語教育である」（岡崎2009:61）。それについて、岡崎(2013)においても自問自答や他人との議論という言語活動を通して、人、モノ、コトの繋がりを見出すことにより「われわれはどういう世界に生きているか」を能動的に認識し(=言語生態の保全)、「どうやって生きていくか」という展望を自分なりに創出する（=人間生態の保全)形を持つ教育であると解説している。

また、岡崎（2010b:2）は生きる基盤である雇用、食糧を基軸とするライフラインが変動の激しい中で、持続可能な生き方を考え、さらにそれを構築し直すように導くために、「対話的問題提起学習①」「ロールレタリング②」 「4つの問い③を考える 」などというような教室活動ができると指摘した。

さらに持続可能性言語教育の理論に基づき、中国における学習者を対象に教育実践を行ったのは楊峻(2010)、劉娜(2011a、b)がある。本稿も先行研究を踏まえ、言語生態学アプローチにおいて、持続可能性日本語教育の実践を通して、中国における日本語学習者に向ける教育デザインを検討したい。

2. 授業実践の概説

本実践は中上級日本語学習者(三年生後期)の「口訳」という授業を土台に行った。これまでは「口訳（口で訳すこと）」の力をアップさせるには聞く(聞き取りなど)、話す(復唱、模擬通訳など)、読む（シャドーインクなど）、書く(穴埋めなど)の技能を磨くことが重要視されてきたが、「言葉の力」を支える「世界を認識する中、能動的に思考する」力はそれほど注目されていない。本稿は言葉の力を高める背後にある「思考力」に注目してシラバス·デザインを設けた。

2.1 シラバス·デザインの一覧

本研究は日本語専攻三年生後期の口訳授業を実践の場にし、一学期の後8週間の間に16回の授業を実施した。毎週末にフィードバックとして振り返りを書かせた後、外部者の先生とドクターコースのゼミ生にコメントをつけてもらった。授業の内訳は以下の表1と表2のようである。

① 岡崎(2009:104)によれば、「対話的問題提起学習は、当初ウォーラーステイン（Wallerstein, 1983）により『問題提起学習』の名で、識字教育の方法として導入された。その後、岡崎・西川（1993）により、改変を加え、異文化学習の方法として、より明示的に対話性を加え『対話的問題提起学習』として実施されてきている」ということである。それは対話を積み重ねるプロセスを通して、互いに相手の見方、感じ方や文化の内在的な視点を形成していくということを指している。

② 岡崎(2009:109)によれば、ロールレタリングは、一人二役を演じ、往復書簡を交わす形で、相手を設定して自分が思っていること、感じていることを伝えようとするものである。

③ 4つの問いは同じく岡崎(2009:65)に述べられた「世界はどうなっているか（生態学的世界認識）」「そのような世界の下でどのように生きるか（生態学的行動規準）」「その下で人とどのような繋がりを作っていくか（生態学的人間関係）」「これらの問いの下にある自分、とは何か（生態学的アイデンティティー）」である。

表1　　　　　　　　　　　　　　**授業の概略**

科目名	口訳
開講期間	一年（三年生後期16回）
時間割	1週間に2回（月曜日3限目と木曜日1限目）
内部者	唐暁煜（大連理工大学）
外部者	岡崎眸（城西国際大学客員教授）、黄文瀾、李瑩、秦松梅、ユンハンナ、羅勇、王婷婷（城西・大連・瀋陽連携大学院院生・持続可能性日本語教育ゼミ生）
受講生	17名（女性12名、男性5名）（大連理工大学日本語学科学部生）

表2　　　　　　　　　　　　　　**授業実施の一覧表**

目標	①「世界はどうなっているか（世界認識）」「この世界をどう生きたらいいか（行動規準）」「どんな人間関係を作りたいか（人間関係）」「自分とは何か（自己認識）」という4つの質問を能動的に考えるようになること ②協働的学習を通して、能動的に思考を深め、言葉の力を高めること ③振り返りを統合してテキストと内容を豊富にすること			
内容	テーマ、キーワード	活動内容	事前課題	潜んでいる4つの問い
オリエンテーション	①通訳と言葉の力 ②授業のやり方 ③テキスト	「まりこテキスト」から「今の若者はどんな状況にいるか」を考える	「まりこテキスト」[④]mp3	世界はどうなっているか
雇用1	20代大学卒業生の就職、雇用	受講生の振り返りから導入、そして、グループで雇用、就職を議論する	振り返りと「まりこテキスト」を読むこと	世界はどうなっているか この世界をどう生きたらいいか
雇用2	20代大学卒業生の就職、雇用	インタビューとテキストに基づいて「身の回りの若者の世界はどうなっているか」を考える	「IT大手会社入社した3年前の卒業生[⑤]」テキスト	世界はどうなっているか この世界をどう生きたらいいか
雇用3	20代大学卒業生の就職、雇用	ロールレタリングを通して「世界とは何か」を自問自答する	ロールレタリング、外部者からのコメント①	世界はどうなっているか この世界をどう生きたらいいか
グローバル化1	グローバル化社会の特徴	大統領のライフコースを議論して、グローバル化社会を認識する	大統領スピーチテキスト	世界はどうなっているか この世界をどう生きたらいいか

---

④　岡崎ゼミ（城西国際大学2014—2015年度、持続可能性日本語教育研究を中心に）が提供してくださった録音テキストである。

⑤　岡崎(2009:128-131)から引用したものである。

グローバル化2	グローバル化、国際企業、大量生産、競争	振り返りから「人間と世界の繋がり」を考える	グローバル化、国際企業、大量生産、競争など	世界はどうなっているか この世界をどう生きたらいいか
社会の仕組み1	私たちが生きる環境は何か	就職-社会-幸せの関係を考える	外部者からのコメント②	世界はどうなっているか この世界をどう生きたらいいか
社会の仕組み2	私たちが生きる環境は何か	就職-社会-幸せの関係を考える	調べた雇用資料を振り返る、経理専門テキスト	世界はどうなっているか この世界をどう生きたらいいか
ライフコース	家族、親子、幸せ	ライフコースについて議論	『泣きながら生きる』	どのように人間関係を作ればいいか 自分とは何か
幸福論1	家族、親子、幸せ、苦労	自分の人生の地図をかく	両親や年配の親戚にインタビューする	どのように人間関係を作ればいいか 自分とは何か
幸福論2	お金、家族、食糧、幸せ	幸せとは何か	漁師と億万長者の話	どのように人間関係を作ればいいか 自分とは何か
幸福論3	国、社会、環境、幸せ	幸せと関係があるのは何か	国によって、幸せに対する思いはどのように違うか	どのように人間関係を作ればいいか 自分とは何か
食糧1	食品、農産物	食糧とは何か	輸入食品を含め、ある農産品の物流などを調べる	どのように人間関係を作ればいいか 自分とは何か
食糧2	環境、安全	安全であるかどうか気になるか	2015年の春節に中国人が日本へ買い物に行くことを調べる	どのように人間関係を作ればいいか 自分とは何か
自分1	教育、仕事、結婚、人生、幸せ	人生マップをかく	人生マップ	どのように人間関係を作ればいいか 自分とは何か
自分2	教育、仕事、結婚、人生、幸せ	自分とは何か	洗脳型教育についての議論ビデオ	どのように人間関係を作ればいいか 自分とは何か
教材	『言語生態学と言語教育』岡崎敏雄　2009			

2.2 授業の流れ

本授業は主として事前課題、教室活動、事後課題という流れに沿って進めた。要するに、事前にもの、こと、人と関連のあるテキストを読むのを前提に教室活動を実施した後、事後課題の振り返りを書くことである。

事前課題は雇用と食糧を基軸に教室活動を駆使する段階の資料調べやインタビューなどを指している。教室活動の具体的なプロセスはロールレタリング、対訳、議論、対話的問題提起学習、関連図や人生マップをかくなどを通して考えを深めることである。事後課題は学習者の教室活動に参加した後、それに触発された自問自答や関連づけなどの言語活動を通して、考えを深めた部分を書いた振り返りである。

また、外部者からの振り返りへのコメントを事前課題、教室活動に導入し、同事例をめぐってのコミュニケーションと議論が広がった。それを通して、新しい視点や観点を分かち合い、考えが深まった。

授業の流れを図示すれば、以下のようになる。

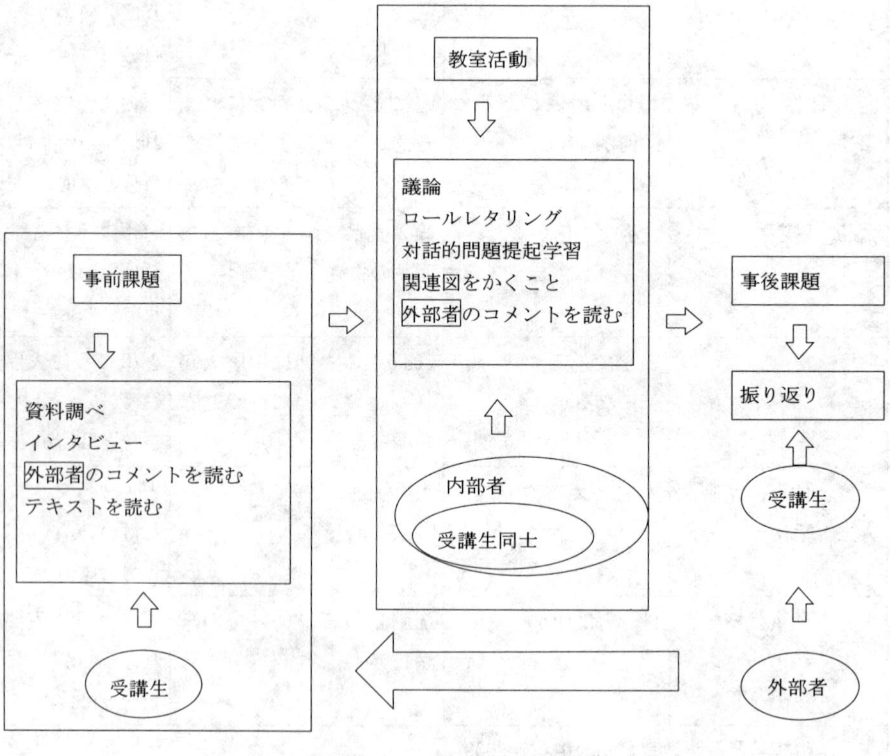

図1

3. 振り返りへの分析

本稿で指したテキストは事前課題で与えた資料にこだわらず、外部者からのコメント、及び受講生が書いた振り返り、ロールレタリングも含まれている。ただ、授業の流れや外部者からのコメント、さらに受講生からのフィードバックなどが皆受講生の書いた振り返りに現れたため、本稿はそれらを分析して検討する。

3.1 自問自答

次は二人の受講生[⑦]（K、J）が書いたロールレタリングであった。つまりテキストに出た人に手紙を書き、またその人物になって返事をするような活動である。それは人の悩みや心理的葛藤への推測や原因分析によって手紙を書くほか、自分に不明な点について問いを投げる。また返事の手紙を書くとき、質問に答え、そして相手の分析に対してどう捉えるかを表すことができる。

（Aさんは教材に出た大卒でIT大手会社に入社して3年間の人である。体などの原因で仕事を辞めた。）

①Aさんへ（受講生のKさんから）

まばゆいばかりの緑の季節となりました、Aさんいまお元気ですか？

手紙を読んだあと、Aさんの状況は大体分かりました。会社生活と学生生活の違いが思うより大変ですね。Aさん以前の仕事はとても忙しくて、残業も多かったですね。仕事はとても重要ですが、体も大切だと思います。仕事は忙し過ぎて、調子は悪くなったから、Aさんは以前の仕事を辞めたことに私はまったく賛成です。仕事の中で不愉快なことがいろいろあったんですが、いずれにせよ人生の中でとても大切な経験だと思います。将来の仕事に貢献をするかもしれません。また、Aさんは不愉快なことがあったら、ガールフレンドとか友達に相談して、彼らの意見を聞いたほうがいいと思います。

Aさんは今後どのような仕事をするつもりですか？またIT産業ですか？あるいは、ほかの仕事をやってみたいですか？IT産業の仕事はとても忙しいと言われています。しかし、給料や残業のほか、自分の興味も大切だと思います。好きな仕事を選ばれたら、忙しくても、疲れを感じていないかもしれません。

何といっても、就職するチャンスがいろいろあります。いい仕事もたくさんあります。ですから、美しい生活を諦めないように頑張ってください。

Kより

⑦　本稿で掲げた振り返りはすべて受講生の同意を得た上でのものである。

Kさんへ

お手紙ありがとうございます。寒からず暑からずのよい季節、Kさんはお元気ですか？

Kさんの話通り、仕事より体のほうが重要だと思います。Kさんの支持ありがとうございます。確かにこの仕事からいろいろな経験を得ました。この経験も重要な富で、将来にとても重要だと思います。以前、不愉快なことがあったら、私はいつも自分で我慢していました。これからはよく友達と交流し、周りの人の意見を耳に傾けます。

IT産業は忙しいですが、ほんとうに好きです。ですから、今後はまたIT産業に関わる仕事を探したいです。しかし、これからはもっと自分の体や精力に注意して以前のような状況が現れないように頑張ります。

敬具

Aより

2015年5月12日

② Aさんへ（受講生のJさんから）

拝啓

久しぶりです。もうすっかり新緑の候になりました、お元気ですか？

Aさんが退社したからのことを聞いて、本当に大変ですね。健康のほうから考えて、Aさんの選択にすごく賛成します。なぜなら、なんといっても、体はもっとも大切なことだと思います。ＩT会社に勤め続ければ、今後は以前のまま、毎日残業したり、病気をひいているところ会議に参加したりしなければならない状況もあるかもしれません。ＩT会社で働くと、ぜひＩT会社の社員らしいの生活を送るでしょう。だから、体が容許しないと、どんなにその仕事がほしいですが、やめたほうがいいと考えています。

でも、それからは、しばらく保険で生活することになったのはちょっと…私にとって、仕事関係は成人と社会の欠かさない連絡手段の一つです。仕事しなくて、毎日家にいてごろごろしたら、この世界への好奇心や生活の熱心なども失いやすいようです。Aさんは自分の専攻がそんなに好きなので、それについての仕事をしませんが、興味としてさまざまな面白いことができると思います。

私も、すぐに大学の最後の年に入って仕事を探しようです。いったいどうのような仕事がいいですか？毎日、毎日、よく考えています。将来の人生に大切なことなので、いい加減に決まることがぜんぜんできませんと思います。

まあ、Aさんがきっと自分の状況からすばらしい将来がデザインできるような気持ちを持っています。返事を楽しみにしています。

Jより

Jさんへ

拝啓

久しぶり。お手紙を受けて本当にありがたい、お元気ですか？

今の状況が好きではないので、Jさんが言った「健康がもっとも大切なもの」ということが大賛成だよ。そう考えを持ったからこそ、退社することにやっと決めた。退社から、もう二月間になって、治療を受けないとき、毎日毎日ごろごろしている。家族とか、友達もJさんの言ったことのようなことを告げている。自分が反省して、本当に恥ずかしい感じをする。

このごろ、いつも専攻について本を読んだり、番組を見たりして勉強していて、だんだん大学の光陰にいるようになってくる。そうしたら、毎日充実な生活をおくていてとても楽しい。大学の時間は、もっともすばらしい時間そうだと感じている。目標を持って、一生懸命頑張るやる気もあるからだ。Jさんもそう思う？三年生として、就職のプレッシャもだんだん感じできそうになります。でも、他人の意見や期待による、加減に決まることがぜんぜんできない気持ちがよく分かるが、経験がある先生や先輩や家族などのアドバイスをちょっと聞ければ、Jさんの決めることもいいと思っている。

返事を楽しみにしています。

Aより

このように自分から質問を出し、自分から答える練習が成り立った。要するに、このような活動を通して、自問自答が形成されたのである。さらに言えば、受講生はこの自問自答の中、自分がその人、その状況におかれるならどうだろうというように考えさせられるため、思考が自然に促されたのであろう。

3.2 関連づけ

受講生は教材やドキュメンタリーに記載されたテキストに対して、常に「どんな状況か」「なぜその状況になったか」「どうすればいいか」というプロセスで認識するのである。よって、振り返りも、それを記述しながら書いたものである。しかし、視野の狭さによる問題提起の単純化などで、簡単な関連付けにとどまる傾向が見られた。それは問題解決につながるかどうかがともかく、もの、こと、人の結びつきを細部まで観察することはできない。それに応じて、関係図をかくなどを通して、細部までの観察が深入り、視野が広げられた。次の同じ受講生が書いた二回の振り返りを例に見てみよう。

③（受講生のLさんからの振り返り）

第1回目の振り返り

今回の授業で、みんなの意見を聞いて、日本の雇用現象や男女平等などの問題をもっと詳しく認識しました。

なぜ会社の中に部下は上司に断る権利がないですか？私はこの状況に対したら、どうすればいいのですか？夜12時半ごろ、飲み会へ行くという命令に服従しなければならないことは、私にとって理解しがたいです。一日8時間職場で一緒にいるのに、まだ飲み会でも3時間、4時間と一緒にいることを強要するなんて、無理な要求ではないでしょうか？仕事や昇進が大切です。

しかし、一度きりの人生なのだから同僚と無益な時間を過ごすより、家族との時間、趣味の時間を過ごすほうが絶対に有意義です。そして、上司の機嫌を取るために、自分の自由と個性を失って、たとえ更に多くのお金を儲けても、人生の価値もないと思います。

そして、女性たちの弱さがあるからこそ、この不平等な現象がもっときびしいと思います。セクハラやパワハラに対するとき、多くの女性は黙るを選びます。しかし、自分の尊厳と権利を守ることは本当に重要です。ですから、女性大学生として私たちは、いまの学業でも、将来の仕事でも、自己保護意識や女権意識を持つ必要があると思います。

残念なのは、今まで私は仕事やアルバイトなどの経験がないので、仕事の楽しさ、苦しさを感じられません。ですから、仕事の体験を知るために、先輩と交流しました。先輩の話を聞いて、仕事を選択する時、一番大切な条件は趣味です。ただ好きな仕事をやってこそ、仕事はどんなに大変でも、やる気もあります。そして、普通には、録音の内容のようなひどい仕事環境がすくないなので、心配しなかったほうがいいです。

実は、どんな仕事をやっても、大変なところがあります。今の自分にとって、一番重要なことは将来の挑戦を向かえるために、しっかり勉強して、優れたひとになります。

第3回目の振り返り

ムヒカ大統領の衝撃的なスピーチを読んで、とても感動しました。そして、実際の持続可能な発展は一体どんなことですか？発展と幸せの間にどんな関係がありますか？いろいろなことを考えさせられました。また、そのスピーチからこういう話しが一番印象深かったです。それは

「発展は幸福を阻害するものであってはいけないのです。」

「貧乏な人とは、少ししかものを持っていない人ではなく、無限の欲があり、いくらあっても満足しない人のことだ。」という文である。

だからこそ、今回、私は幸せをめぐって自分の感想を表したいです。

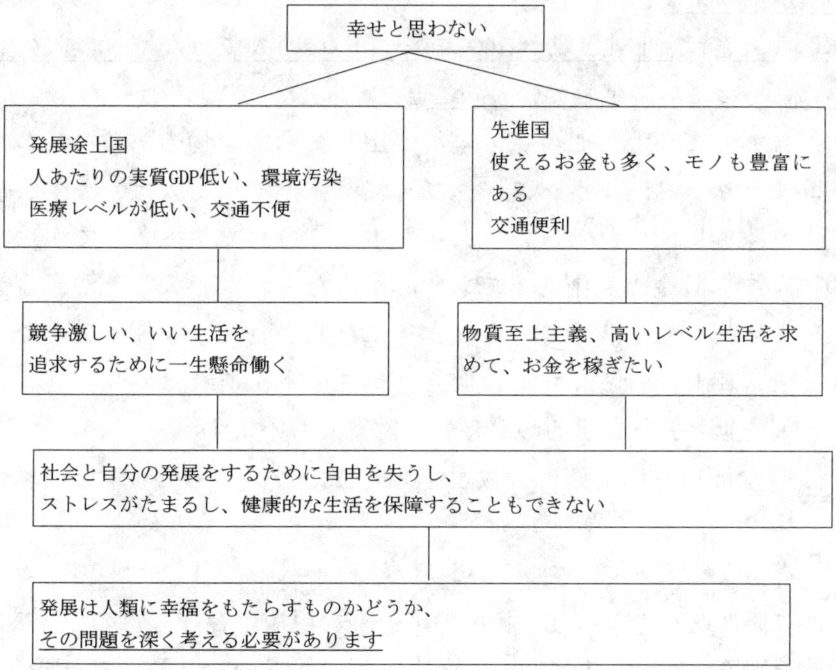

①「発展は幸福を阻害するものであってはいけないのです。」

国連の持続可能な開発ソリューション・ネットワークは（2015年4月23日）、世界幸福度報告書（2015年版）を発表しました。その報告書によると、1位はスイスで、アメリカが15位、日本が46位、中国が84位。幸福度ランキングトップ10の国の中に、西欧の中小型国が七つあります。一番幸せを思っている人はアメリカ人、イギリス人など経済が発達の国ではないということが分かりました。

中国は今発展途上国で、いろいろな問題を対しなければならないので、ある人が幸福ではないと思うのは理解できます。しかし、使えるお金も多く、モノも豊富にあって豊かなはずのアメリカ人、日本人が、なぜ幸せを感じられないのか。それは、アメリカ的な物質至上主義が幸福感につながらなくなったからではないかと思います。

大きな家を買って、車も買って、このような高いレベル生活を追求ために、一生懸命働いて、お金を稼いでいますけど、物質の豊富を感じる一方で、自分の自由を失うし、ストレスをたまるし、健康的な生活も保障できません。先進国に住んでも、最後もムヒカ大統領の言ったように、幸福な人生が目の前を一瞬で過ぎてしまいます。

ですから、発展は人類に幸福をもたらすものかどうか、その問題を深く考える必要があります。

②「貧乏な人とは、少ししかものを持っていない人ではなく、無限の欲があり、いくらあっても満足しない人のことだ。」

この話に対して、私はこういう理解が出しました。物のあるなしが、貧乏ではありません。スーツケース一つで身軽に移動できる人は、人生が豊かだし、友人や家族に囲まれる人は、お金が少なくても人生は豊かです。家に物を貯め込んで、貯金が沢山あっても、心が満たされない人こそが、貧乏な人ではないかと思います。すなわち、本当に欲しい物だけを持つことで、心が満足すると、幸せになります。家族と、趣味の本があれば幸せと言う人もいるし、一人で世界旅行をするのが幸せと言う人もいます。

そのような簡単な幸福観は、人生を楽しむために、とても重要な思想だと思います。

上の一回目の振り返りによると、職場の不公平な現象が存在したので、被雇用者として自分の権益を守る、優れた人になることを対策にしているということが分かった。しかし、「その不公平の現象はなぜできたか」「どのように権益を守るか」「優れた人とは何か」というような細部への思考はされていない。言い換えれば、世界認識と行動基準の結びつきは薄くて説得力が欠ける。それに対して、三回目の振り返りは関係図を描く活動を行い、ものともの、こととことなどの結びつきが具象的になった。受講生が描いた図では、「競争が激しいため、発展途上国にしても、先進国にしても、お金を稼ぐことが中心にされている。それに従い、社会の発展は人々に自分を失わせ、ストレスを感じさせるので、健康的な生活が保障できない」ことが表されている。それに応じて、「発展は人類に幸福をもたらすものかどうか、その問題を深く考える必要がある」という行動基準に触れた。

要するに、三回目の振り返りは一回目の振り返りに比べて、世界を認識するときのもの、こと、人の関連付けがより緊密的であることが現れた。それが故に、自分を起点にして努力する可能性が高くなったと言えるであろう。

3.3 自己内省

もし「自問自答」「関連付け」を思考を促進する方法とすれば、「自己内省」は「思考が深まる」そのものになる。つまり、「自己内省」は「思考が深まる」しるしの一つである。これまでの学校教育システムでは、試験の点数や教員の評価を中心にされた評価体系が定着しているため、自己評価はほとんどその中に入っていない。それは自己が仕組まれている状況に置かれる感じを与えてしまい、学習者の勉強する動機づけに大いに影響している。

一方では、この授業実践を通して、「何を勉強するか」という知識や技能（言葉の形式）に限定された範囲から解放され、「なぜ勉強するか」「どうやって勉強するか」（言葉の内容）に目を向けることが実現されたと言える。次の例を参照し、受講生の自己内省を検討する。

④(受講生のMさん)

この学期の通訳の授業から、私がもらったもっとも大切なことは、通訳の技巧ではなく、考えの筋道を広げることだと思っています。毎回の授業中の相談や、皆さんが書いた振り返りと日本でいる先生たちにもらうコメントを分析するのをしていたところで、クラスメートの皆さんとか、年齢や経験、異文化などのために日本でいる先生たちとかとの考え方の違いがよく分かってきました。

「君がリンゴが一つあり、私もリンゴが一つあり、お互いにリンゴをあげたら両方が一人ずつリンゴが一つあります。でも、君がアイデアが一つあり、私もアイデアが一つあり、お互いにアイデアを教えたら、一人ずつアイデアが二つあるようになります」という言葉を聞いたことがあります。クラスメートたちと交流するときに同じ問題に考えの筋道がたくさんあることを意識できるようになります。そして、クラスメートとMさんの振り返りを関連してみれば、その振り返りはそんなにMさんらしいのものだと思います。同じ文化背景と大学教育の影響を受ける人もそんなに大きい差別を持って、まして違い文化背景で成長する、あるいは教育程度は差別が大きい人は言うまでもない。それは交流の中、区別を認めて尊敬しなければならないという理屈を教えられます。

そのほかに、一人で考えるとき、自分もっと深い角度考えてみようと思います。ほかの人として、どのように考えるかもしれません。あるいは、じぶんの考えの極限はどこを探してみています。

⑤(受講生のQさん)

一ヶ月の口訳授業を受けて、いろいろ考えて、たくさんのことを学んだ。まず、グループ形式の勉強方法について話したいことがある、最初の授業を受けるとき、面白いと思いながら、みんなもグループで自由に自分の話したいものを述べて、五人ぐらいだけの意見交換は少しつまらないと思った。しかし、だんだんこの勉強方法に慣れてきた。みんなの振り返りも素晴らしい、自分と全然違う考え方や考えの角度が見える。その上、先生からのコメントがいろいろありがとう。私の振り返りは話したいものを詳しく指摘したが、先生はまじめに読むと、問題一つずつ意見交換した、私は感動した。分析はもっと全面的、進歩的だから、本当に大い啓発された。

そして、毎回の振り返りを書くのは嫌だったが、今までの振り返りを読むと、違う考えが出された。自分の勉強するプロセスが見えるから、以前の自分の不足点も見えて、以前の自分と比較もできる。今後どう考えるのはいいか、どんな方面を考えるのは必要かも分かる。ロジック的に考える体系が築くものに用いることが多いだと思う。

それから、何回の課題に関係すると、ミクロ的な角度について、例えば、就職や家庭や自分の未来を考えるのは多い、思考の方向はたぶん横だ。一方、マクロ的な角度について、例えば、環境問題、権利と義務、グローバル化を討論できるのは多い、思考の方向はたぶん縦だ。その上、経済や政治や文化や社会など多角度から、みんなも問題が探せるし、問題について声をあげるし、甚だしきに至っては生命を畏敬するものや幸せな生活が追求するするものと考える。即ち、このような課題は深く、思考される価値がある、討論できるものは多いと思って、全面的に問題を考えたほうがいい。

この授業でいろいろな収穫があります。その中で一番大切な収穫は心の声を話し出す勇気を得ることです。中国人として外国語を勉強する時、自分の話したいことを話すのは難しいです。なぜなら自分に自信がないからです。自信がなかったら、話すことができません。そのせいで、口語の能力が低くなります。口語の能力が低くなるから、自信が更に無くなり、悪循環になりますね。しかし、この授業で、先生の励みのおかげで、口語の能力が低くても、自信がなくても、話す勇気があります。もちろん、ある時やはり言葉をうまく話すことができませんが、いつも練習すれば、口語の能力が高くなることができます。

そして、いろいろな知らないことが分かってきました。例えば、IT業の苦しい生活とか、ウルグアイの大統領のこととか、まりこさんこととか、世界で知らないことがよく知ることができるようになりました。日本語を勉強するのは、言葉を習うことだけではなくて、日本語を利用して、世界を認識するのは目的です。

上の④と⑤は二人の受講生が授業の形式と内容について書いた振り返りである。その中に、「視野が狭いので世界認識が足りない」「個人の思考に限界がある」と反省し、違う意見を持っているのは不思議なことではなく当然なことであり、しかも、その意見は新しい視角を提供でき、もっと全面的に世界認識することができると気付いたプロセスが現れた。その自己内省のプロセスを通して、受講生の自己評価が形成されはじめたと同時に、学習する動機づけにもつながったと考えられる。

4. 終わりに

世界の激しい変動は当然就職や進学に臨む大学生に不安を覚えさせている。スペックを高めるために、一生懸命勉強に励む中、学習プロセスと評価が望ましくないと学習者の心理(動機づけなど)を大いに影響している。

一方では、世界への認識が足りなく、ぼんやりして不安であるため、対策を考えるとき、仕方なく世界に仕組まれているのに従えばいいというところが授業実践によって明らかになった。

それに応じて、本実践は人生の生き方についての語り合い、またそれを振り返る中、考えが深まったと同時に、自分の成長と他人の成長に気付いたことが実現された。それに従い、試験の点数や「聞く」「話す」など技能中心の評価システムから解放され、自己評価の系統が形成されはじめた。それとともに学習する動機づけもつなげられたのである。

まとめてみれば、本授業はGW、ロールレタリング、振り返りなどを用い、さらに外部メンバーからのコメントも含め、目標言語の環境に不滞在としても、コミュニケーション、議論、自問自答、関連付け、自己内省の形が形成されたにつれ、言葉の力と思考力が促されることができた。また、斬新なテキストを提供し今後の中高年級の授業デザインに示唆を示している。

参考文献

[1] 岡崎眸(2009)「持続可能性日本語教育—生活の質を向上させる言葉の力—」『第三回ルーマニア日本語教師会 日本語教育・日本語学シンポジウム論文集』 6-41.

[2] 岡崎敏雄(2010a)「持続可能性日本語教育の学習のデザイン—雇用—食糧軸のライフラインリスク像育成のための学習のテキストシラバスデザイン—」『筑波大学地域研究』32、 136-159.

[3] 岡崎敏雄(2010b)「持続可能性教育としての日本語教育の学習のデザイン—教室活動・シラバスデザイン・教師の役割—」『筑波大学地域研究』31、筑波大学、1-24.

[4] 岡崎敏雄(2009)『言語生態学と言語教育』凡人社

[5] 岡崎眸(2013)「持続可能性日本語教育—言語教育への生態学的アプローチ-学士課程教育における意義—」日本言語文化研究会論集第 9 号(http://www3.grips.ac.jp/~jlc/jlc/essay.html)

[6] 楊峻(2010)『大学の日本語授業におけるグループワークのデザイン—言語生態学を理論背景とした研究—』外文出版社

[7] 劉娜(2011a)「中国の大学における持続可能性日本語作文教育の可能性—学習者の意識から言語実践を見る-」『言語文化と日本語教育』42、お茶の水女子大学日本言語文化学研究会、79-92.

[8] 劉娜(2011b)「中国における持続可能性日本語作文教育の試み—学習者の考えを文章にしていくプロセスを中心に—」『人間文化創成科学論叢』14、お茶の水女子大学大学院 人間文化創成科学研究科、167-176.

会話授業における訂正フィードバックの使用と効果

——JFL環境の場合

大連理工大学　王冲

要旨：本研究では、中国の日本語の会話授業に着目し、教師のフィードバックの使用とその効果について分析した。初級レベルの教室では、発話の内容より、発話の正しさを重視する傾向があるため、コミュニケーションを中断し、発音を訂正することが多く見られた。また、教師は明示的訂正をよく使用しており、その認識率と訂正率も低くなく、ある程度なら、有効なフィードバックであることがわかった。

キーワード：訂正フィードバック　明示的訂正　認識率　訂正率

1. はじめに

「話す」という行為は人間のコミュニケーション活動において極めて重要なことであり、「あなたは日本語ができますか」という意味を持っている「あなたは日本語を話せますか」のように、「話す」ことは言語の4技能の中でも代表的なこととして捉えられている。また。第二言語習得研究においても、学習者の日本語判定について、OPI（Oral Proficiency Interview）などのように、「話す技能」に基づいて行う場合も少なくない。「話す」は概念化(conceptualization)、形成化(formulation)、音声化(articulation)、自己モニター(self-monitoring)という四つのプロセスがある(Levelt, 1989)。そのため、「話す」能力の習得はこの四つのプロセスの自動化を図ることである。しかし、学習者は目標言語を話す際に、向けられる注意の容量は一定なので、文の流暢さ（fluency）、文の正確さ(accuracy)、文の複雑さ(complexity)の中のどれか一つにしか集中できない(Skehan1998)。要するに、学習者は目標言語を話すときに、意識的に複雑な文を使おうとしたなら、文の流暢さと正確さに欠けてしまう可能性があると考えられる。限られた時間内に、学習者はこれらの自動化作業を行うことは難しいため、日本語の「話す」ことの習得と指導が困難であると推測できる。また、「話す」指導において、教師側は学習者の誤用に対して、どう扱うかによって、指導の効果も異なると考えられる。本研究では、日本語の初級会話授業に着目し、教師のフィードバックの角度から、教師の指導方法を分析し、教師は学習者の誤用をどう処理すべきかを考える。

2. 会話授業における指導

「話す」能力を上げるには、会話練習の目的を明確化にすることはとても重要である。初級会話の授業において、正確さに重点に置く場合もあれば、流暢さに重点に置く場合もある。

正確さのための練習は、教科書の会話文を利用した対話練習と機能シラバスに基づいた会話練習がある。三牧（1996）によれば、前者の一般的手順としては、まず教師が一まとまりを音読し、学習者は教師に続いて声を出して読む。そして、会話文の理解を確認するために、教師は質問し、学習者は答える。その後、教師と学習者、あるいは学習者の間で教科書の会話文を自然な音調でスムーズに言えるようになるまで練習する。最後に、教科書の会話文の一部を取り出して、会話の内容を学習者自身の真の情報に置き換えて、より実際に近いコミュニカティブな対話練習を行うという。また、後者の場合は、「自己紹介」「依頼」など機能シラバスに基づいた会話練習で、同じ機能をもった様々な表現のバリエーションを学習し、使い分けられるような練習を中心にしているという。

流暢さのための練習は、インフォメーション・ギャップ利用の会話練習、「すごろく」「神経衰弱」のようなゲーム、ロールプレー、インタビュー、ディスカッション、スピーチ、ディベート、発表などがある。練習方法によって、指導の重点も異なる。例えば、スピーチなら、発音、アクセント、イントネーションなどの音声の面のみではなく、内容面、文のスタイル、談話などの指導も入れる必要がある。発表なら、スピーチよりプレゼンテーションの制作などの指導も必要とされる。ディスカッションは、意見の述べ方などの指導が必要である。

会話の授業の目的は様々な会話練習を行い、学習者の「話す」能力を上げることである。教室指導は学習者の日本語のレベル、学習者の特徴、タスクの種類などあらゆる面を考慮する必要がある。学習者の正確さのみに注目したら、会話は途中で中止してしまう可能性がある。要するに、教師は学習者の誤用をすべて訂正しようとしたら、学習者の話す意欲はなくなる恐れがある。そのため、教師は学習者の誤用をどう扱うべきかを考えることは重要である。1970年代において、オーディオリンガル教授法が盛んに行われており、言語のインプットを重視し、言語の正確さを強調され、誤用を最大限に減らすという考え方が主流であった。オーディオリンガル教授法の指導効果に関してはそれぞれである。1980年代に入ると、教室内の談話、教師と学習者の間の口頭フィードバックは研究の焦点になり、誤用は第二言語習得過程に必然的なものとして捉えるようになった。次では、初級日本語会話の授業のデータに基づき、教師はどのようなフィードバックを使用しているか、また、その効果はどうであるかを考察する。

3. 研究方法

3.1　訂正フィードバックの種類

訂正フィードバック（CF）の研究は、「教室内での第二言語習得」や「指導を受ける環境での第二言語習得」と呼ばれる研究に位置しており、この研究分野は、自然な第二言語コミュニケーション能力を身につけようとする学習者のL2習得に焦点を当てた、1990年代から特に盛んになる第二言語習得研究の下位領域である（大関ら2015:31）。Lyster and Ranta(1997) は、イマージョン教室の観察に基づき、教師の CF をリキャスト(recast)、明示的訂正（explicit correction）、明確化要求（clarification request）、メタ言語的修正（metalinguistic feedback）、誘導(elicitation)、繰り返し（repetition）という6つのタイプに分類した。そこで、Lyster & Ranta(1997)を参照してまとめられたEllis(2012, p. 139)と大関ら（2015）を用いることにし、表1のように分類した。

表1　　訂正フィードバックの分類

CFの種類	定義
①リキャスト	誤りを指摘するような明示的な表現は使わず、学習者の意図した発話の正しい表現への言い換えをする
②明示的訂正	学習者にはっきり分かるよう明示的に誤りを指摘し、さらに正しい形を提示する
③明確化要求	「え?」「すみません?」「もう一度言ってください」などの聞き返しによって、学習者に誤りに気づかせ、言い直しをさせる
④メタ言語的修正	「動詞はそれでいいですか」などメタ言語を使って、言語的エラーがあることを示唆するコメントや質問をする
⑤誘導	学習者に自己訂正させるため、エラー手前までの発話を繰り返したり、エラー部分について正用を求める質問をする
⑥繰り返し	誤りを上昇イントネーションで繰り返すこと

表1にある6種類のフィードバックは大きく学習者に正用を提示する「インプット提供型」（input-providing）と学習者に自己訂正をさせる「アウトプット強制型」（output-prompting）という2種類に分けられる。前者は「リキャスト」と「明示的訂正」が含まれており、「リフォミレーション（reformulation）」と呼ばれる場合もある。後者は「明確化要求」「メタ言語的修正」「誘導」「繰り返し」という四つのフィードバックが含まれており、「プロンプト」と呼ばれる場合もある。また、「リキャスト」「明確化要求」と「繰り返し」は暗示的なフィードバックであるのに対し、「明示的訂正」「メタ言語的修正」「誘導」は明示的なフィードバックである。

教室活動の中で、教師は学習者の誤りに対して、リキャスト、明示的訂正、メタ言語的修正、明確化要求、誘導、繰り返しなど様々な手法でフィードバックを与えることが報告されているが、「リキャスト」「明確化要求」を使った訂正方法は、意味のある伝達活動の中で暗示的言語形式に注意を向けることが出来、特に「リキャスト」は学習者の話を中断しないということで、近年の第二言語教育の分野で注目されてきた。しかし、リキャストは教師の最も多く使われているフィードバックでありながら、その効果について、明らかに検証されているとは言えない。本研究は中国における初級日本語会話授業を取り上げ、そのフィードバックの使用と効果を明らかにしたい。そのため以下の2つを研究課題とする。

3.2　研究課題

研究課題1：会話授業における訂正フィードバックの使用

学習者の誤用を抽出し、発音の誤り（語彙の発音に関する誤り）、語彙の誤り（適切でない語彙の使用に関する誤り）、文法の誤り（正確でない文法に関する誤り）、その他に分類し、誤用の出現傾向とそれに対するフィードバックの出現頻度と種類を分析する。

研究課題2：会話授業における訂正フィードバックの効果

学習者は与えられた発話が訂正フィードバックであったことを正しく認識していたかどうかという学習者の訂正認識率、及び訂正フィードバックに対する学習者の発話で誤用が正しく訂正されたかどうかの学習者の訂正率を分析する。フィードバックの有効性を判断するための基準も研究者によって異なるが、本研究では訂正があった場合、学習者は訂正に気づいたと考える。

3.3　分析データ

フィードバックのデータは2015年6月に、中国のある大学日本語強化班の1年生の初級日本語会話授業で収集した。教師は女性の日本語母語話者で、日本語教育歴は5年である。授業に参加した学習者は24名で、そのうち、男子生徒は18名で、女子生徒は6名である。授業の内容は新出文法の説明と会話練習であり、教師主導型の授業である。データの長さは90分で、その後、文字化作業を行った。

4. 結果と分析

4.1　初級会話授業における訂正フィードバックの使用

文字化されたデータから、学習者の誤用を抽出し、発音、語彙、文法、その他に分類した。そして、各種類の誤用に対して、教師が使用したフィードバック数と種類をまとめた。

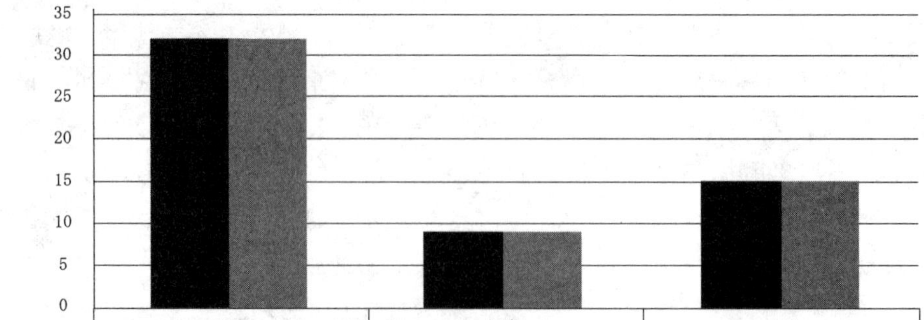

	発音	語彙	文法
■誤用	32	9	15
■ GF	32	9	15

図1　学習者の異なる種類の誤用に対する教師のフィードバックの使用

図1から、学習者の誤用は56個があり、そのうち、発音の誤用が最も多く、32個であり、その次は文法の誤用15個で、語彙の誤用は9個であることが分かった。初級の会話の授業で、また新出文法の説明を聞いたすぐの会話練習であるため、文法と語彙の誤用が少なく、発音の誤用が比較的に多いかもしれない。また、すべての誤用に対し、教師が訂正をしたことも初級の会話授業の特徴の一つと言えるだろう。要するに、JFL学習環境において、初級段階では、コミュニケーションを重視するより、学習者の日本語の正確さを重視しているだろう。そして、教師が使用した35個のフィードバックを分類し、以下の図2に示した。

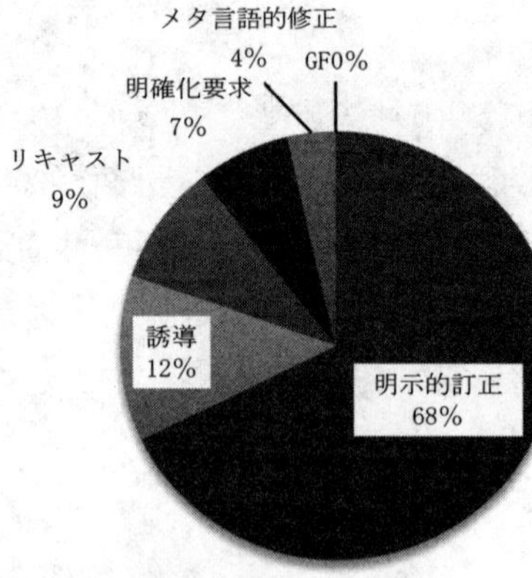

図2　教師が使用したフィードバックの種類

図2から、教師は教室活動において、すべてのフィードバックを使用しているとは限らないことが分かった。今回の結果から、教師が使用した最も多いフィードバックは明示的訂正で、38回、全体の68%も占めている。その次は「誘導」で、7回、12%占めてい

る。多くの先行研究で報告されている「リキャスト」は、今回5回しか使用されておらず、全体9%しか占めていない。その原因は、初級段階では、学習者の日本語の単語量、文法量などは多くなく、暗示的なリキャストより、明示的なフィードバックのほうがより学習者の注意を喚起することができるからであろう。次の節では、学習者の訂正認識率と学習者の訂正率を分析する。

4.2　初級会話授業における訂正フィードバックの効果

まず、訂正フィードバックを与えられた場合、学習者は誤りに気づいたかどうかの訂正認識率と訂正率を各種類の誤用ごとに計算し、結果は以下の表2に示した。

表2　　各種類の誤用ごとの訂正認識率と訂正率

	誤用	CF	認識率	訂正率
発音	32	32	32(100%)	9(28%)
語彙	9	9	9(100%)	7(78%)
文法	15	15	11(73%)	3(27%)

学習者は発音の誤用と語彙の誤用の訂正に対する訂正認識率が100%であるが、文法誤用の認識率は73%である。また、学習者の語彙の誤用の訂正率が最も高く、78%であるが、発音の誤用の訂正率は28%で、文法の誤用の訂正率は27%しかない。そして、教師のフィードバックの種類ごとに、学習者の訂正認識率と訂正率を計算し、結果は以下の表3に示した。

表3　　フィードバックごとの訂正認識率と訂正率

	CF	認識率	訂正率
明示的訂正	38	38(100%)	16(42%)
誘導	7	5(71%)	2(40%)
リキャスト	5	3(60%)	1(33%)
明確化要求	4	4(100%)	0(0%)
メタ言語的修正	2	2(100%)	0(0%)
繰り返し	0	0(0%)	0(0%)

教師が使用したフィードバックの具体例は以下のようである。

①明示的訂正

正用を提示されているということが学習者に明らかに伝わるようなフィードバックは明示的訂正である（Lyster&Ranta1997）。明示的訂正は学習者に言語的指導が行われたことが明瞭で、学習者が誤った知識を修正するチャンスも増えるが、自然なコミュニケーションの流れは遮られると言われている（大関2015）。表3から、明示的訂正の場合、学習者の訂正認識は100%であるが、訂正率は42%で、それほど高いとは言えない。これは初級学習者の発音の誤用が多いことに関連しているだろう。要するに、初級段階では、学習者は教師のフィードバックによって、自分の間違いに気づくが、教師の提示してくれた発音をまねしても、緊張するなどの理由でなかなか直らない場合があるかもしれない。以下は成功した例である。

S：私はつよいウイルスをかんさん（感染）したかもしれません。
T：発音が正しくない，「かんさん」じゃなくて、「かんせん」です。
S：はい、かんせんした。
T：はい、感染したかもしれません。
（発音の誤用、明示的訂正）（認識：√、訂正：√）

学習者の間違った発音「かんさん」に対して、教師は明示的に指摘し、正しい発音「かんせん」であるとはっきり伝えた。学習者の発話が中断されたが、誤用に気づき、訂正ができた。

②誘導

学習者に誤用を自ら修正して、正しい表現を使わせる方法で、教師は誤用手前まで学習者の発話を繰り返し、学習者が誤用部分から訂正できるよう、ポーズする手法、つまり口頭での空所補充問題の形式になったフィードバックを指す（大関2015）。以下の例がある。

S：おじいさんは私にお年玉をあげたました。
T：あげた？刚收到、おじいさんが…
S：はい、私にお年玉をあげました。
T：あげた？
S：はい、買うものがきめます
T：買うものが決まっています。
（文法、誘導）（認識：×、訂正：×）

この例の中で、教師は学習者の発話「あげた」を繰り返して、誤用部分のところでポーズし、学習者の正しい発話を引き出そうとした。しかし、学習者は教師の意図を理解できず、ただ教師は聞こえておらず、発話を確認していると思い、単純にもう一度自分の誤用を繰り返したようである。訂正の効果がなかった。

③リキャスト

学習者の誤用を談話の流れを遮らないように相手が意図した意味内容をさりげなく正しく言い直すフィードバックである（大関2015）。しかし、暗示的なフィードバックで、学習者は気づかない場合もある。

T：彼は格好いいですか。
S：格好じゃない。
T：そうですか、格好よくないですか。じゃ、どうして好き？
S：性格が好きです。
（文法、リキャスト）（認識：×、訂正：×）

学習者は「格好じゃない」と間違った発話をしたが、先生の「格好よくないです」という発話は訂正フィードバックと気づかず、コミュニケーションが続けられた。

④明確化要求

自然な会話の際、物理的に声が聞き取りにくいなどの理由で聞き手が起こす反応も、明確化要求の表現が用いられる。したがって、教師の明確化要求は、言語的修正の意図があるのか、単に物理的に聞こえなかったのか、判断が難しい。明確化要求は、必ず学習者の応答を引き出すことになるが、その応答は学習者による与えられた明確化要求の意図の解釈によって異なる（大関2015）。

S：きれくて、高いです。
T：えっ、もう一度。
S：……
T：きれいで。
S：きれいで。
（語彙、明確化要求）（認識：√、訂正：×）
（語彙、明示的訂正）（認識：√、訂正：√）

教師は「もう一度」を使って、学習者に訂正させたが、学習者は訂正できなかった。その後、教師は正用を提示した明示的訂正フィードバックを与えて、学習者は訂正に成功した。

⑤メタ言語的修正

正用は提示しないが、文法や語法に関する用語や概念などを用いたコメントや質問で、学習者の発話に誤用があることを示唆する。

T：はい、〇〇さん、「起きばかりなので」ばかり前面……タ形でしょ。
S：……
（文法、メタ言語的修正）（認識率：√、訂正：×）

この例では、教師は「ばかり前面……」という発話で誤用の場所について指摘したが、正用を提示しなかった。学習者は考える時間を与えられたが、訂正まで至らなかった。しかも、コミュニケーションが中断させられた。

また、以下のように学習者の同じ発話に対して、複数のフィードバックを使用する場合も窺えた。

S：ゆるごはん。
T：〇さん、晚饭再说一遍。
S：ゆるごはん。
T：はい、晚饭不是ゆるごはん、よ、よるごはんですね。あるいは、ゆうはんです。
S：よるごはん。
（発音、明確化要求）（認識：√、訂正：×）
（発音、明示的訂正）（認識：√、訂正：√）

教師は学習者の「ゆるごはん」という発音の誤用に対して、二回フィードバックを与えた。一回目は「晚饭再说一遍」と言われ、明確化要求を与えられたが、日本語の発音の基礎が弱いせいか、自己訂正ができなかった。二回目は、「よるごはんですね」と正しい言い方を与えられ、自己訂正ができた。この例から、初級レベルの学習者にとって、明確化要求は気づくが、訂正が出来ない可能性があることがわかった。明示的訂正のほうが、訂正率が高くなる。

5. 終わりに

本研究では、中国というJFL環境の初級日本語会話授業における教師のフィードバックの使用及びその効果について分析した。授業において、教師は授業内容、目標に関する内容を優先的に訂正すると考えられるが、初級レベルの授業では、発話の内容より、発話の正しさを重視する傾向があるため、コミュニケーションを中断し、発音を訂正することが多く見られた。また、初級レベルの学習者の場合、教師は明示的訂正をよく使用しており、その認識率と訂正率も低くなく、ある程度なら、有効なフィードバックであると考えられる。Lyster&Ranta（1997）の結果では、教師が最も使用しているのはリキャストで、その次は、明確化要求、メタ言語的修正、誘導、繰り返しという順番であるが、本研究の結果では、明示的訂正が最も多く使用されている。これは初級という学習者のレベルとJFLという学習環境に関連していると考えられる。本研究の結果は、フィードバックの使用及びその効果について、ある程度の傾向性が見られたが、データの量には制限があるため、一般化することは難しい。今後さらに刺激再生法などで、教師及び学習者のフィードバックと修正の傾向について更なる分析が必要である。

参考文献

[1] 大関浩美（2015）『フィードバック研究への招待』東京：くろしお出版.

[2] 高橋宣明（2012）「訂正言い直しにおける知覚的顕著性——暗示的言い直しから明示的言い直しへ」『第二言語習得研究と言語教育』東京：くろしお出版, 84-108.

[3] 畑佐由紀子・藤原ゆかり（2012）「外国語としての日本語の授業における訂正フィードバックの効果」『広島大学大学院教育学研究科紀要』61, 229-237.

[4] 三牧阳子（1996）『日本語教授法を理解するための本——実践編解説と演習』東京：バベルプレス.

[5] 王冲（2015），《日语教师课堂教学与自我发展研究》上海：上海交通大学出版社.

[6] Ellis, R.（2012）Language teaching research and language pedagogy. London: Wiley-Blackwell.

[7] Levelt, W. J. M.（1989）Speaking: from intention to articulation.Cambridge, Massachusetts: The MIT Press.

[8] Lyster, R., & Ranta, L.（1997）Corrective feedback and learner uptake: Negotiation form in communicative classrooms[J]. Studies in Second Language Acquisition, 19(1):37-66.

[9] Skehan, P. A（1998）Cognitive approach to language learning.Oxford: Oxford University Press.

本研究は「大连理工大学研究生教改项目（jg2015031）」の成果の一部である。

中日教師の協働による基礎段階の「総合日本語」の実践研究

大連理工大学　由志慎・武田美樹

要旨：大連理工大学の日本語学科では、専攻の基礎科目として「総合日本語」を開講している。五十音図から文字・語彙・文法・文型・表現を教え、学習者の聞く・話す・読む・書くの四技能を養成する科目で、日本語専攻では最も学習者の基礎を築く科目である。中国人教師が担当するのが一般的であるが、中日教師に協働で授業をしてほしいという学習者の声が出たし、単位数が減らされ、限られた時間により効果がある授業が求められるようになった。そこで、中国人教師と日本人教師の協働による日本語授業の実施を始めた。

2年間の実践を通して、学習者の日本語の発音が改善され、日本語を聞く・話す能力が向上した。さらに、日本語学習のモチベーションが向上し、日本文化に対する理解もできた。上記のことから、中国人教師と日本人教師の協働による日本語の授業は、有効であることが明らかになった。

キーワード：中国人教師　日本人教師　協働　基礎日本語

1. はじめに

近年、中国では日本語専攻を開設する大学が急増している。よって、日本語学習が増加しつつある。一方、経済発展と大学の国際化に伴い、大学の日本人教師の数も増えている。日本人教師が大学で担当する科目は日本語会話、日本語作文、上級日本語、日本事情（あるいは日本概況）などに限り、中国人教師が担当するのは基礎日本語、リスニング、リーニング、言語学、文学など、基礎段階の会話以外の科目と中上級の専門科目である（張宝紅,2013）。しかし、同研究では、学習者が基礎日本語、日本事情などの科目を中国人教師と日本語人教師共同で担当してもらいたいという声があると示された。日本人教師も基礎から日本語を教え、正しい発音を指導し、学習者の話す能力を向上させたいという意見もあったとわかった。

一方、教育改革によりカリキュラムが見直され、日本語科目の単位数が大幅減らされ、基礎日本語、会話、リスニングの時間数を減らしたり、発音の授業を切ったりする大学が多い。これによって、日本語学科の基礎段階における主幹科目である基礎日本語は語彙、文法などの知識を教授するとともに、発音指導、学習者の聞く・話す・読む・書くの四技能を向上させ、初級のコミュニケーション能力を達成させることが要求され、より効果的な授業が求められるようになった。大連理工大学の日本語学科はこれらの問題を解決することが目的で、中日教師の協働による基礎日本語の授業の実践を試みた。

2. 先行研究

協働（collaboration）とは、複数の主体が、何らかの目標を共有し、ともに力を合わせて活動することをいう。協働教育は20世紀60年代にWilliam　M. Alesanderによって提出され、二人か二人以上の教師が教育グループを組み、共同で教育活動を行う教育モデルのことを言う。すなわち、教師が「共同で計画を立て、ある学習団体の教育を実施し、評価する」ということである。Friend&Cook（2003）は協働教育について下記の6モデルを提案した。一人が授業をし、もう一人が授業参観をする；一人が授業をし、もう一人が巡視をする；ウェブサイトによる教育；平行教育；交替教育；グループ教育がある。

張・劉（2012）は大学英語という授業における、中豪教師による平行協働授業の実践研究がされた。中国人教師がリーニング、リスニング、作文を担当し、オーストラリア人教師が文化と会話を担当し、一年の実践を通して、学習者の動機づけ、モチベーション向上と英語能力のアップに効果があったと明らかになった。中国人と外国人の教師間の協働はよく平行協働で、すなわち教育対象が同じで、中国人教師が読む・書く部分を担当し、外国人教師は聞く・話す部分の担当をし、また外国文化の紹介などを主とする。

柏・牟（2009）、邱宇（2014）などが大学の英語教育における、中国人教師と外国人教師の協働による授業について、実証実験を通し、学習者の言語能力の向上と非言語能力の動機づけと自信などに効果があったと検証された。

これらの英語教育における先行研究の結果を日本語の授業に生かすため、ここで提案したのは、中国人教師と日本人教師の交替教育であり、週に一クラス2コマずつ交替で授業をするということである。本研究では中国人教師と日本語教師の協働による「総合日本語」授業の効果と可能性を検討することにした。

3. 実施概要

3.1 「総合日本語」の概要

「総合日本語」は中日教師の協働による実践は2013年9月からスタートして、日本語学部の2013年入学と2014年入学の合計65名（毎年2クラスずつ）の学習者を対象に、中国人教師が毎週の月曜日と火曜日に、日本語教師が毎週の木曜日と金曜日に、全部で年に248時限の授業を行った。

表1　「総合日本語」の概要

	実施期間	対象	人数	時間数	教科書
1	2013 年 9 月～ 2014 年 6 月	日本語学部 2013 年入学	32 名	248	『新総合日本語　基礎日本語 1-2　第 2 版』（大連理工大学出版社　2014年）
2	2014 年 9 月～ 2015 年 6 月	日本語学部 2014 年入学	33 名	248	

3.2 担当教師のプロフィール

担当教師は中国教師が一人と日本人教師が一人いる。どちらも日本語教育において、豊かな経験がある。

以下は具体的なプロフィールである。

表2　担当教師のプロフィール

	教師	性別	年齢	学歴	日本語教育経験
1	中国人教師（以下はCT と言う）2014 年 6 月	女	44	修士	中国では 21 年、日本では 1 年
2	日本人教師（以下は JT と言う）	女	43	学士	日本では 16 年、中国では 4 年

3.3 具体的なやり方

阿部・横山（1991）は、ノンネイティブ教師とネイティブ教師の両方に対し、ノンネイティブ教師の長所と短所について調査を行った。双方の意識には大きな差がなく、ノンネイティブ教師自身も自らの長所は、①学習者と共通の文化的背景を持つこと、②学習者と母語を共有すること、③日本語の学習者体験を持つことだと考えている。また、短所として日本語能力の不足を取り上げるものが多かった。一方、ネイティブ教師は学習者と母語を共有しないため、授業中日本語しか使えなく、基礎段階ではちょっと難しいところがあると考えられる。

また、教師は各自の長所と個性と役割があり、自分なりのやり方で授業を進めた。CTとJTの授業中の具体的な教え方は下記のとおりである。

表3　　CTとJTの授業中の具体的な教え方

<table>
<tr><th colspan="2"></th><th>CT</th><th>JT</th></tr>
<tr><td colspan="2">使用言語</td><td>前半はほとんど中国語、後半からは中国語と日本語を両方使用。</td><td>授業をすべて日本語で行う。本文を中訳させたり、中訳してみせたり、中国語で解説を加えたり、質問や解答を中国語で行ったりなどいっさい行わない。</td></tr>
<tr><td rowspan="2">単語を教える時</td><td>共通点</td><td colspan="2">① 単語表の各単語において教師の後についてリピートさせる。できない場合は数回繰り返す。
② 発音やアクセントが不明瞭な場合は数回繰り返す。必要に応じてアクセント記号を書かせる。
③ 単語の意味だけでなく、その単語の使い方を練習。連語、用言の各種活用助詞を伴う文などをテンポよくリピートさせる。
④ 日本文化が絡む単語に関しては、説明をしたり、写真を見せたりする。</td></tr>
<tr><td>相違点</td><td>① 上半期は類義語や対義語の提示はあまりしない。下半期は語彙量を増やすため、提示する。
② 教材内の中国語翻訳以外の意味は追加説明しない。</td><td>① 類義語や対義語など、一緒に提示したほうがいいと考えられるものは提示する。
② 教材内の中国語翻訳以外の意味を持つ際は、必要に応じて追加説明する。</td></tr>
<tr><td rowspan="2">文法を教える時</td><td>共通点</td><td colspan="2">① できるだけ、それまでの既習語彙や文型を用いて、新出文型の理解がスムーズに促されるような例文を作成し、そこから説明する。
② 中国語の翻訳に反映しきれない微妙な部分（話者の感情や、使用できる（できない）状況や場面などの日本文化に関わる部分）には特に注意して説明する。
③ 新出文型を使った応用練習。ａ．その文型を使って短文作成。ｂ．中国語から日本語への翻訳。ｃ．誤用例文を提示し、どこがどうして間違っているのかを気づかせ、修正させる。ｄ．その文型を使用したＱ＆Ａ（質疑応答）ｅ．教材の音声を聞く。
④ 例文は必ず教師についてリピートさせる。</td></tr>
<tr><td>相違点</td><td>① 基本は中国語で説明する。時々写真や絵、図を見せて説明する。
② 文法の専門用語は日本語の言い方も教える。
③ 構造練習から応用練習へ進む。</td><td>① 基本は日本語で説明する。例文で文字上で説明するだけでなく、写真（絵、図）を見せたり、教室内で状況を作り出したり、道具を用いたりする。
② 学習者の理解が正しいかどうか、中国語で確認したり、翻訳させてみたり、教科書を確認させたりする。
③ 生活の場や、今後日本へ行った際に遭遇するであろう場面を想定した使用頻度の高い例文を提示する。</td></tr>
<tr><td rowspan="2">本文を教える時</td><td>共通点</td><td colspan="2">① 教師についてリピートさせる。発音やアクセント、イントネーション、間の取り方など気になる部分は、何度か繰り返し練習する。
② 暗誦させ、授業中確認する。
③ 新出語彙、新出文型に注意しながら、意味を確認しながら読み進める。
④ 日本文化に関連する部分は説明を加える。</td></tr>
<tr><td>相違点</td><td>① 内容理解に必要に応じて中国語に翻訳させる。
② 内容をめぐって、質疑応答をする。</td><td>日本文化に関する説明は必要に応じて、教師自身の体験談などを盛り込む。</td></tr>
</table>

3.4　教師の工夫

3.4.1 同じ教案の使用

「総合日本語」の授業は毎年7クラスがあるが、教案をみんな共同で準備し、同じ教案を使うようにしている。時間のロスとか、説明と練習の重複がないように、中日協働による授業では、同じ教案の使用が求められる。

3.4.2 引継ぎ

二人の教師が引継ぎなどの連絡を密に取っておかないと、学習者に無駄な時間を過ごさせてしまったり、混乱を起こさせたりしてしまう恐れがあるので、その点には注意をして引継ぎをした。引継ぎの項目としては、授業の進度、小テストの成績、学習者の学習状況、特に注意すべき学習者、授業に起きた緊急事件などである。メモと記録にもなるが、なるべくメールにて引継ぎをするようにしている。

3.4.3 中日教師の長所の活用

交替で授業を進めていくため、進度を確保できるうえに、中国人教師と日本人教師の長所が活用できるように考える。前期においては、まだ学習者にとって日本人教師の日本語での文法説明に難しい段階では、なるべく、月・火曜日に中国人教師が語彙・文法の説明をし、木・金曜日に日本語教師が文法の応用練習、本文の朗読、理解、練習をするように工夫を加えた。進度確保のため、どうしても日本人教師が文法説明に当たったら、中国人教師が必ず練習を通して学習者の学習状況を確認し、必要であれば、説明を再度したり、説明を加えたりする。また、日本人教師は毎回の授業で会話練習をするようにしている。

3.5　教師の苦労したところ

3.5.1 文法用語

学校文法か、日本語教育文法か、用言の活用形の言い方が違うので、困っていた。JTが中国へ来る前に16年間日本語を教えていたが、大きく異なる点は、使う教材が国文法の用語を基本に構成されている点である。もちろんJTが国文法を習ってきているし、国語の教師でもあるのでその点は大きな問題ではないのだが、授業で「五段動詞」とか「未然形」と日本語で言っても、なかなか授業はスピーディーに進まない。これに対し、CTはこれを中国語で言えば、すぐに片付く。1年目はこの点で苦労をしたが、2年目はできるだけ教科書内の用語を中国語でも言えるように練習し、とはいえ、発音が悪く通じないことでのロスを防ぐために、上記の日本語教育上の用語も併用して使っていた。

3.5.2 教材とPPTの中国語への理解

JTが教科書やPPT内の説明部分の中国語が完全に理解できないため、それをそのまま自分の授業で使うことは危なく、難しかった。1年目はそれまで慣れ親しんでいた板書を通して、なるべく日本語で日本語を教えるスタイルで教えるべき内容を進めた。1年目後半からはPPT作成も進め、板書にかかる時間的ロスを減らすようにした。

3.5.3 言語知識と日本文化を教える時間の調整

教科書の内容は盛り沢山で、進度を確保するため、言語知識を教え、文型練習と応用練習などに時間を取られるため、日本文化や日本事情など、教科書の内容に絡めて膨らませる機会が少ない。CTもJTも1年目の時は余裕はなかったが、2年目はその点、1年目に比べてそのような話題に触れる機会を増やすようにした。伝えたいことはたくさんあるが、やはり時間的な問題を考慮して授業を構成する必要がある。

3.5.4 全体の調整

一人の教師が全てを担当すれば、必然的に全体の流れからみた調整が可能で、授業に無駄が出ないので、その分、ロスがなく進めるかもしれない。二人以上で引き継ぎながら担当するとその分、説明や練習に重複が生じ、時間的にもロスしてしまう恐れがある。十分の引継ぎと教師の経験が求められる。

4. 実施効果

4.1 調査内容

2年間の中日教師の協働による授業は効果があったかどうかについて。

4.2 調査対象

授業の参加者である学習者と教師を対象に、アンケート調査を行った。有効調査票は51部で、そのうち、2013年に入学したの（以下は2年生と言う）は21部で、2014年に入学したの（以下は1年生と言う）は30部である。

4.3 調査期間

2015年6月から7月までである。

4.4 調査方法

学習者に対しアンケート調査を行い、教師に対し聞き取り調査を行った。

4.5 調査結果

一年生の「総合日本語」に満足したかについては、37人（72.5%）が「非常に満足した」と答え、14人（27.5%）が「満足した」と答えた。また、「なぜ満足したか」については、次のとおりである。

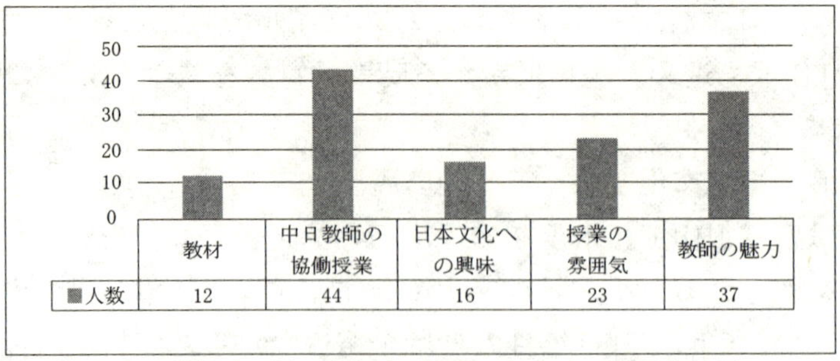

図1　学習者がなぜ満足したかについての調査結果

図1から見れば、学習者が最も満足した理由は中日教師による協働授業を行ったからである。次に挙げられるのは教師の魅力だと思うのが37人で、72.5%を占める。授業が成功した最大の原因は教師自身の魅力と協働授業というやり方にあると見られる。

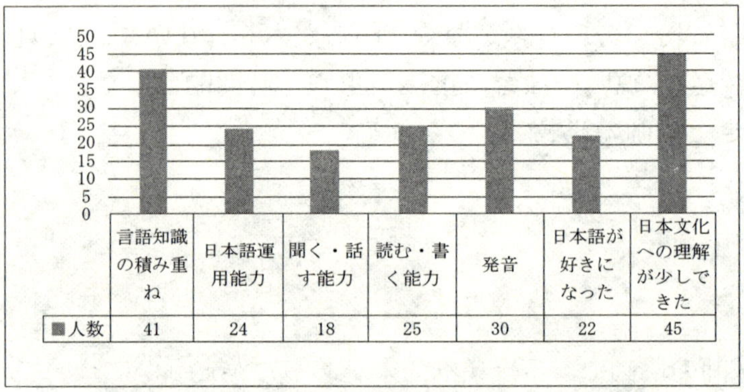

図2　授業では何に役立ったのかについての調査結果

何に役立ったのかについては、「日本文化への理解が少しできた」を選んだのは45人で、88.2%を占め、最も多く、「言語知識の積み重ね」に役立ったのを選んだのは41人で、80.4%を占める。また、「発音」や「読む・書く能力」に役立ったのを選んだのは3位と4位で、それぞれ全体の58.8%と49.0%を占める。言語能力のアップに役立っただけじゃなく、非言語能力の向上にも役立ったのだとわかった。

中日教師の協働による授業のやり方に満足したかについては、47人（92.2%）が「非常に満足した」と答え、4人（7.8%）が「満足した」と答えた。「このような中日教師の協働授業は日本語能力の向上に役立ったと思うか」については、48人（94.1%）が「非常に役立った」と、3人（5.9%）が「役立った」と答えた。「このような中日教師の協働授業は日本の社会文化への理解に役立ったと思うか」については、44人（86.3%）が「非常に役立った」と、7人（13.7%）が「役立った」と答えた。「このような中日教師の協働授業は日本語発音の改善に役立ったと思うか」については、36人（70.6%）が「非常に役立った」と、9人（17.6%）が「役立った」と、1人（2%）が「普通に役立った」と答えた。

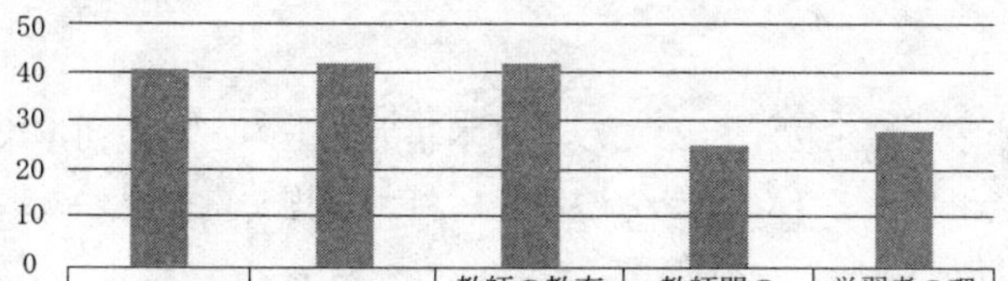

	教師の経験	教師の責任	教師の教育レベル	教師間の引継ぎ	学習者の理解と協力
■人数 1	40	41	41	25	28

図3　中日教師の協働授業が成功した最大要因

中日教師の協働授業の成功要因については、最も挙げられたのは教師の教育レベル、責任と経験である。教師能力が求められるのが見える。

また、「このような中日教師の協働授業のやり方をほかのどの授業に応用してほしいのか」については、リスニング、会話、スピーチ、英語と二年の総合日本語の授業などの答えが出た。学習者の協働授業に対する認可度とほかの授業への応用するニーズが浮き彫りになった。

一方、教師に対する聞き取り調査では、「中日教師の協働授業でよかったと思うのは何か」については、学習者の満足度が高く、日本語力の向上にも役立ったという声が多かったのが一番よかったと答えた。また、学習者が「日本語の勉強が面白い」「日本語が好きになった」「日本へ行ってみたい」「日本人の友達がほしい」のアンケート調査を見て、大満足だと思うのである。その他、JTが担当するクラスの他の科目、例えば、会話の先生と連携を取り、「総合日本語」の授業内で練習が不十分な部分や学習者のよく間違える部分などを、会話の授業でも確認して練習してもらうというような、横の連携を取ることができるようになったのもよかったと考える。

5. 終わりに

中日教師の協働による基礎段階の「総合日本語」は学習者に言語知識を教える同時に、聞く・話す・読む・書くの四技能の向上に繋がるような工夫が加えられたため、学習者の日本語能力の養成に役立ったと言えよう。また、学習者は満足度が高く、日本文化、日本語が好きになり、モチベーションがアップし、非言語能力の向上にも役立ったのも明らかになった。

結論としては、中日教師の協働による「総合日本語」という授業の実践は学習者の日本語力の養成だけじゃなく、日本文化の理解と日本語学習のモチベーションアップに有効であることが明らかになった。

今後、教師間の連携をもっと高めることは授業全体の質を高めるために必要であり、ロスなく、より効果的な協働授業をするにはどうすればいいのかについて、実践研究をしたい。

参考文献

[1] 橋本美香・新見明子・黒田裕子（2012）「日本語力向上のための初年次教育の実践—日本語教師と看護科教師の協働による下位クラスの学生に対する『文章表現』の取り組み—」『川崎医会誌一般教養』38号，25－32

[2] 阿部洋子・横山紀子（1991）「海外日本語教師長期研修の課題—外国人日本語教師の利点を生かした教授法を求めて—」『日本語国際センター紀要』第1号，53－74，国際交流基金日本語国際センター

[3] 张宝红（2013）“日语专业中外籍教师合作现状调查”《湖北科技学院学报》第33卷第8期，203－206

[4] Friend,M.&L.Cook. Interactions:Collaboration skills for School professionals(4th ed)[M]. Boston:Allyn&Bacon,2003

[5] 张静・刘巍（2012）“合作弁学项目中外教师合作教学新模式研究”《西南农业大学学报》（社会科学版）第10卷第9期，86－90

[6] 柏桦・牟宜武（2009）“中外教师合作教学对学生和教师能力发展的作用研究”《外语教学理论及实践》2009年第4期，45－54

[7] 邱宇（2014）“外语教学中的中外教师合作教学模式研究”《海外英语》2014年4月，46－47

第二外国語としての日本語教育への一考察

——問題点と対策を中心に

大連理工大学　李　捷

要旨：国際化が進む今、大学における第二外国語、特に日本語の教育が盛んになる一方、いろいろな問題も次第に認識されるようになった。本稿では、コミュニケーション重視、学習者中心の新たな教授法に基づき、第二外国語としての日本語教育の現状を見直し、カリキュラムに限られた時間数、履修者の多様な学習動機と学力低下による授業設計の難しさ、伝統的な教師本位の教授法に起因する学習意欲の低下といった問題点を分析し、その対策を検討する。まず、第二外国語としての日本語教育の改善を目指し、カリキュラムに拘らずに実際の状況によって進め方を決めることを主張する。それから、第二外国語教育の特徴により、コミュニケーション能力の向上を重要視し、一番基本的な文法項目を教授するとともに、なるべく履修者に自由に日本語を話させる機会をあたえることを提案する。さらに、外国語教育における文化教育の必要性も指摘する。

キーワード：学習意欲　教授法　カリキュラム　コミュニケーション中心

1. はじめに

国際化が進む今、大学において英語以外の第二外国語の教育が盛んになった。筆者が勤めている大連は歴史的に日本とも関係が深く、日本語教育の環境が整っている。現在3000社を超える日系企業が進出しており、日本と密接な経済関係を築いている。英語を身につけて、さらに日本語ができたら、就職に有利であるのが事実である。ゆえに、大連で第二外国語として日本語を履修する学生が圧倒的に多い。

学生が増える一方、教育におけるいろいろな問題も次第に認識されるようになった。このように高レベルの外国語を習得することを目標とした科目ではなく、「第二外国語」として短期間で学ばれる日本語の教育、いわゆる日本語教育の初級段階においては、いかなる目標を設定し、またどのような授業運営をすることが望ましいのだろうか。これまでのほとんどの授業内容は文法項目の伝達や、発音の訓練、あるいは構文・単語を暗記させることなどが中心であった。それに対して、近年の外国語教育の場では、文型を重視する教師主導型の教授法では、コミュニケーション能力を育成したり、自己学習の動機を高めたりするためには不十分であることが指摘され、コミュニケーション重視、学習者中心の新たな教授法が開発されてきた。外国語教育のこのような変化は日本語教育にも大きく影響を与えてきた。

本稿では、そのような新たな教授法に基づいて、今の大学における学生の学習現状を見直し、そこで見られる第二外国語としての日本語教育における問題点に着目し、その対策を探りたい。

2. 日本語教育の現状と問題点

中国の大学における第二外国語としての日本語教育は、週1、2回程度の授業が1年ないし2年で終わることが多く、またクラス規模も比較的大きい場合が多いことから、目標言語を習得するための十分な環境が整っているとは言い難い。

2.1 カリキュラム上の位置づけ

第二外国語としての日本語コースで一般的に使われる『中日交流標準日本語』を例として分析すると、授業の時間数がかなり限られていることが分かる。『中日交流標準日本語』（初級上下）には48課があり、1課は本文、文法解説、表現と言葉遣い、会話、練習と単語リストという6部分からなっている。普通は6時間に1課という進度が適当であるが、今はほとんどの大学で4時間で1課ということになってしまい、それよりさらに少ない大学もある。この限られた4時間で、以上の内容をすべた終わらせることは教師にとっても学生にとっても大きな負担となっている。

しかも、日本語学科の場合、精読、会話、聴解などそれぞれの授業があるのに対して、第二外国語としての日本語の授業時間内で、精読・会話・ヒヤリングなど、すべてを行わなければならない。1学期64時間内に『中日交流標準日本語』（初級上）の半分を終わらせるというカリキュラムのなかで、学生に読む・書く・聞く・話す・訳すといった総合的な日本語能力をしっかりと身につけさせることがいかに困難であるかは容易に推察できるであろう。

加えて、第二外国語の語学力は、大学の学習到達目標としては要求されてもいないし、卒業要件を満たすための必修科目でもない。大学で第二外国語は英語に比して重要度、要求度ともに格段に落ちると言わざるを得ない。

しかし、大学教育における第二外国語の位置づけを考えた場合、日本語や日本研究を専門とする学部・学科以外の場において、日本語の授業時間、要求度を増やすことはたやすいことではない。大学のカリキュラム全体において、日本語教育のみの時間数を増加させることは至難の業であるからである。そのため今日の大学教育における日本語の改善策を考える場合、現状の限られた授業時間で何ができるかを考えるのが得策であろう。

2.2　履修動機の多様性と学力低下

毎年日本語を履修する学生の人数は多いが、その目的意識は学生個人で異なる。王の調査（2005）によると日本のアニメや漫画に興味があり、日本語が好きになって勉強を始めた履修者もいるし、将来日本へ留学することを目的に勉強する学習者もいるということで、また日本語能力試験に合格したら就職に有利だと考える履修者もいる。もちろん第二外国語科目を単位の必要性のためだけに履修し、日本語自体に興味をまったく持っていない学生も少なくはない。

趣味で日本語を勉強する履修者の中では、文法より日本の文化についてたくさん紹介してほしいという履修者が多い。それに対して、就職のために勉強する履修者の中には、文法指導に重点を置いてほしいという履修者がたくさんいる。また日本に留学希望の学習者がコミュニケーションの上達を学習目的としている。日本語に興味がない履修者は単位取得を目標で、何も考えずに受身的に勉強する人が多い。このようにして、履修者の勉強意欲はぞれぞれ違う。しかし、現行の授業はとてもこの多様性に対応できるものではない。学生の多様性に対応できる授業設計をしなければならない。

一方、今の大学教育が抱える大きな問題のひとつは、学生の学力低下である。大学の大衆化により、学生が以前より簡単に大学に入学できるようになった。大学生になると、あまり勉強に関心を持たないことが近年の大学生の学力についての調査から分かる。半分に近くの大学生が学習に興味がないという。したがって、勉強を始めた最初の時期に、新しいものに対する熱心さを持って、積極的に日本語を勉強している履修者がすくなくないが、勉強が続いていくにつれて、単語、文法など覚えるものが多くなり、難しくなり、学習意欲がなくなってしまう学生は相当いる。それから、必修科目が多いため第二外国語としての日本語がそもそも重要視されていないのが事実である。授業後に日本語を勉強する時間がそれだけ少なくなり、それが日本語の上達に影響を与えるということもある。

履修者のこういう学習現状は日本語教師の教授法と関係がないとは言えない。

2.3　伝統的な教授法

今までの日本語教育、特に第二外国語としての日本語教育における指導方法は伝統的な教師主導型で、文法解説、語彙説明、練習という文法能力の養成を中心においている。授業では文法説明、解析から導入し、学生は教師によって説明された内容を写す。また、ドリル、会話の暗誦を通して、文型、文法の学習を促す。したがって、場面や関係性による適切さを理解し適切な非言語行動を踏まえ話すことができる社会言語能力、コミュニケーション方略能力の向上などに関する指導はほとんどない。その結果、実際のコミュニケーションがうまく取れなくなったりすることがかなり多いと思われる。

また中・高6年間の英語教育に対しては、文法、長文読解中心で会話やヒアリングが少ないといった不満があり、新しい言語をどのように「習う」のか、期待する一方、不安も感じている履修者が、大学の授業でも文型練習や教科書の本文、会話の暗誦だけで中学・高校英語の延長にすぎないと分かっていて、積極性に乏しくなったり日本語に興味を失ってしまったりする。

さらに、第二外国語だから、「いいかげんでよい」という意識を生じて、授業の準備をまじめにせずに、授業運営に工夫しようとしない教師もいる。もちろんそれはごく少数のものであるが、それも第二外国語としての日本語教育の改善を妨害する一因であろう。

3. 現存する問題への対策

3.1　教える内容の調整

学校のカリキュラムが変わらない限り、限られた時間数で何を教えるか、いかに工夫して学生の日本語を上達させるかを考えるべきであろう。

それを実現するには、まず何時間で1課を終えると決めるのではなく、その課の内容や履修者の習得状況に応じて進め方を決めるのである。もちろん前へ進まなくてはいけないが、教師は教科書を教えるのではなく、教科書で教えるのであるから、カリキュラムにこだわらずに、ペースをコントロールすべきではなかろうか。

それから、学生のニーズを考慮した上で、教科書に基づき、授業の内容を調整することに主眼をおくべきである。学生は日本語の授業に最も期待していることは、コミュニケーション能力の養成であろう。学生は日本語が話せるようになることによって、楽しみを感じ、日本語の面白さを強く感じるのである。現在は、授業中教師が学生に教科書の会話文を一、二回程度読ませたり、本文を暗誦させて終わらせてしまうケースが多い。日本語を勉強する際に、暗誦はもちろん大切なことであるが、そのまま終わってしまうのは言葉の真似に過ぎなく、日本語が話せるのではない。学生は主体的に、何を、どう、いつ発話するかを考え、決断することによって、初めて日本語が話せるようになるのである。そのために、いままでの、履修者の学習に対する主体性を弱め、日本語運用能力の養成にマイナスの影響を与えてしまう文法万能主義の思想を捨て去り、学習者の創造性を重視し、コミュニケーション中心の授業を行うべきであろう。

3.2　教育理念と教授法の改善

チョムスキーは「外国語教育で一番大切なことは、いかにしてやる気を起こさせるか」と指摘している。これはすべての外国語に対して当てはまることであるが、日本語教育においては、とりわけ重要な意味を持っている。教育というものは教師と学生両方が協力して初めて目標達成できるものである。ゆえに、学生の立場に立って、どのように教えるか、もっと具体的に言えば、どのように教えていけば学生の学習意欲を引き出せるかを考えなければならない。もちろん学生のことを考えるということは、日本語の授業が、学生の意志によって左右されるということではなく、学生の関心の対象に基づいて、学生の日本語に対する興味を引き出し、日本語教育の学習効果を引き上げることである。

授業を通して、「日本の文化を紹介してほしい」「会話練習の時間を増やしてほしい」「異文化コミュニケーションのことについて教えてほしい」といった学生の要望が分かる。このような学生の要望に基づいて、第二外国語としての日本語教育に以下のように取り組めば、よりよい効果を得られるのではないかと考えられる。

3.2.1 会話中心

学生は話すことから楽しみを感じているので、授業の中心を文法ではなく、コミュニケーション能力を養成する会話におくべきである。それは単に教科書の会話文を読ませ、暗誦させるというのではなく、学生に授業中に学習した文型を真似させて、学生が好きなように会話をさせるほうがよりいっそう効果がある。人数の多いクラスの場合は、何組かの学生に前に出てきてもらい、みんなの前で発表させるのが効果的である。

改訂版の『標準日本語』には会話が盛り込まれているが、学生の自由会話に関連のある語彙を提供していない。教師がその授業の会話練習のために関連語彙を準備する必要があるだろう。外国語習得では、まずたくさんの語彙を覚えなければならないが、学生が第二外国語にそれほど力を入れていない状況では、それを実施するのは現実的に難しく、教科書の本文、会話に収録されている日常生活中において不可欠な基礎語彙と、学生にとって興味がある語彙だけをまず覚えさせるほうが有効であろう。

しかし、「コミュニケーション重視」あるいは「会話力養成」のための指導理念と教授法を徹底しないまま、旧来型の教育への反省から文法・読解・語彙といった基礎学習がおろそかにされ、総じて日本語力が低下しているのが現状ではなかろうか。「コミュニケーション重視」が、単純に「文法・読解軽視」となってしまったところに大きな問題があったと考えられる。

3.2.2 一番基本的な文法教授

上述したように、会話中心ということは、文法の教授を省くということではない。文法を学習するのはそれによって自分が言いたいことを正しく言えるようにするためである。しかし、学生が日本語を勉強する途中、理解できない文法があれば不安になってしまい、勉強意欲がなくなってしまう。ゆえに文法の学習においては、学生の不安を無くすことが大事であると考える。

日本語においては、ひとつの文法事項に関しては、関連知識が多い場合がよくある。たとえば、比較文「～は～ほど～ない」を例に挙げると、省略問題、用言の接続問題などいろいろある。日本語を専攻とする学生なら、それを完全に習熟するには、これらの知識がすべて必要であるが、第二外国語として履修する学生に関連知識を一気に全部教えるのは、かえって混乱させるであろう。個々の文法事項に関して、なるべく一番基本的なものだけを中心に教えたほうが効果的であろう。もし、授業中学生が彼らについて質問した場合、具体的な問題に対して、その学生個人に説明するだけで十分であると思われる。

また、文法は簡単に言えば、文を作るルールであり、抽象的なものである。公式は抽象的な文法を直接に、明確な形式であらわすことが可能となり、学生にとっては、分かりやすく、簡単に覚えることができる。例えば、初級段階の「某物（或人）在某处」という存在文の場合、公式で表示すると「物／人＋は＋場所＋にある／いる」のようになる。この公式に基づけば、学生がすばやくこの文法を習得できるだろう。

それから、学生が混乱しやすい表現に対しては、「比較」する教授法が学生にとって分かりやすい手法であると思われる。一例として、初級段階では、授受動詞の「あげる」と「くれる」の使い方について、「田中さんは私に辞書をあげました」「私は田中さんに辞書をくれました」のように誤用例がよく見られる。このように事例に対して、次のような比較が効果的な説明であると思われる。「あげる」を使う場合は、その構造は「自分＋は＋他人＋にあげる」となり、「くれる」の場合は、「他人＋は＋自分＋にくれる」となる。

最後に、頻度が高く、且つ中国語の表現とは違う表現については、授業中、その区別をしっかり説明すべきである。その上、繰り返し練習させることも必要である。たとえば、過去形の場合、中国語では時間副詞で表すだけであるのにたいして、日本語では用言を過去形にしなければならないので、その区別をしっかり説明すべきである。ただし、学生がその説明が分かっていても、実際に使うときは母国語の影響を受けて間違ってしまう場合がある。このような文法上難しくない問題であっても、実際に使うときに間違ってしまう文法事項については、学生が完全に使えるようになるまで、授業中に頻繁に練習しなければならない。

3.2.3 文化教育

近年、外国語教育における文化教育の重要性はますます注目されている。日本語学習者は日本語を学ぶだけでは十分ではなく、現在の日本の社会、経済、日本人の思考、生活などにも理解を深める必要がある。これも異文化コミュニケーション能力育成の一環である。

履修生はビデオなどのメディアを通して、日本の文化、現代事情などを知りたいという要望がかなり強い。ゆえに、雑誌やビデオを利用して学生に日本のことを紹介したほうが、学生の日本への関心を高め、日本語の授業への興味を引き出させることができる。

ビデオなどを使うことは学習意欲を引きだす効果があると広く認められているが、現在多くの教育者はまだ十分にこの方法を活用していない。学生が日本の文化などに関心を持つ以上、教育者はそれを重視しなければならない。必要に応じて、毎回10分間程度鑑賞する時間をとってもいいのではなかろうか。

4. 終わりに

大学における第二外国語の教育がますます注目されてきたが、実際の教育場ではカリキュラム、学生の学習動機と意欲、教師の教授法などいろいろな問題が存在する。それらの問題の解決はすべて教師の教育力にかかわっていると言えよう。授業の進め方と教える内容の調整、学生の学習意欲の喚起、教授法の改善は第二外国語を教えている日本語教師に求められるものである。

それを実現するには、カリキュラムに拘らずに、学生の実際の学習状況に応じて進め方を決めて、授業内容をコミュニケーションの養成に偏らせることを主張した。また学生の学習意欲を引き出すために文法偏重ではなく、会話中心の授業にし、学生に会話をさせる機会を多く与えること、文法における一番基本的なものをいろいろな方法で教え、学生の文法勉強に対する不安を無くすことを提案した。

参考文献

[1] 王婉莹(2005)「大学非日語専業学生学習動機類型与動機強度的定量研究」『日語学習与研究』第3期

[2] 李明姫(2005)「関于非日語専業的教学方法」『雲南財貿学院学報』第5期

[3] 張軍(2005)「大学生厭学心理調査研究」『広東教育学院学報』第1期

[4] 荊艶鶴(2015)「高校英語専業二外日語教学法初探」『教育教学論壇』第21期

[5] 王志軍(2004)「日語（二外）教学的主要課堂策略」『焦作工学院学報（社会科学版）』第3期

[6] 施夢嘉・張晶(2008)「二外日語教学的実用性和娯楽性研究——以“快楽日語教学”為主旨的二外日語教学方法探討」『浙江科技学院学報』第1期

[7] チョムスキー(1989)『言語と知識―マナグア講義録』田窪行則、郡司龍男訳　産業図書

[8] 桑本裕二(2009)「第二外国語の位置づけと効果的教授法」『秋田工業高等専門学校研究紀要』44

[9] 清水まさ志(2014)「生涯学習と第二外国語教育：第二外国語の質的転換を目指して」『富士大学地域連携推進機構生涯学習部門年報』16

[10] 石田敏子(2000)『日本語教授法』大修館書店

[11] 川口義一・横溝紳一郎(2005)『成長する教師のための日本語教育ガイドブック：LIVE！』ひつじ書房

ビジネス日本語コースにおけるコミュニカティブ・アプローチの利用について

大連東軟信息学院　　劉暁航

要旨：ビジネス日本語コースは学習者の日本語能力を養成する同時に、学習者のコミュニケーション能力及びチームワークを養成することも目指す。日本語教授法の中で、コミュニカティブ・アプローチはコミュニケーション能力養成を目指す教授法で、ビジネス日本語コースに適応しているのである。本論文はアンケート調査を利用して、ビジネス日本語コースにおけるコミュニカティブ・アプローチの利用の長所、短所及び注意点がわかるようになった。

キーワード：ビジネス日本語　コミュニカティブ・アプローチ　コミュニケーション能力

1. はじめに

二十世紀八十年代以来、世界経済の発展とその後のグローバル化により、日本の漫画やアニメ、電子商品は、世界中で流行っているとともに、日本語学習者は急速に増加してきた。二十一世紀に入ると、日本語は、世界中特にアジアで、熱旋風のように学習の風潮を巻き起こしている。日系企業へ就職し、その後、日本語を使って仕事を遂行していくために必要な日本語力を養成する「ビジネス日本語教育」の必要性が感じられた。「ビジネス日本語」が注目され、そのニーズが高まっている割には、体系的な研究と教育実践はまだ少ない。第二言語習得理論及び日本語教育教学と研究に努める専門家が打ち出した各理論と豊富な研究成果に基づき、本論文はビジネス日本語コースにおけるコミュニカティブ・アプローチの利用に対する考察を行う。

2. ビジネス日本語教育について

2.1　ビジネス日本語教育の必要性

2001年に中国のWTOへの加盟は、経済、貿易、投資、関税、消費市場など幅広い分野に影響を与えただけではなく、中国の教育にも大きな変化をもたらしている。現在、中国と日本はお互いに重要な貿易パートナーになっており、日本企業もこの十数年間中国に多く進出している。企業のグローバル化とそれに伴うグローバル人材ニーズの増加、各国の事情の変化、そしてコミュニケーション・ツアーの急速な進歩に即したビジネス日本語、ビジネス日本語教育のニーズが高まり、その研究と教育実践がはじめられた。グローバル人材の要件としては、「チャレンジ精神、外国語によるコミュニケーション能力、柔軟な異文化対応」がある。中国では、グローバル化の進行や高等教育の大衆化により、日本語学習をめぐる状況が近年大きく変化してきている。こうした中で日本語教育の現場では、日本語を現実場面で使って何事かを成し遂げる力、日本語の運用力の養成が重視されるようになった。

2.2　「ビジネス日本語」力を持つ人材

「日本企業における外国人留学生の就業促進に関する調査研究」調査報告書では、「広い意味でのビジネス日本語」力を持つことが必要であることが述べられている。

(1) ビジネス日本語能力：相手との関係/場面/目的に応じて適切に使い分けるコミュニケーション能力、会議やうちあわせといったビジネス場面で使用される敬語や丁寧語などの待遇表現、電話対応/メールなど「非対面型」コミュニケーション能力、日本語でのビジネス文書読解力及び作成能力（報告書、企画書、仕様書など）など。

(2) ビジネス文化・知識への理解（日本文化・社会に対する一般的知識に加え）：日本企業特有の習慣・文化・特質、意思決定、コスト意識、顧客サービス志向、ものづくりに対するこだわりなど。

(3) グローバル化人材としての能力：異文化対処能力の活性化、日本で就職する意識、日本企業特有のキャリアパス、スキルマップへの理解など。

(4) 社会人としての行動能力の養成：チームワーク力、情報収集、集約力、プレゼンテーション能力、説明能力、人間関係を円滑にするコミュニケーション能力、ビジネススキル、マナーなど。

「狭い意味でのビジネス日本語」力を持つ人材は、日本語を媒介語として、ビジネス知識を学び、パソコンが使え、ワープロ、通信設備及び仕事の効率を上げる現代化手段と方法をしっかりマスターすべきな人材である。ビジネス日本語コースは日本語をうまく活かすことができ、国際ビジネス管理知識を学び、実践能力が高い高品質の日本語人材を育成して、国際貿易、外事、文化交流、メディア、教育、科学研究、観光などの仕事場で、翻訳、通訳、管理、教学、研究などの仕事を担当する能力を持つべきである。

2.3　ビジネス日本語教育の現状

2011年の統計データによると、ビジネス日本語コースの開設校は235校あり、日本語専攻開設校の約35%を占めており、在籍学生数も15万人にも及んでいる。ビジネスコースの教員数も3200人もおり、全国日本語教師総数の30%ぐらい占めている。ビジネス日本語コースのある教育機関は、ほぼ沿岸の経済が進んでいる地域に集まっている特徴があることが分かる。例えば、江蘇省、山東省、広東省、上海ならびに遼寧省などである。社会のニーズに応じたビジネス日本語教育を実施することになった。ビジネス日本語教育は従来の一般的な目的の日本語教育と異なる、すぐに効果的な教育ができるわけではなく、いろいろな問題が現れている。一方、中国の大学におけるビジネス日本語教育、特に教授法についての研究はまだまだ少ない。

3. コミュニカティブ・アプローチについて

3.1　外国語の主な教授法

各時期において、外国語の教授法における影響が強い理論はトランスレーション・メソッド、直接法、オーディオリンガル・メソッド、コミュニカティブ・アプローチの四つがある。

（1）トランスレーション・メソッド（文法訳読法、Translation Method）は母語で外国語を教授する方法で、単語・センテンスを翻訳してテキストを説明する教授法である。

（2）直接法（Direct Method）というのは直接に外国語でその言語を教授し、翻訳もしないで、文法も説明しない方法である。

（3）オーディオリンガル・メソッド（Audio-Lingual Method）は聴いたものを繰り返して話すことによって外国語を習得する方法で、自動的に反応できるまで機械的に大量の口頭練習を行うことを重視している。

（4）コミュニカティブ・アプローチ（Communicative Approach）は言語の構成と機能を結びつけて外国語を教授する方法で、言語の実際の運用を重視し、学習者のコミュニケーション能力の養成を教育目標とする。

トランスレーション・メソッド、直接法、オーディオリンガル・メソッドは割合に早い時期に現れたものである。トランスレーション・メソッドは学習者の言語運用能力の養成に不利になるため、できるだけ使わない声が多く上がっている。直接法は学習者の言語の運用能力に利くが、言語知識、即ち言語そのものに対する理解や把握に役立たない欠点がある。オーディオリンガル・メソッドはともすると退屈で、意味を考えずにただ機械的に口を動かすだけになることもあり、実際のコミュニケーションとは無関係な文の作成が行われたりしがちで、学習者の知的創造性を無視して学習者を一種の機械扱いにするから、その黄金時代が短く、現れた間もなく終わってしまった。

コミュニケーション法はメリットだけでなく、欠点もあるが、トランスレーション・メソッド、直接法、オーディオリンガル・メソッドの授業法より客観的な要求に適応するため、外国語教育学界に広く認められている。コミュニケーション法は1970年代に現れたものである。その際、言語学者は、言語の規則というものが語彙、センテンスの構成にとどまらず、実際のコミュニケーションにおいても、言語使用の規則があり、また、その規則が特定の文化、社会環境の中に、習得されたものであると指摘した。言語学者の結論は教育者にコミュニケーション法の重要性を意識させている。

今まで、中国における日本語教育は、日本語を外国語としての、日本語の運用能力を養成する教育という役割が強調されてきた。即ち、日本語の運用能力を身に付けるためにはその基礎となる知識、能力を形成することが大切であると考え、その基礎的な知識、能力の中心は、日本語の文を形成する要素となる文型と文法事項というものであると考えた。そして、この考え方は教授法の選択のキーになる。従って、今になっても、中国における日本語教育はまだトランスレーション・メソッド、直接法、オーディオリンガル・メソッドの教授法を採用している。

3.2　教育目標とコミュニカティブ・アプローチ

外国語学科の卒業生はただ言語の知識と技能が持てるだけではもう足りなく、よいコミュニケーション能力があってこそ、社会の発展の歩調についていけるのである。そのため、日本語教師として、現在の社会の状況によって、日本語教授法を研究し、授業で運用してみるべきだと思っている。

日本語教授法の中で、コミュニカティブ・アプローチはコミュニケーション能力養成を目指す教授法で、社会の発展に適応しているのである。

フリー百科事典『ウィキペディア（Wikipedia)』によると、コミュニカティブ・アプローチ(Communicative Approach) は言語学習観の一つ。外国語教授法として数えられることもある。教授法としてはコミュニケーション能力の育成を中心とし、情報の格差（インフォメーション・ギャップ）を埋めることがコミュニケーションの本質であると規定する。機械的な練習が中心のオーディオリンガル法への批判から発展した。また、2000年代に入り「フォーカスオンフォーム」の観点から、このコミュニカティブ・アプローチに文法指導を取り入れたものが再度注目を浴びている。英語圏では「Communicative language teaching（CLT)」という名称で呼ばれることも多い。

1970年代の初頭に誕生したコミュニカティブ・アプローチが登場してから、早くも四十年以上もたった。この教授法は、言語形式だけではなく、伝達過程を重視し、実際のコミュニケーションの場面で言語が使用できるようにすることを目標とした考え方である。目前、コミュニカティブ・アプローチに対する理論的な研究は実践的な研究より遥かに多いが、コミュニカティブ・アプローチの実証研究はほとんど小学校、中学、大学の英語教育に集中している。そして、中国の国情においてはコミュニカティブ・アプローチに基づいた教室活動も比較的に少ない。

3.3　コミュニカティブ・アプローチの特徴

コミュニカティブ・アプローチの特徴は、言うまでもなく、言語運用能力の養成を目的として挙げたことで、そのコミュニカティブな言語観と言語を実際に使って何かをする過程を通して言語が習得されるとする教育方法にある。そして、言語教育の中心に学習者を置いたことである。学習者のニーズに合わせたシラバス・コースデザイン、学習の動機、興味や関心に対する配慮など、教師を中心とした授業から学習者を中心とした授業への転換が志向されている

(1)「言語使用の規則を学ばない限り、文法規則は役に立たない」と言う主張のもと、適切さの指導を目指した言語練習が行われ、教師に指導法を選択させる。例えば、

コミュニカティブ・アプローチで多用されるロールプレーやシミュレーションなどの指導技術が用いられる。

(2) タスクを中心とした活動を行う。タスクでは複数の学習者の間に、必ず情報の格差(インフォメーション・ギャップ)がなければならない。タスクには必ず選択権があり、学習者の意志が反映されなくてはならない。

(3) 実際に心理言語的な言語処理を行わせようとしている点である。学習者の動機付けの面から指導法が考えられ、例えば、学習者は既に知っている事をお互いに伝える事は退屈する傾向があるので、真の情報交換がある程度可能な活動が行われる事がある。

(4) 機械的な練習は重視しないため、正確さよりも滑らかさが重視される。

(5) 学習者の役割が中心的になる。自由練習の指導法を発展させた点である。

3.4 コミュニカティブ・アプローチへの批判

日本語教育におけるコミュニカティブ・アプローチへの批判は、「初級のレベルにおいて、発音、文法、語彙という基本的な部分の学習とコミュニカティブな活動の折り合いをどこで付けるか」というのが代表的なものである。いくつかの例を挙げておく。

(1) 基本的な能力(文法、語彙)を重視しないで運用のみを強調する教授法では、体系的に学べない。

(2) コミュニケーション活動を通しての目標を明らかにし、活動の意味を学習者に納得させ、主体的に参加させるようにしなければ、コミュニケーション活動の意味がなくなり、いたずらに時間を使うことになる。

(3) 流暢さを重視して文法的な誤りを訂正しない態度である。

(4) 副教材の準備がたいへん。教師の指導力と日本語能力を問う。

(5) 学習者に対する評価である。

また、コミュニカティブ・アプローチが誕生した時代にはインターネットなどがまだ教育界では使われていなかったため、特に実際に学習言語を使ってその母語話者とコミュニケーションをすることまでは想定されていなかった。これに対して當作靖彦らはソーシャル・ネットワーキング・アプローチとして、授業中に学習言語で母語話者などとつながるところまで指導すべきと主張している。

4. ビジネス日本語コースにおけるコミュニカティブ・アプローチの利用に関する調査

4.1 調査の概要

(1) 調査の目的

ビジネス日本語コースにおけるコミュニカティブ・アプローチの教室活動では、①ビジネス日本語教育へのニーズ、②学習活動の内容、③学習効果と評価を明らかにすることを目的とする。

(2) 調査の方法

学習者に対する調査はアンケート調査である。事前にアンケート用紙を用意して、学習者に配布し、答えてもらった後に回収する。

(3) 調査の対象

大連東軟信息学院でビジネス日本語コースを受けている学習者（一年生計75名）に対してアンケート調査を行った。今回の調査では75部のアンケート調査用紙を配布し、72部回収した。回収率は96%である。そのうち、答えが不完全で無効にした2部を除き、本稿の分析には計70部用いた。

大連東軟信息学院日本語学部は2009年からビジネス日本語コースを設けた。在校している学部生は約1100人である。教材は『標準ビジネス基礎日本語』である。

4.2 調査の結果

4.2.1 ビジネス日本語へのニーズ

コミュニカティブ・アプローチの教室活動を展開するために、授業を始める前に、学習者の学習ニーズを調べなければならない。その調査の結果分析に基づいて、到達目標と学習目標を決める。ビジネス日本語へのニーズに関する質問は「ビジネス日本語コースによって、一番伸ばしたい能力はどのような能力ですか」で、選択肢は「A正しくビジネス書類を書く能力、B正しく語彙や文法を使う能力、Cビジネス習慣やマナーを理解し、行動する能力、Dビジネス場面で会話する能力、Eそのほか」のように設定した。

表1　　ビジネス日本語へのニーズ

A 正しくビジネス書類を書く能力	3 人（4%）
B 正しく語彙や文法を使う能力	10 人（14%）
C ビジネス習慣やマナーを理解し、行動する能力	20 人（29%）
D ビジネス場面で会話する能力	36 人（51%）
E そのほか	1 人（2%）

表1からみると、ビジネス日本語コースを受けることを通して、最も伸ばしたい能力は「ビジネス場面で適切に会話する能力」である。その次は「日本人のビジネス習慣やマナーを理解し、行動する能力」である。「正しくビジネス書類を書く能力」と「正しく語彙や文法を使う能力」を伸ばすことを望んでいる学習者が少ない。学習者がビジネス日本語の知識より、コミュニケーションできる運用能力をレベルアップするニーズが分かった。

4.2.2 学習活動の内容

コミュニカティブ・アプローチで用いられる具体的な教室活動として、タスク、ロール・プレー、ペアワーク、ばらばら練習、シミュレーション、ゲーム、ディスカッション、プロジェクト・ワークなどがよく知られている。コミュニカティブ・アプローチでは、伝達能力を養成するために、教室活動における伝達過程を重視し、教室活動を実際のコミュニケーションの伝達過程に近づけるように工夫されている。筆者は『標準ビジネス基礎日本語』（第1冊）の第10課「会議室を予約してください」を実例にする。第10課「会議室を予約してください」は会話1「上司からの仕事を受ける」と会話2「取引先に自己紹介する」から成っている。導入で、名刺交換に関するビデオを使い、「ばらばら練習」法を採用する。クラスの全員が立ち上がって自由に相手を見つけて、名刺交換を練習する。次は、4～5人ずつグループを分けて、「主任、新入社員、同僚、取引先」の役を演じさせる。「主任、新入社員、同僚、取引先」のカードを配る。ロール・プレーで会話1「上司からの仕事を受ける」と会話2「取引先に自己紹介する」の場面を練習する。

表2　　**学習活動の内容の調査**

	項目	A	B	C	D
問1	教師はどの言語で授業の内容を説明すればいいか	教師の中国語による説明を聞き、理解する	教師の日本語によって、意味を推測する	まず、日本語で説明して、後は中国語でもう一度説明する	どちらでもいい
		28人（40%）	20人（28%）	18人（26%）	4人（6%）
問2	学習活動の最もの目的は何だか	事実、概念などの知識をえること	テストでいい成績を取ること	学習スキル、社交スキルをアップすること	そのほか
		19人（28%）	11人（16%）	32人（46%）	7（10%）
問3	ビジネスの習慣やマナーの学習ではどの方法が一番いいか	教科書	先生を真似する	ビデオなどの視覚教材を見てから実演する	そのほか
		5人（7%）	21人（30%）	39人（56%）	5人（7%）
問4	ビジネス場面での会話の練習するチャンスが欲しいか	非常にほしい	ほしい	あまり欲しくない	ほしくない
		19人（27%）	32人（46%）	10人（14%）	9（13%）
問5	間違ったところがあったら、直して欲しいか	直してもらいたい	直してもらいたくない	どちらでもいい	そのほか
		29人（41%）	15人（21%）	25人（36%）	1人（2%）
問6	チームワークが取れるか	非常に取れる	取れる	あまり取れない	全然取れない
		20人（29%）	38人（54%）	8人（11%）	4人（6%）

問1の答えから見ると、「教師の中国語による説明を聞き、理解する」が一番多い。調査の対象は一年生で、日本語の初級レベルである。中国語を使うため学習者が安心からである。その次は「教師の日本語によって、意味を推測する」である。それから、「まず、日本語で説明して、後は中国語でもう一度説明する」である。

問2の答えから見ると、学習者の最もの目的は「学習スキル、社交スキルをアップすること」である。その次は「事実、概念などの知識をえること」である。

問3の答えから見ると、ビジネスの習慣やマナーの学習方法では「ビデオなどの視覚教材を見てから実演する」が圧倒的に多い。その次は「先生を真似する」である。

問4の答えから見ると、ビジネス場面での会話の練習するチャンスが「非常に欲しい」「ほしい」学生が多い。

問5の答えから見ると、「間違ったところがあったら、教師やクラスメートに直してもらいたい」という選択肢を選んだ人が一番多い。

問6の答えから見ると、チームワークが取れる人が多い。チームワーク、その自体がコミュニケーションになっている。

前述したようにビジネス日本語コースにおけるコミュニカティブ・アプローチは以下の長所がある。

(1) 学習者の知識運用能力を向上させることができる。知識を覚えることだけでなく、総合的運用能力を育てる。

(2) 学習者のコミュニケーション能力を高めることができる。

(3) 学習過程に自発的知識探索、学習の自己管理に焦点をあてる。

(4) 学習者自身が練習する機会が多い。学習者が中心となる。

以下の短所も分かった。

(1) 直接学習者に教えることではなく、学習者が自ら考え気付くのに時間がかかる。

(2) 誤りを訂正しない場合、間違った意味を推測してしまうかもしれない。

4.2.3 学習効果と評価

コミュニカティブ・アプローチを使ったビジネス日本語コースに対する評価はどうなのかと分かるように、表3のアンケート調査を行った。

表3　　コースの評価

	項目	強く賛成	賛成	どちらとも言えない	あまり賛成しない	全く賛成しない
問7	授業は分かりやすかったか	12人（17%）	38人（54%）	13人（19%）	7人（10%）	
問8	授業は面白かったか	23人（33%）	36人（51%）	11人（16%）		
問9	授業で勉強した会話はできるようになったか	9人（13%）	40人（57%）	17人（24%）	3人（4%）	1人（2%）

（続）

	項目	強く賛成	賛成	どちらとも言えない	あまり賛成しない	全く賛成しない
問 10	今後も同じような授業を受けたいか	11 人（16%）	39 人（55%）	11 人（16%）	9 人（13%）	
問 11	『標準ビジネス基礎日本語』はコミュニカティブ・アプローチに合うと思うか		9 人（13%）	23 人（33%）	25 人（35%）	13 人（19%）

問7の答えから見ると、授業は分かりやすかったと思う学習者は71%を占めている。

問8の答えから見ると、授業は面白かったと思う学習者は84%を占めている。

問9の答えから見ると、授業で勉強した会話はできるようになったと思う学習者は70%を占めている。

問10の答えから見ると、今後も同じような授業を受けたいと思う学習者は71%を占めている。コミュニカティブ・アプローチを使ったビジネス日本語コースに対する評価は割合に高いということが証明された。

問11の答えから見ると、半分以上の学習者はコミュニカティブ・アプローチに合う教材を望むことが分かった。

4.3　その他の注意点

評価は産出物志向、到達度評価から過程志向、学習過程の省察と自己評価に変える。学習者に対する評価を学習活動の全過程を貫いて、結果と過程の両方とも注目し、教師評価、学生自評、学生間の評価などを通じて、全面的、客観的に学生を評価すべきである。

また、コミュニカティブ・アプローチをそのコースの教授法として選んだとしても、その教授法のみでコース全体を構成することは難しい場合がある。それで、コミュニカティブ・アプローチを合理的に使う同時に伝統的な教授法を適当に採用しなければならない。

教師は学習者間の人間関係や日本語のレベルを適確に把握し、ペアを組ませたりグループを作ったりするときに問題が起きないように配慮する。教師の役割は学習者が自主的に学習に取り組むことを援助することにある。教師が指導者、組織者、監督者であり、また支援者、協力者、相談者でもある。それで、教師の指導力と日本語能力を問われる。教員の養成は大きな課題だと思う。

5. 終わりに

上述の部分を纏めてみると、次のことがわかる。ビジネス日本語コースにおけるコミュニカティブ・アプローチは学習者のニーズに応えて、学習者の日本語の総合的運用能力とコミュニケーション能力の向上に役立つ。これから、コミュニカティブ・アプローチに合う教材、教師陣の質の改善、いかに良い評価システムによって学習者の積極性を引き出すなどの問題は今後の課題として明解して行く必要がある。

参考文献

[1] 王玉(2011)「论商务日语人才培养模式与目标实施」『日语学习与研究』(3)
[2] 李爱文(2011)「中国商务日语教育的历史，现状及未来展望」『日语学习与研究』(4)
[3] 倪虹(2014)「商务日语教学与"任务在先情景教学法"」『日语学习与研究』(5)
[4] 堀井恵子(2009)「留学生に対するビジネス日本語教育のシラバス構築のための調査研究——日本の日系企業へのインタビューからの考察」『武蔵野大学文学部紀要　第10号』
[5] 横田淳子(1992)「日本語教育とコミュ二カティブ・アプローチ」『東京外国語大学外国語学部附属日本語学校紀要論文』

生態言語学に基づいた総合日本語授業改善モデルの提案

大連理工大学 黄文瀾・唐暁煜

要旨：本稿は言語生態学理論に基づいて、現在中国大学の日本語授業の改善に向けて、教育資源、教育方法、評価方法の三つの面から、総合日本語の改善モデルの構築を試みた。学習者に関わりのある内容を選択し、内容重視の教育方法、学習プロセス重視の評価方法を通して、学習者の実際運用能力をあげるだけでなく、学習者が自己を起点にして、自問自答や他者とのやりとりを十分行って、自分と自分が囲まれる環境との繋がりを見出すことにより、世界を認識し、持続可能な生き方を自分なりに創出することを期待する。

キーワード：生態言語学　内容重視　総合日本語　改善モデル

1. はじめに

改革開放以来、中国における日本語教育は大きな発展を遂げた。日本語教育の目標は単純に言語知識の伝授と言語技能の訓練の重視から、言語知識と技能の重視だけでなく、実際の言語運用能力とコミュニケーション能力の育成にも注目するようになっている。しかし、実際の教育現場においては、教師主導での文法説明と繰り返し練習による暗記主義の授業形態が圧倒的である。このような伝統的な授業のやり方が実際の言語運用能力に繋がらないと指摘され、日本語授業の改革改善が求められている。

改革開放が深まり、グローバル化が進むにつれて、中国社会が大きく変わっている。人々の生活の仕方や価値観も急激に変化してきている。また、このような社会的変動の中、大学をはじめとする高等教育において日本語専攻を設置する大学も多くなって、日本語を勉強する人が激増してきた。日本語学習者の激増と国内、国際の社会環境の変化が相まって、日本語専攻生の就職難が顕在化し、日本語学習の現実的利益が薄れ、教育現場で学習動機づけに大変苦慮している。

今まで、中国の日本語教育はツールとして行われてきた。就職や留学を可能にするために、読む、聞く、話す、書く、訳すという5技能の訓練が重視されてきた。このような訓練だけを受けたら、学習者が優れた言語力を獲得したとしても、それを自分がどう生きるかという自分の生き方とは結びつけることができなく、グローバル化が進んだ激変している社会を持続可能に生きる力を獲得できでないのである。

以上のような問題の改善に向けて、学習者の実際言語運用能力を高め、学習者の自発学習意欲を向上させるために、激変している社会で持続可能に生きる力を持って、全人格の人間を育てるために、本稿は日本語専攻の主幹科目「総合日本語」を取り上げて、言語生態学の知見を取り入れて、授業の改善モデルを提示することを目的とする。

2. 生態言語学について

言語生態学とは、「ある所与の言語とそれを取り巻く環境との間の相互交流の研究の学」（岡崎2011）であり、構造言語学や機能主義言語学などが言語を人間活動から分離し、いわば孤立した実態として捉えるのとは異なり、言語活動を人間活動と一体のものとして捉えようとする言語学である（岡崎2003）。言語使用の「環境」の具体的領域として、心理的領域と社会的領域の二つの領域が設定される。心理的領域は、言語が使用者の内面的思考を支える道具として使用される領域で、言語使用者の第一言語と第二言語の相互作用も含まれる。社会的領域はある言語とその言語がコミュニケーションの手段として機能する社会との間の相互作用の領域である。生態言語学は、「言語のあり方のよさは、人の生き方のあり方の良さ」（岡崎2009:xv）と考え、人の生き方の良さと言語のあり方の良さを表裏一体の関係・相互交渉関係にあるものとして、言語生態と人間生態の一体化を強調している。例えば、外国語の授業で、授業の内容が理解できず質問もできないとすると、言葉の認識、コミュニケーション機能が働いていないのである。このような言葉がうまく機能していない状態、言語使用者の生活に直接影響し、言語使用者の生活の良さに直結する。岡崎(2008)は言語教育は言語そのものを知識として極めるだけではなく、学習者が生きていく中で自分の生き方を考えていく手立てとするためにあるものであると指摘している。

生態言語学の理論を日本語教育の実践に適用した研究は楊（2010）、劉（2011）などがある。楊（2010）はグループワークを日本語精読授業の応用練習に導入し、学習者の母語である中国語と目標言語としての日本語が会話活動と翻訳活動でどのように使われ、どのような機能を果たしているかを探った。その結果、日本語のみを用いる会話活動において、学習者は制限のある日本語をベース言語として使うことで、型通りの質問-応答を繰り返す以外に、日本語学習をさらに深めたり、グループメンバーとの関係性を作ったりすることができなかった。一方、翻訳活動では、学習者は母語の中国語を使うことで、既有能力が発動され、課題を解決しただけでなく、日本語の学習を深め、グループメンバーと協力的関係も作った。言語生態保全の観点から言うと、学習者の言語生態（心理的領域での第一言語と第二言語が相互作用）と人間生態（他者との関係性を作る）の両方が良い状態に保たれていたのである。劉（2011）は言語生態学の理論を援用して作文の授業の改善に向けて実践を行った。具体的なやり方としては、事前活動

(①教師が作文テーマを提示し、そのテーマに関連する資料を配布する。学習者はその読み資料を各自で読む　②資料を読み終わったら、読み資料から得た知識や情報、意見を持ち寄り、クループで話し合う)→第一稿を書く(心理的領域の言語使用) →第一稿に対して、グループでお互いの作文を取り上げ、改稿に向けて話し合う。→第二稿を書くという手順である。授業参加の一人の作文の第1稿から第2稿の間に行われた顕著な変化と授業活動との関係を分析した結果、改稿の焦点が言語形式ではなく内容自体に絞られたことで、学習者の物事に対する思考が深まった。グループメンバーとの母語によるやりとりで、学習者が作文に対する劣等意識から開放され、自分の既有知識を活用しながら仲間と意見を闘わせ、考えを深め、最終的深まった識見が見事に表出されている。言語生態学の観点から見ると、事前活動によって、心理的領域における言語使用を活性化させ、また、作文の第一稿をピア学習に持ち込むことで社会的領域における言語使用を活発化させる。学習者の心理的領域での言語使用と社会的領域での言語使用が相互交渉的に活発化され、作文過程が支えられる。

楊（2010）と劉（2012）は生態言語学を援用して日本語の授業を改善するための有益の試みを行っている。しかし、これらは局部的な試みであり、総合日本語という授業のコースデザインまで言及していない。本稿は生態言語学の理論を用いて、言語教室の言語生態を保全することによって、学習者の言語力を上げるとともに、学習者の思考力も向上させる日本語の授業のモデルの構築を試みる。

3. 総合日本語授業の改善モデル

総合日本語授業の改善モデルは生態言語学の理念に従って、学習者の言語生態の保全と人間生態の保全・育成を最終の目標とし、教育資源、教育方法、評価方法の面から、改善モデルの構築を試みる。

3.1　教育資源

教育資源はここで主に授業に使われる言語素材のことを指して、テキスト、動画などが含まれる。教育資源の選択と使用は、文法、文型を習うためのものではなく、内容学習のためである。生態言語学に基づく日本語授業はまず内容重視の言語教育である。内容重視とは、言語教育を言語以外の諸教育のカリキュラムと相互交流させることによって、言語の学習以外（つまり内容に関わる学習）と言語学習との統合的学習を成立させることを目指すものである（岡崎1994）。総合日本語の授業において、学習内容を学習者に関連性のあるものとして設定し、（例えば、学習者の文化的・社会的背景と目標文化との間で何らかの関連性のあるもの）学習者が授業参加の主体性を徹底している。具体的には、学習者の日常生活に関連があり、そして、学習者にとって興味・関心があるものを「内容」と決定し、言語はその内容（テーマ）を追求するための手段として設定するのである。学習者の興味関心がそれぞれ違うが、共通なものとして考えられるのは、中日両国の就職事情、中日両国の文化、日本事情、グローバル化による世界の変化などである。内容として使う場合、単なる数字、説明ではなく、その中の具体的な人物の話をテキストとして選択するべきである。教材として使われるのは、印刷品だけでなく、動画、音声資料もある。その内容に関して学習者が自分、社会、コミュニティーの未来に能動的に関わることを考えながら、自分の置かれている現状がどうなっているのかを認識し、その現状を様々な角度から捉え分析すること、つまりクリティカルな姿勢・視点を持つことが大切であると考えられる。内容重視のだから、言語素材は目標言語のものだけでなく、補充素材として、学習者の母語である中国語の素材の使用も可能である。

3.2　教育方法

授業活動は事前課題、本作業、事後作業に分けられる。事前課題は主に学習者がこれから学習するテーマと関連した資料を調べたり、読んだりして、自分の既有知識、既有能力を活性化して、心理領域の言語使用を発動させる。本作業で、ピア学習、グループ活動、教師との対話などの形をとって、学習する内容を理解する上で、その内容について議論し、学習者の考えを引き出す。議論時、学習者の母語である中国語が必要に応じて使用できる。この議論は、学習する内容を自分と無関係のこととしてのではなく、それと自分の繋がりを見出す作業である。この作業を通して、学習者がまず内容を理解し、そして、それについての議論を通して思考を引き起こし、思考力をあげる同時に学習内容に対する理解を深めることができるだけでなく、言語生態環境（授業参加のあり方）と心理的領域（知識の理解と学習、思考の産出、言語学習観の形成と変容など）が改善され、日本語生態と人間生態の両方が保全されることが考えられる。世界への認識と事後作業は主に言語形式（内容学習に必要な語彙、文法など）の学習と内容についての振り返りの作成である。事後作業を通して、学習内容の形式と内容を一層内在化させ、学習者の内省により、思考を一層深めるのを図る。

3.3　評価方法

以上述べたような日本語教育は、学習者の言語生態と人間生態に価値ある変化をもたらすプロセスである。こんな日本語教育が行われると学習者の言語生態と人間生態との面で変容が生じ、より望ましい状態になるのを期待する。だから、最終の成果より、成果の獲得に至るプロセスを重視する。教育評価は学習者の言語生態と人間生態の変容の程度と、学習者の変容をもたらす教育活動のプロセスとの両者について行われる。生態言語学に基づく内容重視の日本語教育は言語知識の獲得を重点にした伝統的な日本語授業と比べると、授業の目標も違うし、授業の内容、授業の進め方も違うから、伝統的試験による評価が教育の効果を損なうと考えられる。評価方法は学習者の自己評価、相互評価、教師評価結合の方法を用いて、ポートフォリオ評価を行う。ポートフォリオの評価システムは、学習者が自分の進歩、努力、到達度を示すために、目的を持って体系的に自分の学習資料を収集し、かつそれらを教師や仲間達の助けを得て内省したり、自己評価したりする評価の方法である（Batisdas1996:24）。ポートフォリオによってもたらされるものは言語発達の連続的蓄積の記録、学生自身による学習の総合的見解、学生たちと一緒の目標設定と協働評価の機会、両親、教師、学生とシェアできる学習成果などがある。この評価方式は伝統的な先生による評価と違って、学生を評価に係わらせて、学習へのオーナーシップと責任を持たせ、学習への興味を高め、学習について批判的に考える能力を養う。このように、学習者が評価行為の主体として捉えられて、学びのプロセスや学習者の自律性が重視されている。

4. 終わりに

本稿は言語生態学理論に基づいて、授業の改善に向けて、教育資源、教育方法、評価方法の三つの面から、総合日本語の改善モデルの構築を試みた。学習者に関わりのある内容を選択し、内容重視の教育方法、学習プロセス重視の評価方法を通して、学習者の実際運用能力を上げるだけでなく、学習者が自己を起点にして、自問自答や他者とのやりとりを十分行って、自分と自分が囲まれる環境との繋がりを見出すことにより、世界を認識し、持続可能な生き方を自分なりに創出することが期待できる。

一方、このモデルは伝統的な日本語教育と比べると、教育資源の選択、教育方法、評価方法すべての面で異なるので、その実施について、学習者の受け止め方などについて観察する必要がある。また、実施、実践を通して、モデルをさらに細部化すると共に、問題点を見つけ出し、さらなる改善を図りたい。

参考文献

[1] 岡崎敏雄（2011）「言語習得・保持研究の再構築と非母語話者年少者日本語教育」『日本語と日本文学』(52)，13-26　筑波大学国語国文学会

[2] 岡崎敏雄(2009)『言語生態学と言語教育--人間の存在を支えるものとしての言語』凡人社

[3] 岡崎敏雄(2008)「グローバル化の下で変動する世界における言語生態学の課題--持続可能性言語教育原論」『筑波応用言語学研究』(15)，1-14 筑波大学大学院博士課程文芸・言語研究科応用言語学コース

[4] 岡崎眸（2013）「持続可能性日本語教育:言語教育への生態学的アプローチ:学士課程教育における意義」『日本言語文化研究会論集』(9)，1-17 日本言語文化研究会
[5] 岡崎眸(1994) 「内容重視の日本語教育:大学の場合」『東京外国語大学論集』(49)，227-244，東京外国語大学
[6] 劉娜(2011) 「中国における持続可能性日本語作文教育の試み:学習者が考えを文章にしていくプロセスを中心に」『人間文化創成科学論叢』14，167-176 お茶の水女子大学大学院人間文化創成科学研究科
[7] 楊峻(2010)『大学の日本語授業におけるグループワークのデザイン—言語生態学を理論背景とした研究—』外文出版社
[8] Bastidas,A.J.A.(1996) The teaching portfolio. English Teaching Forum34(3/4)，24-28.

日本語母語話者による勧誘会話の構造について

——被勧誘者が勧誘内容に興味がある場合とない場合

遼寧師範大学　劉丹丹

要旨：本稿では、日本語母語話者による勧誘会話における勧誘者と被勧誘者の言語行動を分析し、被勧誘者が勧誘内容に興味がある場合と興味がない場合の勧誘会話の構造について考察した。分析した結果、日本語の勧誘会話には一定の構造があり、被勧誘者が勧誘内容への興味の有無によって勧誘会話の展開に違いが見られた。（1）被勧誘者が勧誘内容に興味があるかどうかに関わらず、勧誘会話に勧誘者からの【情報提供】とそれに対応する被勧誘者からの【あいづち】の使用が特徴であったが、二つの場面で使用される被勧誘者からのあいづちの表現形式と機能が異なることが分かった。（2）勧誘者が勧誘内容に興味がある場面には見られなかったが、興味がない場面には、勧誘者が【勧誘】する前の＜導入部＞と【勧誘】した後の＜勧誘部＞において、被勧誘者からの勧誘に対する消極的な態度を示す【マイナス情報提供】や【マイナス意見提示】が特徴として見られた。

キーワード：勧誘　興味の有無　構造　発話連鎖

1. 研究目的と背景

本研究の目的は、被勧誘者が勧誘内容に興味がある場合と興味がない場合という二つの場面における勧誘者と被勧誘者の言語行動を考察し、日本語母語話者による勧誘会話の構造を明確にすることである。

勧誘は日常生活において頻繁に行われる言語行動で、他人との関係を一歩縮める良い方法であるが、日本語母語話者と中国語を母語とする日本語学習者との間で誤解や摩擦が生じやすい言語行動の一つとも言える。それは日中の両言語において、社会的な規範や対人配慮の仕方など、様々な面で違いがあるためではないかと考えられる。無論私たちはその原因を理解する必要があるが、それ以外に、勧誘をスムーズに行うためには、日本語母語話者はどのように勧誘を始めるか、勧誘表現は会話のどこに出てくるか、勧誘者の勧誘に対して被勧誘者はどのように対応すればいいか、などを把握することも重要である。そこで、本研究では、日本語の勧誘会話の展開、構造を明確にしたい。また、被勧誘者が勧誘内容に興味を持っているかどうかにより、勧誘会話の展開も異なると考えるため、本研究では、被勧誘者が勧誘内容に興味がある場合と興味がない場合と二つの場面を設定し、その二つの場面における日本語の勧誘会話の基本構造を提示する。

2. 日本語の勧誘に関する先行研究

近年、日本語の言語行動に関する研究が盛んで、日本語の勧誘についての研究も少なくない。日本語記述文法研究会編（2003）などの勧誘の表現形式に関する研究、木山（1993）、嶋田（2013）、東條（2013）などの日本語学習者や日本語教材に着目した勧誘の研究などが挙げられる。また、日本語の勧誘の構造についての研究も見られた。その中、代表的な研究として、ザトラウスキー（1993）、筒井（2002）、鈴木（2003）が挙げられる。

ザトラウスキー（1993）では、日本語の電話で行われる自然会話を用いて、日本語における勧誘会話の構造と勧誘者、被勧誘者が用いるストラテジーについて分析し、日英の勧誘会話の対照にも言及している。ザトラウスキー（1993）は、日本語の勧誘の談話を「勧誘の話段」と「勧誘応答の話段」に分け、その二つの話段における勧誘者と被勧誘者のストラテジーを分析している。

その結果、ザトラウスキー（1993）は、勧誘者と被勧誘者が協力しながら勧誘の談話を作り上げていることを指摘し、勧誘者は、被勧誘者の反応を見ながら勧誘を進め、常に被勧誘者に断わりの余地を与えていること、また、「被勧誘者の都合を優先する方が好ましいと思わせるようにして、勧誘を進める傾向がある」ことを指摘している。

ザトラウスキー（1993）は勧誘会話を「勧誘の話段」と「勧誘応答の話段」に分けて分析を行っているが、勧誘会話の全体像を把握しにくい。また、電話で行われる会話を分析対象としており、実際に対面で行われる勧誘会話は場所、勧誘内容など様々な要素に影響され、一層複雑である。

筒井（2002）では、勧誘の会話は習慣性／一回性、現場的／非現場的という要素によって異なり、習慣性のある勧誘（習慣的に繰り返して行われる勧誘）と現場性のある勧誘（その場で実行される勧誘）は、導入部や相談部、終結部が生じない場合が多く、一回性で現場性のない勧誘の談話構造はより複雑であると指摘し、初級の会話教育におけるシラバス案を提示している。

さらに、鈴木（2003）は勧誘を発話・談話・言語行動の3つのレベルで捉えるべきだと主張し、勧誘を3つのレベルで定義している。また、勧誘の談話構造は、〈勧誘〉〈勧誘内容に関する相談〉〈実行の手続きに関する相談〉という3つの部分からなる共通した談話構造を持ち、談話型のバリエーションは、勧誘者と被勧誘者の間における情報の共有度によって決められると述べられている。

また、勧誘がその場で実行されるかどうかにより使用される先行発話が異なると述べ、さらに日本語教育の観点から「〈勧誘〉の部分では勧誘・承諾・断り・情報要求を、〈相談〉の部分では相談に必要な提案や同意などの機能を扱い、学習者が言いたいことを自発的に述べるような教材へと（P. 120）」の改良が必要だと指摘している。

以上、日本語の勧誘に関する先行研究について見てみたが、日本語の勧誘会話の構造を解明にすることは日本語教育においても重要な課題であることが分かる。本研究では、日本語の勧誘会話における勧誘者と被勧誘者の言語行動を分析し、被勧誘者が勧誘内容に興味がある場合とない場合における日本語の勧誘会話の構造を明確にして、その基本構造を提示する。

3. データ収集の方法と分析の枠組み

3.1　データ収集の方法

データの収集にはロールプレーを用いる。データ収集の方法としてロールプレーを使用するのは、ロールプレーには自然会話と異なる可能性があるという欠点があるが、利点として、会話に影響を与える会話参加者の関係や、状況、媒体（対面か電話か等）などの要素を統制できるからである。

「被勧誘者が勧誘内容に興味がある」場面①と「被勧誘者が勧誘内容に興味がない」場面②という二つの場面を設定した。日本語母語話者20名（親しい女性同士の大学生2人1組）に、勧誘のロールプレーを依頼し、各場面10組ずつ（合計20組）のデータを録音した。その二つの場面のA（勧誘者）のロールカードは同じ内容で、B（被勧誘者）のロールカードは興味がある場合と興味がない場合の二種類がある。ロールカードは以下の通りである。

【ロールカードA】・勧誘者

あなたは大学生です。

Bさんはあなたの親友です。あなたとBさんは、入学時よりずっと同じ授業を受けており、同じゼミに所属していて仲がよく、いつも一緒に遊んでいます。

あなたは自分の行ったことのない焼肉食べ放題のお店のことをCさんから聞きました。あなたはいいお店だと思い、金曜日の夜にBさんと一緒に行きたいと思っています。

今日は水曜日です。

今あなたとBさんは教室にいます。Bさんを誘ってください。

焼肉食べ放題のお店について

① 営業時間：　17：00～23：00

② 値段：一人で2000円／90分
③ お店の雰囲気が良くて、接客態度もいい。
④ 牛肉、羊肉、豚肉やえび、貝などもある。かぼちゃやたけのこなどの野菜はもちろん、飲み物、果物、ケーキなども揃っている。

【ロールカードB】・被勧誘者
「被勧誘者が勧誘内容に興味がある」場面①：

あなたは大学生です。
Aさんはあなたの親友です。あなたとAさんは、入学時よりずっと同じ授業を受けており、同じゼミに所属していて、いつも一緒に遊んでいます。
あなたは最近焼肉にはまっていて、焼肉が大好きです。
今日は水曜日です。
あなたとAさんは教室にいます。Aさんが話しかけてきたら、Aさんと会話してください。

「被勧誘者が勧誘内容に興味がない」場面②：

あなたは大学生です。
Aさんはあなたの親友です。あなたとAさんは、入学時よりずっと同じ授業を受けており、同じゼミに所属していて仲がよく、いつも一緒に遊んでいます。
あなたは焼肉食べ放題にはあまり興味がありません。以前行った焼肉食べ放題のお店は値段が3000円以上で、味も普通で、サービスもあまり良くはなかったからです。
今日は水曜日です。
あなたとAさんは教室にいます。Aさんが話しかけてきたら、Aさんと会話してください。

3.2　分析の枠組み

日本語の勧誘会話の構造を分析するには、本研究では以下のような分析手順で行う。
まず、録音された音声資料を文字化する。文字化のルールは、西阪仰（2008）を参考とする。

次に、勧誘会話を筒井（2002）、鈴木（2003）、大上他（2011）を参考にし、＜導入部＞＜勧誘部＞＜相談部＞＜終結部＞の四つの部分に分ける。本研究では、勧誘会話の重点である＜導入部＞と＜勧誘部＞を中心に分析を行う。

それから、各発話にコミュニケーション上の機能ラベルをつける。

さらに、各会話の部分ごとに、勧誘者と被勧誘者の言語行動について分析し、＜導入部＞と＜勧誘部＞の出現を考察する。その構造に現れる発話の隣接ペアを観察し、日本語の勧誘会話の発話連鎖、会話の展開の特徴を考える。

大上他（2011）を引用し、勧誘会話の＜勧誘の導入部＞＜勧誘部＞＜勧誘の相談部＞＜勧誘の終結部＞を以下のように定義する。

(1)＜勧誘の導入部＞

勧誘者から被勧誘者への呼びかけや挨拶、勧誘者からの勧誘の先行発話と被勧誘者の勧誘の先行発話に応える発話から構成される。

(2)＜勧誘部＞

勧誘者が被勧誘者に一緒にある行為を行うように働きかける発話と、その働きかけに対して応える被勧誘者の発話から構成される。勧誘の発話は、勧誘を表す発話だけでなく、それに対する承諾もしくは拒否、勧誘内容に関する情報要求・情報提供などの発話も含む。

(3)＜勧誘の相談部＞

勧誘者と被勧誘者との間に、一緒にある行為を行うことについて合意形成がされた後の発話である。一緒に、どのような行為を行うのか、どのように実行するかについて相談する発話である。

(4)＜勧誘の終結部＞

勧誘の談話の終結部に現れる発話である。終結部に現れる発話には、勧誘に関する合意内容の確認、勧誘者・被勧誘者の勧誘の合意が形成されたことに関する感想等がある。

4. 分析結果

分析した結果、日本語の勧誘会話には一定の発話連鎖があり、被勧誘者が勧誘内容に興味がある場合と興味がない場合の日本語の勧誘会話の展開に違いが見られた。日本語の勧誘会話の展開を＜導入部＞と＜勧誘部＞に分け、部分ごとに見ていきたい。被勧誘者が勧誘内容への興味の有無によって、日本語の展開にどんな違いがみられるか、勧誘者と被勧誘者の対応を分析し、典型的な発話連鎖を挙げ、勧誘会話の＜導入部＞と＜勧誘部＞の構造をまとめる。

4.1　興味がある場面①と興味がない場面②における日本語の＜導入部＞の展開

4.1.1 場面①と場面②における＜導入部＞の先行発話の使用について

本研究の分析資料によると、被勧誘者が勧誘内容に興味があるかどうかに関わらず、日本語の勧誘会話20組全部に＜導入部＞が見られた。また、その全ての＜導入部＞において勧誘の先行発話の使用が見られた。

先行発話は勧誘を行うための準備段階と言えるが、大上他（2011）では、先行発話には①「情報要求型の先行発話」、②「情報提供型の先行発話」、③「共感要求型の先行発話」（以後「情報要求型」「情報提供型」「共感要求型」と呼ぶ）3つのタイプがあることが指摘され、以下の①～③のように説明されている。

①「情報要求型」：相手の予定・関心・経験・体調などに関する情報を要求する発話。〈例〉「明日、ひま？」「サッカー、好き？」

②「情報提供型」：相手に対して、勧誘内容に関する情報を提供する発話。このタイプでは、先行発話自体が勧誘の発話としての役割を果たす場合がある。〈例〉「土曜日に、パーティーがあるんだよ。」

③「共感要求型」：現場性がある状態の勧誘で使用される発話で、相手に対して話者との共感を求める発話。〈例〉「疲れたね」「暑いよね」

今回の分析資料では、日本語の勧誘会話の＜導入部＞には、「情報要求型」と「情報提供型」2つのタイプが見られた。被勧誘者が勧誘内容に興味がある場面①と興味がない場面②における＜導入部＞の先行発話の使用は表1のようになる。

表1　　**日本語の＜導入部＞における先行発話の使用について**

先行発話 / 場面	情報要求型のみ	情報要求型＋情報提供型	情報提供型のみ	その他
場面①	1	7	1	1
場面②	1	5	4	0
合計	2	12	5	1

表1で示したように、日本語の＜導入部＞における「情報要求型＋情報提供型」の先行発話は興味がある場面①では7組、興味がない場面②では5組と、出現数が一番多く、勧誘者が被勧誘者の都合や好みについて【情報要求】をし、その後、勧誘内容に関する【情報提供】をすることが特徴である。それに対して被勧誘者は、自分の好みや都合について【情報提供】をしたり、【あいづち】や【評価】をしながら、勧誘者からの【情報提供】を聞いている。

他に、勧誘者が勧誘内容に関する【情報提供】だけをしてから、勧誘に入るという「情報提供型のみ」が現れたのは、興味がある場面①では1組、興味がない場面②では4

組と、二つの場面に差が見られた。しかし、勧誘を行う最初段階であるため、被勧誘者が勧誘内容への興味の有無に関係するとは考えにくい。勧誘者からの【情報提供】は場面①では全部で8組、場面②では全部で9組と、両場面とも一番多く見られた。また、今回の分析資料によると、勧誘者が【情報提供】をしている間、被勧誘者は【あいづち】や【評価】を示す発話などをし、2人は協力しながら会話を進めている。

従って、被勧誘者が勧誘内容に興味があるかどうかに関わらず、「A【情報要求】—B【情報提供】」「A【情報提供】—B【あいづち】/【評価】」は日本語の＜導入部＞の特徴的な発話連鎖として挙げられる。

あいづちは日本語でのコミュニケーションに欠かせない潤滑油として、被勧誘者が勧誘内容に興味がある場面①と興味がない場面②に両方とも多く見られたが、日本語の興味がある場合には、被勧誘者Bの【あいづち】は、「うん」「うんうん」「へぇ」などの「理解」「感情の表出」の使用が特徴的である。興味がない場合には、「理解」の【あいづち】が多く、「うん」「うんうん」以外に、「あ：↓」のような「理解」の【あいづち】が見られた。「う：ん」のような「不同意」のあいづちも特徴的である。

4.1.2 場面②の＜導入部＞に見られる被勧誘者の勧誘に消極的な態度を示す発話について

被勧誘者が勧誘内容に興味がある場面①では、勧誘者が勧誘内容に関する【情報要求】や【情報提供】をしてから【勧誘】の発話を発して、会話を＜勧誘部＞に持ち込む。しかし、被勧誘者が勧誘内容に興味がない場面②においては、勧誘者が勧誘内容に関する【情報要求】や【情報提供】をしてから、被勧誘者からの自分の過去についてのよくない経験についての語りなど、勧誘に消極的な態度を示す【マイナス情報提供】が見られた。

被勧誘者が勧誘内容に興味がない場面②では、10組に全部「ちょっと遠い」のような【マイナス意見提示】や、「2000円って安すぎない？」のようなマイナス意見への【同意見要求】、過去のよくない経験についての語り、「ダイエットしてるけどな」のような消極的な態度を示す【マイナス情報提供】をすることで興味がないことを勧誘者に伝えている。

例1のように、被勧誘者が16Bで「2000円って安すぎない？」と勧誘者に自分のマイナス意見に同意を求め、18Bで「大丈夫かな。」と自分の心配を伝え、【マイナス意見提示】をしている。その後、自分の意見の根拠として、22B、24B、26B、28Bで過去のよくない経験を語り、【マイナス情報提供】をしている。30Bで「だから安すぎる-」と、言い終わっていないが、「だから安すぎて、あまりいい店じゃないかも」と【マイナス意見提示】をしていることが分かる。

例1（場面②・会話1）（「[」は音声の重なりを表す；「：」は音が延ばされることを表す；「-」は言葉が不完全なまま途切れていることを表す。）

＜導入部＞

……（前略）

11A：なんかケーキとかもあって、　【情報提供】

12B：ケーキ。　【あいづち：理解】

13A：なんか超おいしそうじゃない？　【同意見要求】

14B：うん。　【同意】

15A：うん。　【あいづち：同意】

16B：でも、2000円って安すぎない？　【マイナス意見提示】

17A：あ：　【あいづち：理解】

18B：大丈夫かな。　【マイナス意見提示】

19A：そう、なんでも安いほうがよくない？　【異意見提示】

20B：安いほうがいいけど、　【同意】

21A：うん、　【あいづち：理解】

22B：私3000円で、　【マイナス情報提供】

23A：うんうんうん、　【あいづち：理解】

24B：行ったことあるけど、　【マイナス情報提供】

25A：うん、　【あいづち：理解】

26B：でもあんまりなんか味もすごいいいわけじゃなくて、【マイナス情報提供】

27A：うんうんうん、　あいづち：理解】

28B：お店の人の態度なんかもそんなによくない感じがして【マイナス情報提供】

29A：あ、そうなんや。　【あいづち：理解】

30B：だから[安すぎる-　【マイナス意見提示】

31A：[でもなんかそこのお店すごく雰囲気よくて、　【情報提供】

……（後略）

以上から見ると分かるように、被勧誘者が勧誘内容に興味がない場面②の＜導入部＞における特徴的な発話連鎖としては、場面①と同じような「A【情報要求】—B【情報提供】」「A【情報提供】—B【あいづち】／【評価】」以外に、「B【マイナス情報提供】—A【あいづち】」「B【マイナス意見提示】—A【情報提供】」が挙げられる。

4.2　興味がある場面①と興味がない場面②における日本語の＜勧誘部＞の展開

本研究の分析資料によると、日本語の被勧誘者が勧誘内容に興味がある場面①では、10組の中9組が被勧誘者は【勧誘】の発話に対してすぐ【承諾】しており、その後6組がすぐ＜相談部＞に入っている。最終的に10組全部が【勧誘】を【承諾】している。

一方、興味がない場面②における勧誘者の【勧誘】の発話に対する日本語の被勧誘者の応答は【マイナス意見提示】で婉曲的に勧誘を拒否したり、【確認要求】や【マイナス情報提供】などで回答を回避したりすることが見られ、大きく「拒否型」と「保留型」の二つに分けられる。その後、勧誘者からの勧誘内容に関するさらなる【情報提供】とそれに対する被勧誘者からの【あいづち】／【評価】が見られたりする。最終的には、【勧誘】を【承諾】した会話は10組の中8組で、残りの2組は「考えとくわ」「明日までにメールするわ」のような【保留】のままで会話が終わっている。

今回の興味がない場面②においても、10組の中8組は最後に被勧誘者が【勧誘】を【承諾】している。それらの会話では、被勧誘者は始めはあまり興味がないが、その後、だんだん【勧誘】を【承諾】する方向に傾き、最終的には勧誘を承諾している。被勧誘者が勧誘内容に興味を持ちはじめ、承諾する方向に傾いてくるとともに、被勧誘者からの「感情の表出」を表す【あいづち】で興味を示したり、積極的に【プラス評価】をしたりすることが多くなる。被勧誘者が勧誘内容に「興味を持ち始めてから承諾するまで」の部分における「感情の表出」を表す【あいづち】と【評価】【意見提示】などの使用は、興味がある場面①と似ている。

4.3　興味がある場面①と興味がない場面②の日本語の勧誘会話の構造

4.1と4.2では、被勧誘者が勧誘内容に興味がある場面①と興味がない場面②における日本語の＜導入部＞と＜勧誘部＞の展開について見てきた。

発話連鎖からみると、興味がある場面①では、被勧誘者が【勧誘】を【承諾】する前に、「A【情報提供】—B【あいづち：理解】／【あいづち：感情の表出】／【評価】」の繰り返しが多く見られた。興味がない場面②では、勧誘者が【情報提供】をしている間に、「A【情報提供】—B【あいづち：理解】／【マイナス意見提示】」の繰り返しが多く見られ、被勧誘者が自分の経験について語る時に、「B経験に関する【マイナス情報提供】—A【あいづち：理解】」の繰り返しのパターンでよく見られた。よくない経験は＜導入部＞か＜勧誘部＞のどちらか一方に現れる。

場面①と場面②における＜導入部＞と＜勧誘部＞の特徴的な構造を連鎖組織の観点からまとめてみると、以下のようになる。

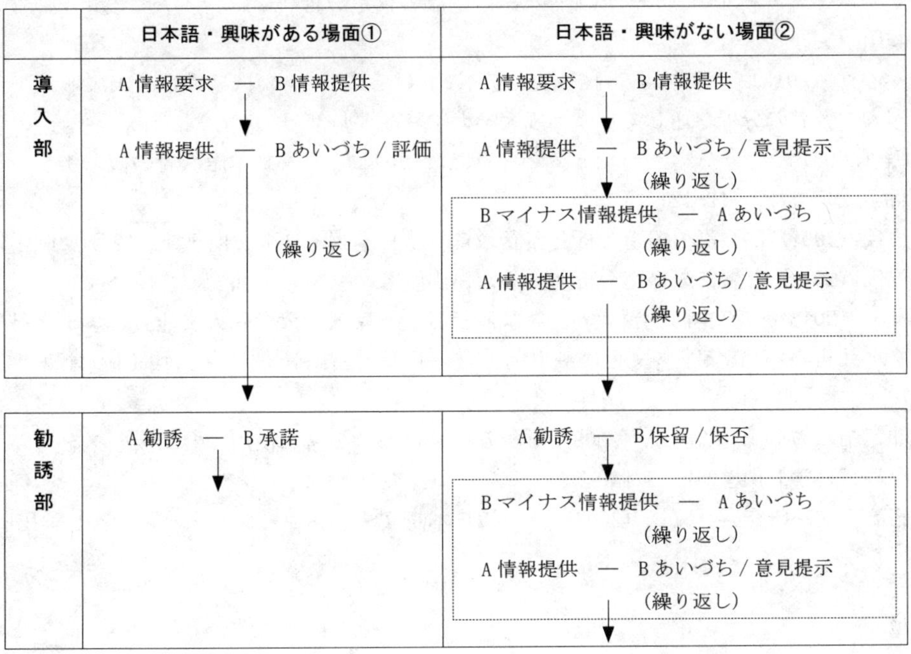

図1　日本語の＜導入部＞＜勧誘部＞の特徴的な構造

5. まとめ

以上、被勧誘者が勧誘内容に興味がある場合と興味がない場合における日本語の＜導入部＞と＜勧誘部＞の展開型について分析し、日本語の勧誘会話には一定の構造があることが分かった。また、勧誘内容への興味の有無によって被勧誘者の発話には大きな違いがみられ、使用されるあいづちの表現形式と機能が異なることも興味深かった。これらの研究結果が日本語教育における勧誘会話の学習に一助となれば幸いである。

本研究では、日本語の勧誘会話における典型的な発話連鎖を挙げ、日本語の勧誘会話の特徴的な構造についてまとめてみたが、あくまで今回の分析資料による考察であり、今後は被験者数を増やし今回の調査結果の統計的な検証が必要であろう。会話参加者の親疎関係や上下関係などの要素の影響による構造の変化をも含め、今後の課題にしたい。

参考文献

[1] 大上協子・スクリパエンコ，アレクセイ・ソムチャナキット，クナッジ・田中真衣・ソーピットウッティウォン，ユパワン・劉丹丹（2011）「『勧誘』に関する一考察　—日・中・タイ・露対照研究—」『坂大日本語教育学研究』2号　大阪大学大学院言語文化研究科　鈴木睦研究室，1-40

[2] 木山三佳（1993）「場面に応じた『誘い』の言語様式使用の指導のために：初級・中級教科書の分析からの提言」『言語文化と日本語教育』5号，35-45

[3] ザトラウスキー・ポリー（1993）『日本語の談話の構造分析—勧誘のストラテジーの考察—』くろしお出版
[4] 嶋田みのり（2013）「日本語の『誘い』場面におけるEメールの談話構造と表現形式：母語話者と中国人学習者の分析を通じて」『創価大学大学院紀要』35号，217-242
[5] 鈴木睦（2003）「コミュニケーションからみた勧誘のしくみ—日本語教育の観点から—」『社会言語科学』6巻1号，112-121
[6] 筒井佐代（2002）「会話の構造分析と会話教育」『日本語・日本文化研究』12号，9-21
[7] 筒井佐代（2012）『雑談の構造分析』くろしお出版
[8] 東條友美（2013）「日本語学習者の勧誘談話行動」千葉大学大学院人文社会科学研究科研究プロジェクト報告書第218集『多文化接触場面の言語行動と言語管理』 接触場面の言語管理研究 7号,87-103
[9] 西坂仰・串田秀也・熊谷智子（2008）「相互行為における言語使用：会話データを用いた研究」『社会言語科学』10巻2号,13-15
[10] 日本語記述文法研究会［編］（2003）『現代日本語文法4第8部モダリティ』くろしお出版

Task-Based Language Teaching(TBLT)の基礎日本語教育への応用と実践

大連東軟信息学院　徐蕾

要旨：実践的コミュニケーション能力の育成が重視されるようになり、コミュニケーション能力の育成に有効とされるTBLT（Task-Based Language Teaching）が注目されるようになった。TBLTでは、文型練習を最終目的として設計された従来のタスクとは異なり、目標言語はあくまでタスクを遂行するために使われる。第2言語習得研究の視点から派生されたTBLTは英語教育で広く応用され、多くの研究成果があげられたが、中国の日本語教育ではTBLTについての研究がまだ少なく、応用される実践も多くない。本稿では、中国の日本語学習者を対象し、TBLTをいかに中国の日本語教育において実践するか、従来の文型積み上げ型の教科書を使いながら、どのようにしてTBLTの理論を授業に取り入れたか、アクションリサーチの形を取りながら報告する。

キーワード：TBLT　タスク　教授法　学習者　言語習得

1. TBLTとその応用

1.1　TBLTについて

TBLT（Task-Based Language Teaching）とは日本語に訳せば「タスクを用いた教授法」である。言語教育において、20世紀70年代に流行していたコミュニカティブ・ランゲージ・ティーチング（CLT：Communicative language teaching）から生まれた教授法である。近年、実践的コミュニケーション能力の育成が重視されるようになり、コミュニケーション能力の育成に有効とされる「タスク」や「タスクを用いた教授法」が注目されるようになった。

研究者によってタスクの定義は異なるが、Ellis（2003）；Skehan（1996、1998）；Willis（1996）；Swain（1985）；Nunan（2004）らの定義をまとめると以下のようになる。

(1) 言語形式というよりも意味の伝達に焦点

(2) 与えられた課題を達成するために、学んできた言語材料を駆使し、自分の意思を伝達

(3) 現実の世界で使われているような言語使用を引き出せるよう作られるべき

(4) 課題の達成が最終目標

(5) 結果（与えられた課題が達成されたか）によって評価

以上の特徴によると、TBLTとは、タスクの完成を目標にする教授法である。学習者はタスクを完成する主体で、教師は補助や指導の役目を果たす。教師と学生、学生と学

生の協力で特定の目標を達成するために、目標言語を使用する教室活動である。この過程で、学習者が自然的に言語を習得することになり、実際的コミュニケーションできるようになる。

1.2 理論的背景

TBLTは第2言語習得研究の視点から派生されている教授法で、その重要な理論基礎の一つは「インプット、アウトプットと話者間のインタラクション理論」である。Krashen（1982）はインプット仮説（input hypothesis）の代表人物で、「言語は『学習』ではなく、『習得』を通し、実際に言語知識を運用する結果である。『理解可能なインプット』（comprehensive input）は言語習得の条件で、インプットが今の言語レベルを超えると、習得が自然的にできる」と指摘した。アウトプット仮説（output hypothesis）の代表人物のSwain（1985）は「アウトプット（学習者が目標言語を話したり書いたりして使用すること）が言語習得において必須の条件である」と主張した。インタラクション仮説（Interaction hypothesis）の代表人物のLong（1985）は「聞き返したり確認したりする意味交渉を通して言語活動は促進される」と指摘した。タスク活動を通して、意味のやり取りの中で理解可能なインプットや適切なフィードバックが得られ、実際に言語知識を運用するアウトプットの機会も得られ、他者と協力して課題を達成する中で言語発達を促すことで第2言語習得に有効であると考えられる（Swain（1998）；高島（2005））。

TBLTのもう一つの重要な理論基礎はconstructivismなどの社会言語学の理論である。この理論では、学習者の知識習得は教師に教わるのではなく、ある環境（社会文化背景）で他人（教師と学習者同士）の手伝いによって、学習資料を利用することで完成されると考えられる。タスクの完成の中で学習者の学習意識が引き出されることができ、教師が指導や学習者を励ます役目を果たす。学習者がタスクを完成するとともに、自発的な習得意欲が引き出されるようになる。

1.3 TBLTの外国語言語教育への応用

近年、実践的コミュニケーション能力の育成を中心するTBLTが注目されるようになり、言語研究の焦点になった。TBLTはもともと英語教育の中で誕生された成果なので、英語教育への応用と研究がよく見られる。研究内容はTBLTの理論研究、各課程への応用とほかの教授法との比較などがある。一方、外国人向きの中国語教育の領域でも注目され、研究成果が取り上げられる。しかし、英語教育への応用と比べたら、TBLTの中国語教育への研究は始まったばかりなので、研究領域がまだ狭い。

英語教育と外国人向きの中国語教育と比べると、TBLTの日本語教育への応用研究は量も少なく、領域も狭い。今まで、中国で公開発表の論文は主に、潘秋鳳（2004）の「『任务』在日语听力教学中的尝试与思考」；袁媛（2013）の「日语专业基础日语任务教学法的实施难点与对策」；張以（2015）の「财经日语专业人才培养目标下商务日语任务教学模式探索」などがある。TBLTの日本語教育への応用と実践はまだ足りない。

日本のようなJapanese as a Second Language（第二言語としての日本語、以下JSL）の環境に対し、中国は教室外で日本語に触れることが難しいJapanese as a Foreign Language（外国語としての日本語、以下JFL）の環境であり、学習者が教室内でしか日本語を使わない現状である。今の中国ではTBLTについての研究は主に以下の二つの問題点がある。まず、第2言語習得研究の視点から派生されたTBLTがどのように中国の日本語教育へ応用されるかについての研究はまだ少ない。それから、中国の大学で使われている日本語の教科書は文型積み上げ型の教科書や文型練習をふんだんに盛り込んだ教科書が多い。今のカリキュラムの中で文型積み上げ型の教科書を使いながら、どのようにしてTBLTの理論を授業に取り入れたかについての研究は少ない。本稿ではアクションリサーチの形を取りながら以上の二つの問題を報告する。

2. TBLTの実践手順

TBLTの理論は言語教育の中に応用されて以来、TBLTの応用についての研究も盛んになってくる。言語学の研究者たちは第2言語習得と外国語教育の視点からそれぞれの研究成果を収め、TBLTの実践手順も提出された。その中の代表人物はEllis（2003）、Nunan（2004）、Willis（1996）、Skehan（1996）などがいる。以上の研究者たちの実践理念をどのように中国の日本語教育実践の中に取り入れるかを説明するために、以下は主にEllisの実践手順を紹介する。Ellisの研究成果によるとTBLTの実践手順はタスク前段階、タスク中段階、タスク後段階という三つの部分に分けられる。

2.1 タスク前段階

タスク前段階はEllisが主張したTBLTの中の重要な段階である。この段階には相似タスクの練習、タスクの完成方法、協力活動、タスク実施の計画という四種類の活動がある。前半の二種類の活動はタスクのやり方に注目する。このような活動を通して、学習者がタスクの完成方式についての理解に役立てる。この段階では、問題回答や学習者に相似タスクを展示することで本題に入ることがある。前半より後半の二種類の活動がもっと重要である。協力活動の主な目的は学習者に関連知識や背景知識を思い出させ、タスクの内容を通して関連語彙を理解させ、学習者の認識負担と語彙負担を減少することである。このような活動で学習者の表現の流暢さと正確さが確保できる。タスク実施の計画というのは学習者がタスクの完成方式についての探索のことである。学習者自分で計画させるか、教師の指導や協力で計画させるかというのは教師が考えるべき問題である。

2.2　タスク中段階

タスク中段階では、教師が二つの選択に直面している。一つはタスクのやり方の選択（task performance options）、もう一つはタスク中の選択（process options）である。

タスクのやり方の選択というのは教師がタスクの具体的な条件を設定することである。まずはタスク完成の時間である。それから、タスクの中でインプット表現（教科書、録音、ビデオとほかの文字資料）の「借用」が許可されるかどうかのことである。最後の選択はタスクの実施中に新条件の増加が許可されるかどうかのことである。以上の選択は教師が具体的なタスクによって決めるべきである。タスクとは学習者が課題の達成を目標として意味に焦点を置いて言語を使用する活動で、選択の時この基準に従わなければならない。

タスク中の選択というのはタスク完成の中で表現方式の選択のことである。タスク遂行の中で教師の指導や学習者同士の協力で会話ができる。教師はタスクの指導者（instructor）であり、タスクの参加者（interlocutor）でもあるので、会話完成に重要な役割を果たしている。

2.3　タスク後段階

タスク後段階の目的は主に三つある。それぞれは練習の機会（Repeat performance）を提供すること、学習者にタスク内容を反省（Reflecting on the task）させること、学習者の注意を言語形式に向けさせること（Focusing on form）である。公開報告や発表などの練習で学習者の表現を流暢させ、タスクを複雑化にさせることができる。タスク内容の反省は学習者に習得過程に注目させることができると同時に、学習能力の評価にも効果がある。この段階では最も重要なのは学習者の言語能力の発展に注目することである。Ellisがいくつの方法を紹介した。例えば、教師が気づいた学習者の問題点や誤用を直したりする。学習者にタスク遂行の中で出てきた表現の間違いを反省させる。タスク遂行のビデオを見させる。学習者自分で表現の間違いを探して直すことをさせる。ある文型のドリル練習をさせる。

3. TBLTの基礎日本語教育への応用と実践

3.1　TBLTの実施される必要性

日本語教育でTBLTを実践・研究している小柳（2004）はGass & Selinker（2001）に基づき、言語習得のプロセスを「インプット→気づき→理解→インテイク→統合→アウトプット」という順で進むとまとめている。言語習得のために必要なのは、まず学習課題に「気づく」ことである。そして、気づいた学習課題について意味を「理解」し、ペアとのインタラクションを通して理解した内容が正しいかどうか検討する「インテイク」の過程があり、その中で正しい認識されたものだけが「統合」される。学習者はここまでのプロセスを通して、統合し、自然にアウトプットできるようになると考えられている。文型練習を最終目的とし設計された伝統的な授業では、教師が一方的に知識や学習内容を提示し、学習者同士が対話する機会はほとんどない。この教授法は新しい文型や語彙の導入ばかりが行われ、学習した文型や語彙を使いコミュニケーションを行うということが軽視されている。そのため、勉強しても日本語が必ずしも話せないという。目標言語で実生活の行動ができる能力を育てるという観点から注目されているTBLTではタスクが取り入れられ、タスクの完成は言語習得のプロセスである。TBLTの重要な理論基礎の一つは第2言語習得理論である。しかし、中国は日本語が教室外で使われていないJFL環境であるからこそ、タスクを通して学習者も日本語をより身近なものとして捉えることができ、興味を持って日本語を学習できるのではないかと考えられる。

3.2　実践の環境

報告するクラスは大連東軟情報学院日本語学部の一年8クラスである。学習者の数は25人で、クラスでは『標準ビジネス基礎日本語』（第一冊）（週5回2コマ、一学期80回の合計160コマ）を勉強する。次は『標準ビジネス基礎日本語』（第一冊）の第10課を学習項目とし、「会議室を予約してください」という達成タスクを設定した。EllisのTBLTの実践手順を参考にし、以下の実践過程をタスク前段階、タスク中段階、タスク後段階という三つの部分に分ける。使用されている教科書は文型積み上げ型の伝統的な教科書である。次はいかにTBLTをJFL環境で、文型積み上げ型の教材を使うカリキュラム内で実践したかを報告する。

3.3　実践の手順

3.3.1 タスク前段階

表1　タスク前段階

活動	学習活動の内容	言語習得プロセス	所要時間
導入	タスクの内容を導入する前に、学習者をいくつのグループにし、会議室を予約するロールプレーを行わせる。	アウトプット（今までに学んだ項目を使い、自分のできる範囲で使う）	1コマ
タスク紹介	教師がタスクの内容（①動詞「て形」の変形。②グループで会議室の予約。③発表をビデオ化にし、インターネットにアップロードする。教師や学習者同士がコメントする）、要求、完成方法、完成時間、やりがいなどを紹介する。	インプット（学習者の完成意欲を引き出し、認識負担を減少する。タスクの特徴と完成方法を理解させる。）	
グループ分けと関連語彙の予習	クラスの全員をいくつのグループに分ける。教科書のタスク完成に関連する語彙を予習させる。	インプット（さらに認識負担と語彙負担を減少する。）	1コマ
タスク実施の計画	グループでどのようにタスクを完成するかお互いに話す。教師が指導や協力を与える。	インプット インテイク	

本番のタスクに入る前に、プレタスクとして最初にロールプレーを行うのは、今まで学習してきた文法で会話し、自分の日本語の知識の限界に気づかせるためである。「て形」をまだ学んでいないため、学習者は「ます形」を使ったり（例：会議室を予約します）、「ます形」と「～をください」を使ったりして指示を与えているケースもあった（例：「まっすぐ行きますをください。」）。その後、すぐにDVDの会話を見せ、会話で使われている文型に気づかせる。こうして注意するポイントを示すことで、会話を聞いただけでは気づくことができなかった学習者も注目すべき箇所に気づくことができる。

3.3.2 タスク中段階

表2　　タスク中段階

活動	学習活動の内容	言語習得プロセス	所要時間
モデル会話の展示と確認	①会議室を予約するビデオを見せ、学習者は会話の中でどのように言葉を使っているか考える。 ②学習項目の「～てください」を抜き出したプリントを配り、もう一度会話を見せる。「て形」が今までの「ます形」と何が違うか話させる。	インプット 気づき 理解	2コマ
タスク1： 「て形」の確認	「て形」の作り方を確認する。ここでは教師が提示するのではなく、資料を基に学習者がグループでルールを発見するタスクを用いる。（タスク1：「ます形」の連語を「て形」に書き直すこと）	インプット 気づき 理解	
「て形」の関連文型の提出	宿題として学習者に教室外の時間で「て形」に関する「～てください」「～ています」「～てもいいです」「～てはいけません」などの文型をまとめさせる。	インプット 気づき 理解	2コマ
「て形」の関連文型の確認	教師が簡単な文法解説し、関連文型と注意点をまとめる。学習者がグループで関連文型のドリル練習をし、タスク2の遂行の準備になる。	インプット インテイク	
会話文の習得と模擬練習	①学習者がグループで教科書の会話文を学習し、タスク2完成のための言語表現をまとめる。教師が学習者の疑問に指導や協力を与える。 ②学習者が発表のため、グループでタスク2を繰り返し練習する。教師がグループごとに指導を与える。	インプット アウトプット インテイク （リハーサル効果による流暢さとプランニングによる言語的複雑さの促進）	2コマ

実際のタスクに移る前に、タスクを通して学習者に考えさせながら「て形」に関する文型の明示的説明を行っている。つまり、学習者にまとめさせた後で教師は明示的説明をしている。第2言語習得研究の観点からTBLTを提言しているOrtegaが日本の英語の授業で行った研究によると、タスクの前に文法の明示的説明を受けた学習者のグループが受けなかったグループよりも文法的に正確な発話を生み出し、タスク内でも効果的に使っていることが分かった（Mochizuki&Ortega2008）。さらに、同調査によると時間をおいても、明示的説明を受けた場合、一度習得すればなかなか忘れることがないと分かった。このことからも、JFL環境においては、暗示的説明よりも明示的説明が効果的なことが示唆されている。

3.3.3 タスク後段階

表3 **タスク後段階**

活動	学習活動の内容	言語習得プロセス	所要時間
タスク２：ロールプレー	学習者がグループで繰り返し練習した上で、動詞「て形」と関連する文型を利用し、会議室を予約するタスクを行う。教師が教師評価、学習者自分での評価、学習者お互いの評価という三つの面によって、評価し、成績を与える。	アウトプット インテイク	２コマ
タスク２の振り返り	①学習者にもう一度モデルビデオを見せ、学習者に自分が作った会話と比較させる。 ②学習者にタスク２の完成に振り返させる。学習者がタスク遂行の中での間違いに気づき、直す。教師が学習者のタスク完成の状況を評価し、表現の間違いを直す。 ③学習者の使いこなさない文型をドリル練習させる。	注意 理解	２コマ
タスク３：会話をビデオ化にする	発表をビデオ化にし、インターネットにアップロードする。教師と学習者同士が見た後の感想やアドバイスをコメントする。	アウトプット インテイク 統合	

タスク2では、これまで学んだことを踏まえ、最初に行ったロールプレーに戻る。このことで、この課で学んだ文型を応用し、コミュニケーションの中で使う練習が行える。最後のタスク3は、タスク2からの応用で、統合するためのタスクとして位置づけられている。発表をビデオ化し、インターネットにアップロードするタスク3は宿題として教室外の時間で行わせる。学習者が日本語でコメントを書くことで自分の感想を表現し、お互いに意思疎通を行っている。このような活動は文型定着を目的とした学習者中心のタスクとは異なり、学習者が自分の考えや思考を述べる「学習者主体」のタスク活動になっている。その際には教師の介入はなく、学習者同士が主体的に日本語を使用する環境を作り上げていた。日本語が教室外で使われていないJFL環境では日本語との接

点が少なく、学習者が日本語を使用する機会は極めて少ない。そのような環境にタスク3を取り入れることにより、「意味のある」伝達活動を行える場を教室外でも提供することができているのではないだろうか。

4. まとめ

本稿では学習者主体のTBLTを実践することで、学習者がタスクを通してお互いに表現したいことをやりとりし、日本語を学習していくことが可能になると示唆された。TBLT は中国の日本語教育へ応用される際、中国の学習者に合った方法を模索していくことが必要である。教室外で日本語と接する機会が少ないJFL環境の学習者にとって、教師の文法説明がなく自然に日本語を習得するのは多少の無理がある。そのため、意味を重視したタスクを行いながら言語形式にも焦点を当てる必要がある。また、中国の大学で使われている教科書が文型積み上げ型の教科書が多いが、以上の応用と実践によると、既存の文型積み上げ型の教科書を使いながら学習者主体のTBLTを実践するのも可能である。しかしながら、今回はまだ試験的な実践であったため、今後も改善が必要である。まず1つ目は、タスクの選択に改善の余地がある。『標準ビジネス基礎日本語』の1課ごとの新出文型が多く、中にはタスクを中心において練習するのが難しい文型もある。今後、さらに文型とタスクを吟味し、不自然ではないタスクを形成していかなければならない。2つ目は、モデル会話が少ない。前述のとおり、モデル会話にタスクの目標言語と文型が含まれるはずであるが、タスクにぴったりのモデル会話の収集がかなり難しい。今後、もっと多くのタスクに合うモデル会話を映像化、音声化していく必要があると考える。また、研究課題として本稿のTBLTが中国の学習者に与える効果を実証的に見ていく必要もある。

これからの日本語教育においては、一つのスタンダードを定めていくのではなく、その地域の教師や学習者によって、その地域に適した方法で応用していくことが求められている。教師が学習者、環境、授業内容と目的によって、タスクの設定を調整していく必要があるのではないだろうか。そのためには、教師一人一人が日々情報を収集し、共有し、共に学んでいかなければならない。

参考文献

[1] Krashen S.D. Principles and Practice in Second Language Acquisition[M]. Oxford:Pergamon Institute of English. 1982

[2] Swain, M. Communicative Competence: Some Roles of Comprehensible Input and Comprehensible Output in Itsdevelopment[M]. Cambridge University Press. 1985

[3] Long, M. H. A role for instruction in second language acquisition: Task-based language teaching. In K. Hyltenstam, & M. Pienemann (eds.), Modeling and assessing second language acquisition[J]. Clevedon,

UK: Multilingual Matters. 1985. 77-99

[4] Skehan,P. A Framework for the Implementation of Task-based Instruction[J]. Applied Linguistics. 1996. 17(1). 38-62

[5] Willis, J. A framework for task-based learning[M].Harlow: Longman. 1996

[6] Skehan,P. A Cognitive Approach to Language Learning[M].Oxford: Oxford University Press. 1998

[7] Gass, S. M. & Selinker, L. Second language acquisition: An introductory course. 2nd ed. Mahwah[M]. NJ: Lawrence Erlbaum Associates. 2001

[8] Ellis,P. Task-based language learning and teaching[M].Oxford,New York:Oxford University Press. 2003

[9] Nunan, D. Task-based Language Teaching[M]. Cambridge:Cambridge University Press. 2004

[10] Mochizuki, N.&Ortega, L. Balancing communication and grammar in beginning-level foreign language classrooms[J]. Language Teaching Research. 2008. 12(1). 11-37

[11] 小柳かおる.「条件文習得におけるインストラクションの効果」[J].『第二言語としての日本語の習得研究』. 1998(2号)1 - 26

[12] 岡崎眸, 岡崎敏雄.『日本語教育における学習の分析とデザイン—言語習得の視点から見た日本語教育』[M]. 凡人社. 2001

[13] 小柳かおる.『日本語教師のための新しい言語習得理論』[M]. スリーエーネットワーク2004

[14] 高島英幸　編集.『文法項目別英語のタスク活動とタスク』[M]. 大修館書店. 2005

[15] 佐久間勝彦.「海外に学ぶ日本語教育—日本語学習の多様性—」国立国語研究所編　『日本語教育の新たな文脈—学習環境，接触場面，コミュニケーションの多様性—』[M]. アルク2006　33-65

[16] 小柳かおる.「第二言語習得研究から見た日本語教授法・教材—研究の知見を教育現場に生かす」『第二言語としての日本語の習得研究』[M]. 2008(11). 23-41

[17] 岳守国. "任务语言教学法：概要、理据及运用"[M].《外语教学与研究》. 2002

[18] 龚亚夫，罗少茜.《任务型语言教学》[M]. 北京：人民教育出版社. 2003

[19] 周平，张吉生. "论二语习得研究与外语教学的互动关系".《外语与外语教学》[J]. 2003 (2)

[20] 张静，陈俊森. "日语写作教学法探讨—关于"任务教学法"和"结果教学法"的实证性研究"[J].《日语学习与研究》. 2004

[21] 潘秋凤. "'任务'在日语听力教学中的尝试和思考"[J].《南京财经大学学报》. 2004

[22] 吉冈正毅，陈岩等编.《标准商务基础日语》[M]. 外语教学与研究出版社. 2008

[23] 袁媛. 日语专业基础日语任务教学法的实施难点与对策[J]. 江西教育学院学报（社会科学）. 2013(10). 99-101

[24] 张以. 财经日语专业人才培养目标下商务日语任务教学模式探索[J]. 湖南科技学院学报. 2015(3).130-132

日本語の複合辞ニツレテ、ニシタガッテとそれに対応する中国語

大連理工大学　成芳芳

要旨：本研究は日本語の複合辞ニツレテ、ニシタガッテとそれに対応する中国語を検討したものである。ニツレテとニシタガッテの「一方向的な進展」という典型的な意味・用法において、両者共通に対応する中国語は“随着”と“越……越……”である。ニツレテのみ対応する中国語は“一……就”と“(当)……时/时候”“因/由于”がある。ニツレテとニシタガッテは主に“随着”に対応するが、“越……越……”に対応するのは前接語が距離の移動を表す動詞である。ニツレテは“一……就”や“(当)……时/时候”“因/由于”に対応するのも、それぞれの前後の文脈と大いに関係があるという規則性があるのではないかと考える。

キーワード：複合辞　ニツレテ　ニシタガッテ　対応する中国語

1. はじめに

日本語教育でよく取り上げられ、その使い分けは日本語学習者を悩ますことが多い類義表現の1つに次のような表現がある（以下、例文の下線は筆者によるものである）。

(1) 時代の推移につれて合理主義がハバをきかすようになる。
（BCCWJ　亀井宏『戦時少年ヒロシ』）

(2) しかし「和魂洋才」は、近代化の進展にしたがって、しだいに戦闘的な思想となりました。　（BCCWJ　大江健三郎『あいまいな日本の私』）

(1)と(2)はどちらも2つの事態が連動して進展することを表す複合辞である。ここで、砂川(2013)、砂川(2014)を踏まえ、複合辞を以下のように定義しておく。

「連れる」「従う」という動詞からなる形式であるが、動詞が他の語と複合して、動詞の持つ実質的な意味、例えば(3)の「連れたつ」という意味や、(4)の「服従する」などの意味が薄れ、形式的にも固定化した用法しか持たなくなり、時間軸に沿って生起する2つの変化の関係性を表す一語相当の単位、接続助詞に準じる機能を果たす複合辞と化している。

(3) しかし、関係のない人間を橋に連れていく気持ちにはなれなかった。

(BCCWJ　鎌田敏夫『揺れる夏追憶の橋』)

(4) 下僕は指示に従って、ひとつを船首に運んでいった。

(BCCWJ　佐藤賢一『双頭の鷲』)

本研究では中日対訳コーパスからニツレテとニシタガッテの用例を抽出し、具体的にどのような中国語の表現と対応するのか、またその対応関係に何らかの規則性や法則性を見出すことを目的とする。

2. 先行研究と問題点

2.1　日本語のニツレテとニシタガッテに関する先行研究

ニツレテとニシタガッテの先行研究の中で、両者の意味・用法の異同を明らかにした砂川(2013)の議論は大いに示唆に富む。

砂川(2013)では、「現代日本語書き言葉均衡コーパス」(BCCWJ)を用い、ニツレテとニシタガッテの意味・用法上の共通点と相違点を考察した。

両者の共通点として、ともに「XニツレテY」「XニシタガッテY」という形で、「一方向に進展するXの事態と連動してYの事態が生起し、進展する」と「多方向に進展するXの事態と連動してYの事態が生起し、進展する」という2つの意味・用法を持つ。本稿ではそれぞれ「一方向的な進展」と「多方向的な進展」と呼ぶ。

「一方向的な進展」は両者の最も典型的な意味・用法である。時間軸に沿って一方向に進展するXの事態と連動してYの事態が生起し、進展するという意味を表す。ニツレテもニシタガッテも用例の大半がこの用法である。

頻度は極めて少ないが2番目の共通の意味・用法は、「多方向的な進展」である。多方向的な進展とは「増減」などのように一方向への変化ではなく、「増えたり減ったりする」という多方向的な変化を表すXの事態と連動してYの事態も多方向的に生起し、進展する。

また、ニツレテのみ見られる意味・用法としては、以下の2つがある。

1つ目は「知覚で感知できるXの事態と連動してYの事態が生起し、進展する」である。この意味・用法は「音」「匂」「風」など知覚で感知できるモノを表す名詞が用いられ、「音がする」「匂いがする」「風が吹く」などの出来事が時間軸に沿って進展するのと連動してYの事態が生起し、進展することを表す。2つ目は「～はX1につれ、～はX2につれ」「X1につれ、X2につれ（て）Y」という形でX1やX2の変化と連動してYの事態が生起し、進展する。「歌は世につれ、世は歌につれ」のような慣用句から生まれたものである。本稿では1つ目を「知覚感知的な進展」、2つ目を「慣用的な表現」と名付ける。

2.2 ニツレテとニシタガッテとそれに対応する中国語に関する先行研究

ニツレテ、シタガッテとそれに対応する中国語の対応関係を調べた研究は、管見の限り山中・山(2009)のみである。山中・山(2009)はニツレテとニシタガッテは複合助詞として取り上げ、ニツレテは「随着/跟着」に対応し、ニシタガッテは「随着/按照/根据」に対応する。山中・山(2009)は以下のような例文を挙げている。（以下、表番号と文番号は本稿にあわせて変更した）。

(5) しきたりにしたがって、行動してください。（请按惯例行事。）

(6) 上司の命令にしたがって、不正を働いた。（根据上司的命令做了违法的事。）

(5)と(6)は複合助詞いわゆる複合辞として取り上げたが、辞書の記述によると、「命令・教え・きまりなどを守る」という動詞の意味で使われているのではないかと思われる。また、挙げた用例が少ないため、ニツレテとニシタガッテは以上の中国語のほかに対応する中国語まだあるのではないかと考える。

そこで、本研究はまず、複合辞を動詞と区別したうえで、砂川(2013)の分類をもとに、ニツレテとニシタガッテは各分類でどのような中国語と対応するのかを調べる。さらに、それらの中国語の表現はどのような特徴を持っているのかを考察する。

3. 調査資料と調査方法

本稿では、中日対訳コーパスの作品の用例を資料とする。

ニツレテに関しては、「に連」「につれ」で文字列検索し、複合辞ニツレテを含む文を抽出する。ニシタガッテについては、「に従」「に随」「に順」「に遵」「にしたが」で文字列検索し、複合辞ニシタガッテを含む文を抽出する。その際、以下の3つを調査の対象外とした。

第1に、辞書[①]での動詞の意味記述に従い、動詞としての「連れる」と「従う」の意味を明らかにする。動詞としての「連れる」の意味は「①連れたつ。②同行者としてひきいていく」である。動詞としての「従う」の意味は「①あとについて行動する。②命令・教え・きまりなどを守る。③服従する。④自然の力に動かされるままに任せる。⑤道、川に沿って進む。⑥順応する。⑦従事する」である。以上の意味に当てはまる動詞としての例文は排除する。例えば、(7)は「連れたつ」という動詞「連れる」の使い方であり、(8)は「命令・教え・きまりなどを守る」という動詞「従う」の使い方であるため、除外した。

① 『日本国語大辞典』第二版と『大辞林』第三版を参照。

(7)そうして漸との事で彼を私の家に連れて来ました。(于是费了很大劲，总算把他拉到我的住处来了。)　　　　(中日対訳コーパス　『こころ』)
(8)そのマスクは、直治の言いつけに従って、おかけになっているのである。(这口罩是听直治的话戴上的。)　　　　(中日対訳コーパス　『破戒』)

第2に、「これ・それ＋ニツレテ」や「これ・それ＋ニシタガッテ」という表現の中で、指示代名詞「これ」「それ」の指示対象を観察し、ニツレテ、ニシタガッテが動詞と判断される場合、除外する。(9)の「それ」の指示対象は「席次」であり、「命令・教え・きまりなどを守る」という意味の動詞「従う」として使われているため、対象外とした。

(9)そこで出された題について作文を書くが、それでもって席次が決まり、それに従って官職につくこととなる。(在宫中按题作文，以此决定名次。并以此决定所奉官职。)　　(中日対訳コーパス　『マッテオ・リッチ伝』)

第3に、検索にかかってしまう無用な表現も対象外とした。(10)のように、「連れの一人」は「に連れ」という検索にかかってしまったため、対象外とした。

(10)寄宿舎に帰る数人づれの女子工員のうち、泣いている一人の肩に連れの一人が手を置いて、「あんた、泣かんと置き。これでもう空襲はないけんな」と慰めていた。(在一起回宿舍去的几个女职工里，有两个人并排着一起走，其中一个在哭，另一个把手放在她的肩上，安慰她说:“你别哭了，此后就没有空袭了。”)　　　　(中日対訳コーパス『黒い雨』)

なお、動詞か複合辞か、意味のみを根拠にしてもどちらか迷う場合は砂川（2013）を参照に、構文的テストを用いて選別する。砂川（2013）では、「複合辞は『連れる』や『従う』という動詞が文法化してきた形式である。そのため、『連れる』よりもさらに『動詞らしさ』を失い、使用される形式が連用形やテ形に限定される他、否定、受け身、使役、可能などで用いたり、主文の述部に用いたりすることができなくなっている」と述べている。そこで、構文的テストは以下のように行う。(11)と(12)は複合辞であるため、否定の「発展につれずに…」「進行にしたがわずに…」に使用することができない。また述部の「…発展につれた」「…進行にしたがった」に使用することも不可能である。

(11)工業の集中につれて都市は大きくなった。(随着工业的集中，城市也在扩大。)
(中日対訳コーパス『日本列島改造論』)

(11′)＊[②]工業の集中につれずに、都市は大きくなった。

(11″)＊都市の拡大は工業の集中につれた。

(12) 妻が夫の昇格に従って成長する。(妻子随着丈夫的晋升而成长。)

(中日対訳コーパス『百言百話』)

(12′)＊妻が夫の昇格に従わずに成長する。

(12″)＊[③]妻の成長は夫の昇格に従った。

抽出した複合辞(表1)はニツレテ102例、ニシタガッテ36例である。

表1　ニツレテとニシタガッテの抽出結果

ニツレテ		ニシタガッテ	
表記形式	頻度	表記形式	頻度
に連れて	1	にしたがって	6
につれ	24	にしたがい	1
につれて	77	に従って	17
		に従い	3
		に従うて	2
		に随って	5
		に随い	2
計	102	計	36

4. 考察

中国語の訳文は逐語訳と非逐語訳に分ける。逐語訳や非逐語訳の判断結果は、中国人日本語教師2名に依頼し、その妥当性を確認していただいた。まず砂川(2013)の分類に従い、ニツレテとニシタガッテの例文を分類した。また、それらに対応する中国語の表現を表2と表3にまとめた。

「一方向的な進展」は両者の最も典型的な意味・用法である。ほとんどの例はこの用法に当たる。ニツレテは97例、ニシタガッテは38例である。

② "＊"は非文を表す。

③ ニシタガッテの場合、複合辞でもこのような言い換えができる場合がないわけではない。そのような場合は、言い換え後の意味が複合辞の意味と同じかどうかをチェックする。「したがわず」「したがった」は「順応する」という動詞の意味であり、もとの複合辞「にしたがって」の表す意味と異なっている。

表2　ニツレテに対応する中国語の表現

文の種類	一方向的な進展						多方向的な進展	知覚感知的な進展		慣用的な表現
中国語訳	逐語訳					非逐語訳	逐語訳	逐語訳	非逐語訳	
	随着	越……越……	一……就	（当）……时／时候	因／由于		因／由于	随着		
数	54	6	4	4	3	26	1	2	2	0
計	97						1	4		0

表3　ニシタガッテに対応する中国語の表現

文の種類	一方向的な進展			多方向的な進展
中国語訳	逐語訳		非逐語訳	逐語訳
	随着	越……越……		随着
数	24	4	10	1
計	38			1

4.1　一方向的な進展を表すニツレテとニシタガッテに対応する中国語についての考察

表2と表3より第1に、一方向的な進展を表すニツレテとニシタガッテは非逐語訳を除き、主に中国語の“随着”に対応する。ニツレテは54例、ニシタガッテは24例である。

“随着”の品詞は介詞と動詞と副詞があるが、方（2012）の調査によると、“随着”は主に介詞の用法であることが分かった。方（2012）の介詞“随着”の意味について次の2つにまとめた。

“随着”从句表示行为或结果的伴随条件「“随着”従属節は行為や結果の条件を表す」。

“随着”从句表示先发生的事件，主句紧接着发生另外一件相关的事件「“随着”従属節は最初に発生した事態を表し、主節は関連するもう1つの事態がそのあとすぐ発生することを表す」。

ニツレテ、ニシタガッテと対応する中国語の“随着”は主に介詞の用法であり、この場合の中国語の“随着”の従属節は行為や結果の条件を表すことが多いのが特徴である。例えば、(13)の“随着岁月的流逝”という条件が働いた結果、“所需时间愈来愈长”になる。

(13)そして年月がたつにつれてそれに要する時間はだんだん長くなってくる。

（而且，随着岁月的流逝，所需时间愈来愈长。）

（中日対訳コーパス『ノルウェイの森』）

(14)心身の成熟がすすむにつれて、子どもはもっといろいろな仲間と遊びたいと願うからです。（因为随着身心的发育日趋成熟，孩子就应该同更多的伙伴一起玩。）

（中日対訳コーパス『ひとりっ子の上手な育て方』）

(15) 人生の経験を積むにしたがって、第一には自分の資質が生来どのようであるのかに気付く。（随着人生经验的积累，首先会去注意自己究竟具有何种的天资。）

（中日対訳コーパス『百言百話』）

第2に、両者ともに中国語の“越……越……”に対応する。この場合の日本語のニツレテとニシタガッテともに、前接語は「上る」「降りる」「行く」「歩く」など、場所を移動する動詞が現れるのは特徴である。

(16) 進むにつれて、泥は深くなった。（越朝前走，泥也越深。）

（中日対訳コーパス『野火』）

(17) 坂を上って行くに従って、人であたりは埋まっていた。（越往坡上人越多，远远望去，真是人头攒动。）

（中日対訳コーパス『あした来る人』）

朱(2010)は“越……越……”について次のように述べている。

“在“越V越 A”中, V是自变量, A是因变量, V与A是正比函数关系”「“越 V越 A”のVは引数、Aは従属変数、VとAは正比例の関数関係にある」

“越V越A”可以变换为“随着V, 越来越A”「“越V越A”を“随着V, 越来越A”に置き換えられる」

例文(17)の“越往坡上人越多”は“随着 V, 越来越 A”（“＊随着往坡上，人越来越多”）に言い換えるのは難しいと思われる。なぜかというと、方（2012）によると、““随着”介词结构要求宾语必须同时具备［＋持续变化性］、［＋名词性］ 两个条件。”「“随着”介詞構造は『持続変化性』と『名詞性』という2つの条件を同時に備えなければならない」。

例文(17)の“越往坡上人越多”を“随着V, 越来越A”にするには、もっと単語を足し、「持続変化性」を持たせ、名詞化させなければならないと思われる。

第3に、本調査において一方向的な進展を表すニツレテのみ対応する中国語の表現は3つある。中国語の“一……就”に対応する例文は4例、“（当）……时/时候”に対応する例文は4例、“因/由于”原因、理由を表す表現は3例である。

“一……就”について、呂(1982)では、以下のように述べている。

“表示一种动作或情况出现后紧接着发生一种动作或情况”「ある動作あるいは事態が発生した後すぐもう一つの事態が発生する」

“动作一经发生就达到某种程度或有某种结果”「動作が発生するとすぐある程度に達し、あるいはある結果になる」

(18)の“一……就”に対応したのはなぜかを見てみると、中国語の“一……就”は前後の時間的な短さを強調するほか、結果の唯一性を強調する用法も持っている。(18)の後の文脈は「ひろげた新聞紙で、顔を覆われているのだった」という前提条件があるので、「身じろぐ」という動きと連動して、必然的に「乾いた紙の音がした」という事態が生起した。

“(当)……时/时候”は、時間を示す表現である。(19)の“时候”が使われたのは“将近傍晚”「夕が近づく」という時間を表す前文脈があり、それを提示するためであると考えられる。

(20)のニツレテは「まだ見ていない金閣寺」という理由があるので、だんだん近づくという動作と連動して「躊躇が生じた」という事態が生起し、進展する。

(18)身じろぐにつれて、かさかさと、乾いた紙の音がした。(他一翻身，就听到“咔嚓咔嚓”干燥的纸张声音。)

(中日対訳コーパス『砂の女』)

(19)夕が近づくにつれ、彼等の遊泳はあわただしく速力を早めてくるようだった。(将近傍晚的时候，它们的浮游像是匆忙中增加了速度。)

(中日対訳コーパス『雪国』)

(20)まだ見ぬ金閣にいよいよ接する時が近づくにつれ、私の心には躊躇が生じた。(此外也因为从没见过的金阁马上就要亲眼目睹了，内心反倒踌躇起来。)

(中日対訳コーパス『金閣寺』)

5. まとめ

本研究はニツレテとニシタガッテの「一方向的な進展」という典型的な意味・用法において、両者共通に対応する中国語は“随着”と“越……越……”である。ニツレテのみ対応する中国語は“一……就”と“(当)……时/时候”、“因/由于”がある。

ニツレテとニシタガッテは主に“随着”に対応するが、“越……越……”に対応するのは前接語が距離の移動を表す動詞である。ニツレテは“一……就”や“(当)……时/时候”、“因/由于”に対応するのも、それぞれの前後の文脈と大いに関係があるという規則性があるのではないかと考える。

今後の課題としては、中国語の“随着”と“越……越……”を観察し、意味・用法を考察する。その意味・用法を記述することは複合辞ニツレテとニシタガッテの対照研究において必要とされるのではないかと考える。

参考文献

[1] 朱其智(2010)“随着V”与“越来越A”同现研究及其历时考察，《世界汉语教学》.

[2] 砂川有里子(2013)「コーパスを活用した類義語分析—複合辞『ニツレテ』と『ニシタガッテ』—」，藤田保幸編『形式語研究論集』pp. 35-60，和泉書院.

[3] 砂川有里子(2014)「コーパスを活用した類義語分析—『連動的な変化の進展』を表す用法—」，『日本語教育連絡会議論文集』26，pp. 49-60.

[4] 方清明(2012)“介词“随着”的句法、语义特点及教学策略探析”《华文教学与研究》45，pp. 8-14.

[5] 松村明編（2006）『大辞林』第三版，三省堂.

[6] 日本国語大辞典第二版編集委員会編（2001）『日本国語大辞典』第二版，小学館.

[7] 山中正樹・山丹(2009)「複合助詞『にしたがって』『につれて』『にともなって』『とともに』について—日本語と中国語の意味用法の比較をめぐって—」，『桜花学園大学人文学部　研究紀要』11，pp. 91-99.

[8] 吕叔湘（1982)《中国文法要略》，商务印书馆.

Acknowledgement

Supported by the Fundamental Research Funds for the Central Universities (Grant No. DUT13RW407): 基于语料库语言学的日语近义复合助词研究

日本語学

因果関係を表すノデにおける日中対照

大連理工大学　李光赫 呉世蘭

要旨：ノデの意味は主に原因・理由（ノデⅠ）と判断・発言態度の根拠（ノデⅡ）に分けられるが、本論ではこの二つの意味の相違を分析し、それらの意味が中国語でどう対応するかを考察したものである。その結果以下のことが分かってきた。ノデⅠを中国語では“所以”類の果標と“就”で表す場合が多く、ノデⅡにおける「発言・態度の根拠」を中国語では因標と果標で表す傾向が多いが、「判断の根拠」を表すノデⅡは因標・果標以外に“就”或いは“才”で表す場合が多いことが分かった。

キーワード：原因・理由　判断根拠　発言態度　中国語訳　実証研究

1. はじめに

日本語では、因果関係を表すノデはノデⅠとノデⅡに分けている。

(1) a. 道路は混んでいないノデ、バスが定時にちゃんと来た。
　　b. 因为路上不堵，所以公交车准时到了。
(2) a. バスが定時にちゃんと来たノデ、道路は混んでいないだろう。
　　b. 因为公交车准时到了，所以路上不堵的吧。

例(1)はノデⅠの例で、例(2)はノデⅡの例である。表面的に見れば、ノデⅠもノデⅡも前節と後節の因果関係を表している。中国語に訳するとき、両方とも“因为P，所以Q”の形式が用いられている。しかし、上記の例をみると、ノデⅠとノデⅡの文末には違いがあることが分かる。そして、表している意味も多少違いがある。ノデⅠが原因・理由を表すのに対して、文末に判断モダリティがついているノデⅡは主に判断を表している。中国語では、因果関係を表す接続辞が“因为，所以”だけではない、中国語から見れば、ノデⅠとノデⅡはどんな違いがあるだろう。本稿では、詳しく見てみよう。

2. 先行研究

蓮沼昭子など（2001）では、ノデⅠの「事態の原因」とノデⅡの「判断の根拠」の違いによって出来事PとQの起こる順序が違うと指摘している。事態の原因の場合、原因となる出来事Pが先に起こり、そのあとに結果Qが成立する。判断の根拠の場合、PとQの起こる順序が反対になる。現状Pを根拠にその原因となる過去の出来事Qを推測する。

前田直子（2009）は、根拠を表す原因・理由文と事態・行為の原因・理由文の違いを以下の四点から述べている。①根拠を表す原因・理由文の後節に話し手による判断が現れることが必要である。判断表現のほか、命令・依頼などの働きかけ表現、または意志・希望などの表出表現が用いられる場合もある。②根拠を表す原因・理由文は、前節と後節を入れ替えた場合、事態・行為の原因・理由文になる。根拠を表す原因・理由文の後節に「わかる、判断する」などの動詞が付け加えられる場合、事態・行為の原因理由文になる。③事態・行為の原因・理由文は前節に、根拠を表す原因・理由文は後節に、プロミネンスが置かれる。④根拠を表す原因・理由文の後節のレアリティーが未実現である。前節のレアリティーが事実である場合も、未実現である場合もある。

3. ノデⅠの特徴

3.1「事態の原因」を表すノデⅠの特徴

蓮沼昭子など（2001）では、「事態の原因」とは、事実と分かっている事態P・Qが、原因—結果の関係（因果関係）を持つことを表す用法だとしている。つまり、事態の原因とは、すでに成り立っている因果関係を表すため、原因・理由文の前節と後節の両方とも、客観的な事態を陳述する表現である。

(3) a. 晴美も少々アルコールを胃に入れていたので、少し眠気がさして来ていた。　赤川次郎『三毛猫ホームズのクリスマス』

b. 她也因着肚里装了点酒的关系，不禁有点睡意。叶蕙译《三毛猫的圣诞节》

3.2「行為の理由」を表すノデⅠの特徴

Qが意志的動作を表す場合、Pは、なぜそのようなことを行うのかという「行為の理由」を表す。Pで述べている事態は、すでに成立したことでもあるし、未来に成立するとわかっていることでもある。Qには、未来の行為についての話し手の意志や、過去の意志的動作を表す表現が使われている場合が多い。また、Qの主語は主に話し手であり、多くの場合、省略することができる。

(4) a. 背景音楽が必要だったので、枕元の有線放送のスイッチをいれ、チャンネルを「ポピュラー音楽」というのにあわせた。

村上春樹『羊をめぐる冒険』

b. 由于要有背景音乐，我打开枕旁有线广播的开关，把频道调至“流行音乐”。

林少华译《寻羊冒险记》

3.3ノデⅠの特徴

本節では、ノデⅠで表す原因・理由文の2種類の特徴をまとめてみた。

事態の原因を表すノデⅠの前節と後節が客観的な事態であり、前節と後節が原因－結果の因果関係を持つ。後節の主語は必ずしも話し手とは言えない。

それに対して、行為の理由を表すノデⅠの前節には客観的・主観的な事態のどちらも可能であるが、後節は主に主観的な事態である。すでに成立した、または未来に成立することが分かっている前節の事態が理由で、後節の行為を行うという関係を表す。後節の主語は主に話し手である。

4.ノデⅡの特徴

4.1「判断の根拠」を表すノデⅡの特徴

「判断の根拠」とは、話し手がなぜそのように判断を下すのかを説明するための根拠を示すことであり、後節に話し手による判断が現れることが必要である。つまり、文末に「（の）だろう・（の）かもしれない・にちがいない・はずだ・ようだ・らしい・そうだ」などといった話し手の判断を表す表現が用いられる場合が多い。前件が表している事態が事実であるのに対して、後件が表している事態はまだ事実かどうか確定できない事態である。しかし、前件が未実現の事態の場合もある。

(5) a. 火がもう近くまで迫っていたので奥さんは止むなく逃げて行かれたそうだ。　井伏鱒二『黒い雨』

b. 由于火势已经迫在眉睫，夫人只好一个人跑了。

柯毅文　颜景镐译《黑雨》

4.2「発言・態度の根拠」を表すノデⅡの特徴

「発言・態度の根拠」とは、話し手がなぜそのような発言をしたり、そのような態度をとるのかを説明するための根拠である。そのため、まだ実現していない事態の実現を聞き手に働きかける場合は、文末に命令・依頼・勧誘・質問などの形式が来る。また実現を望む話し手の態度を表す場合は、文末に希望、意志などの表現が用いられる。

(6) a. 身体の具合が良くないので、しばらく休みを取りたい。

村上春樹『ダンス・ダンス・ダンス』

b. 因为身体状况不好，想暂时请假。　林少华译《舞！舞！舞！》

4.3ノデⅡの特徴

本節では、ノデⅡで表す原因・理由文の2種類の特徴をまとめてみた。ノデⅡはノデⅠと違って、単純な因果関係を表すのではなく、前節の原因を根拠に、後節で判断や推論を行うことである。そのノデⅡをさらに、「判断の根拠」と「発話・態度の根拠」に分けることができる。

「判断の根拠」を表すノデⅡは、後節に、普通、「（の）だろう・（の）かもしれない・にちがいない・はずだ・ようだ・らしい・そうだ」などといった話し手の判断表現が現れる。つまり、客観的な事態による、なんらかの判断を下す用法である。こういったノデⅡ文は判断文、すなわち、判断モダリティ文である。

これに対して、「発言・態度の根拠」を表すノデⅡは、後節に普通、命令・依頼・勧誘・質問といった働きかけ表現が来る場合と、意志・希望などの表出表現が来る場合がある。このようなノデⅡ文は働きかけ・表出モダリティ文である。

5.対訳例ノデ見るノデⅠとノデⅡ

5.1対訳例調査方法

本稿では15部の日本の小説におけるノデⅡの対訳例をもとに、原因・理由を表す文中のノデの例計751例が得られた。そのうち、ノデⅠは657例、ノデⅡは94例であった。そして、ノデⅠには、「事態の原因」が240例、「行為の理由」が417例であり、ノデⅡには、「判断の根拠」が66例、「発言・態度の根拠」が28例であった。

また、その中国語訳の形式を次の16分類に分けることができる。①因为P，Q。②由于P, Q。③因为/由于P, 所以Q。④P, 因此Q。⑤P，所以Q。⑥(因为/由于)P,(所以)才Q。⑦P, 才Q。⑧(因为/由于)P,(所以)就Q。⑨P, 就/便Q。⑩P，于是就Q。⑪P，于是Q。⑫（因为/由于）P，于是Q。⑬P，只好/只能Q。⑭（因为/由于）P，（所以）只好Q。⑮其他，⑯P，Q（下記の表1に参照）。

しかし、この16種の対訳形式を因果標の立場ノデ分類すると、「因標」類：①と②、「因果前後標」類：③、「果標」類：④と⑤、「才」類：⑥と⑦、「就」類：⑧、⑨と⑩、「于是」類：⑪と⑫、「只好」類：⑬と⑭、「その他」類：⑮、「無標」類：⑯に分けることができる（下記の表2に参照）。

5.2分析

対訳例の統計をもとに、ノデⅠとノデⅡの中国語訳の分布及びそのパーセンテージを計算すると、次の表1、表2のようになる。

表1

パターン	原因	理由	判断	態度	パターン	原因	理由	判断	態度
①因为 p，q	17	15	5	3	⑧（因为／由于）p，（所以）就 q	8	25	2	0
②由于 p，　q	18	11	4	0	⑨ p，就（便）q	7	57	3	1
③因为／由于 p，所以 q	22	13	5	2	⑩ p，于是就 q	1	6		
④ p，因此 q	7	16	1	0	⑪ p，于是 q			2	0
⑤ p，所以 q	29	45	8	2	⑫（因为／由于）p，于是 q	1	2		
⑥（因为／由于）p，（所以）才 q	2	4	5	0	⑬ p，只好／只能 q	2	27		
⑦ p，才 q	0	4			⑭（因为／由于）p，（所以）只好 q	0	7	1	1
⑮其他	3	3	1	0	⑯ p，q	124	158	29	19
					合計	240	417	66	28

①ノデⅡの使用例が顕著的に少ないこと⇒ノデⅡで判断を表す場合が少ない。

②「行為の理由」のノデが特に多い。

③「只好」類-- そうするしかない意味が含む使い方。

④因標果標のほか“就”が多い　そしてそのほとんどが「行為の理由」に。

表2

	因標	因果前後標	果標	才	就	于是	只好	その他	無標
事態原因	35	22	36	2	15	1	2	3	124
	5.3%	3.3%	5.5%	0.3%	2.3%	0.2%	0.3%	0.5%	18.9%
行為理由	26	13	61	8	82	32	34	3	158
	4.0%	2.0%	9.3%	1.2%	12.5%	4.9%	5.2%	0.5%	24.0%
ノデⅠ合計	61	35	97	10	97	33	36	6	282
	9.3%	5.3%	14.8%	1.5%	14.8%	5.0%	5.5%	0.9%	42.9%
判断根拠	9	8	9	8	8	2	1	1	29
	9.6%	5.3%	9.6%	5.3%	5.3%	2.1%	1.1%	1.1%	30.9%
発言・態度根拠	3	2	2	0	1	0	1	0	48
	3.2%	2.1%	2.1%	0.0%	1.1%	0.0%	1.1%	0.0%	20.2%
ノデⅡ合計	12	7	11	5	6	2	2	1	48
	12.8%	7.4%	11.7%	5.3%	6.4%	2.1%	2.1%	1.1%	51.1%

⑤「事態の原因」　因標　果標　「行為の理由」　果標　就 只好 于是

「判断の根拠」　因標　果標　「発言・態度の根拠」　因標

⑥ノデⅠ　果標　就　ノデⅡ　因標　果標

表2の数値をグラフで表すと、次の図1-1図1-2と図2-1図2-2になる。図1はノデⅠとノデⅡ全体における分布状況であり、図2は各因果標分類内部における対訳例を対数化したものである。

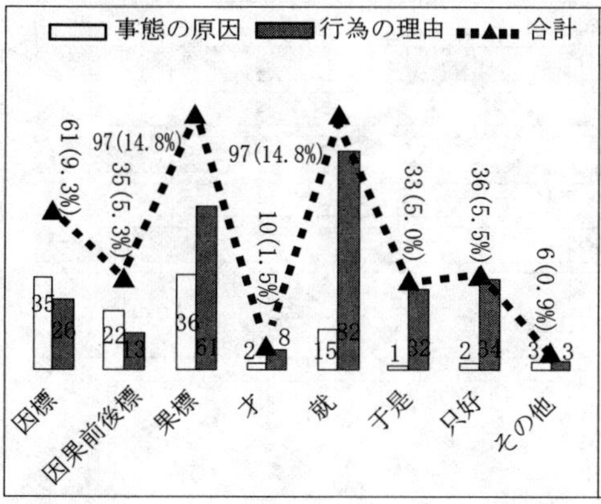

図1-1

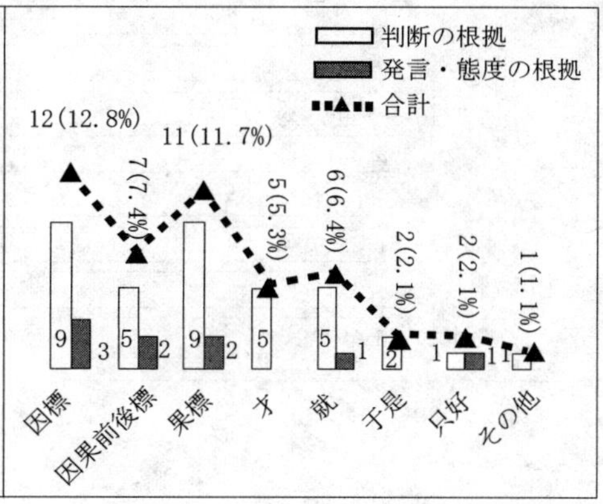

図1-2

⑦ノデⅠ：「行為の理由」　　ノデⅡ：「判断の根拠」

⑧ノデⅠ：因標　果標　就　　ノデⅡ：因標　果標

⑨「事態の原因」：因標　果標

「行為の理由」：就 于是 只好

「判断の根拠」：因標　果標　就 才

「発言・態度の根拠」：因標　果標

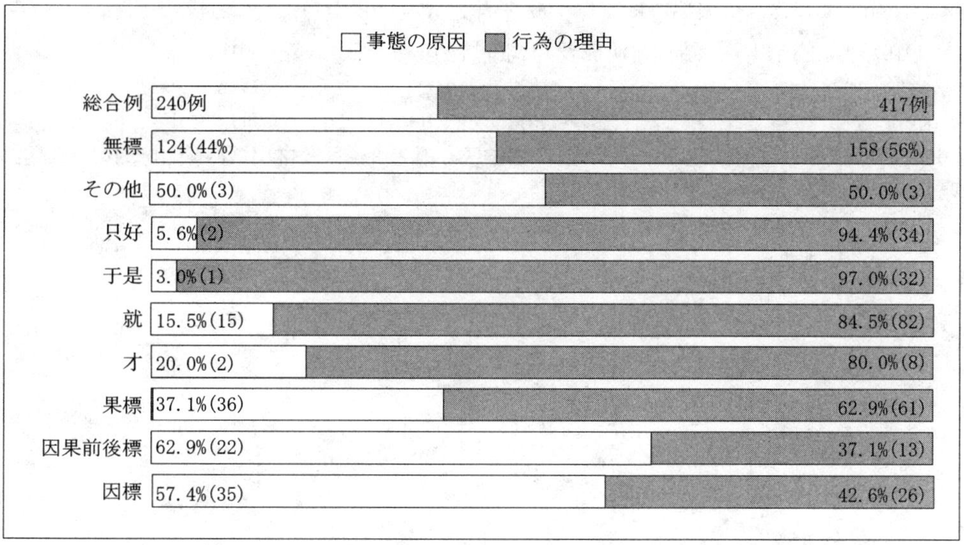

図2-1

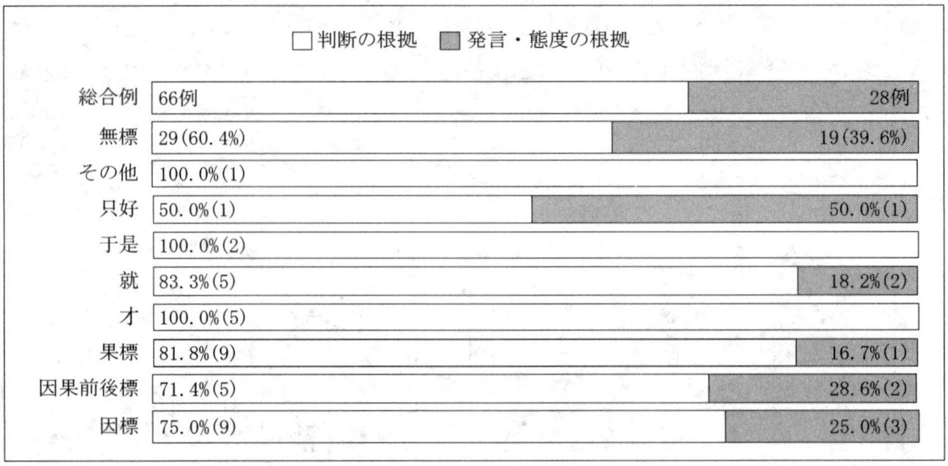

図2-2

⑩同⑦・⑨

⑪「行為の理由」　果標類で表す

参考文献

[1] 蓮沼昭子・有田節子・前田直子. 2001.『日本語文法セルフマスターシリーズ7条件表現』くろしお出版.

[2] 蓮沼昭子・有田節子・前田直子2001『条件表現』くろしお出版.

[3] 前田直子. 2009.『日本語の複文—条件文と原因・理由文の記述的研究』くろしお出版.

[4] 王楠. 2013.《因果复句日汉对比研究》大连理工大学硕士论文.

[5] 倪重阳. 2008.《现代汉语因果连词研究》硕士论文 武汉：华中师范大学.

[6] 严慈.2010. "'之所以'的结构、源流及句式"《励耘学刊》(语言卷)(01).

附記：本研究は「遼寧省社科（聯）基金項目（ZX20150529）」「大連市社科（聯）基金項目（dlskzd2014009）」「大連理工大学教育教学改革基金専項（教材出版）項目（JC2016052）」の研究成果の一部である。

戦犯供述書の用字使用特徴について

——古海忠之の供述書を事例に

大連理工大学　孟慶栄　孔月

要旨：本稿は、日本人戦犯古海忠之の供述書を研究素材に、その用字特徴を考察した。結果として、文字使用の特徴には日本語の新・旧字体の併用、中国語漢字の併用、片仮名使用といった三点の特徴が見られた。要因分析としては、古海忠之の生年月日、教育期間、中国滞在期間、当時中日両国の文字政策の変更など4つの視点からして、彼が日本にいたごろ経験された日本の文字改正の政策には影響が少なかったにせよ、一定の新字体に触れたりする機会は十分あったが、これが新字体と旧字体併用の要因、またカタカナ交じりの要因であると思われる。また、長年の中国滞在暦は中国語に影響されるのも想像でき、これが中国語漢字使用の要因になっていると思われる。

キーワード：供述書　古海忠之　用字使用特徴

1.『日本侵華戦犯筆供』の概要

第二次世界大戦後、1950年7月にソビエト連邦により日本人戦犯約1000余名を新中国に引き渡された。そのうち969名は撫順戦犯管理所へ、130名は太原戦犯管理所へそれぞれ収容された。その後、彼らは裁判を行われた1956年まで中国で思想改造・教育を受け、また中国の「寛大政策」に影響され、戦犯たちが「自筆供書」を自ら書いていた。1954年、最高人民検察院は戦犯の審査、起訴を担当し、1956年に審判を行った。結果としては、罪行の比較的低い、また認罪態度の良い戦犯1017名を起訴猶予と公布し、即時釈放と決定する一方、職務の高い、また罪行の大きい45名の戦犯のみを公訴に出した。

2005年、中国档案館により、撫順戦犯管理所に収容された期間に書かれた供述書——『日本侵華戦犯筆供』が出版され、内には前述の45名の戦犯供述書が収録された。またこの供述書は七七事変の77周年の一環として、国家档案局のオフィシャルサイトにも公表された。戦犯供述書は非常に貴重な史実の資料であり、これからいろんな視点からの解明が必要である。本研究は、日本人戦犯——古海忠之の供述書を研究材料に、その用字特徴を明らかにし、相関研究に寄与したいと考えている。

2. 相関研究

これまでの戦犯研究は、戦犯裁判に関するものが多くみられた。富山（2005）はBC級戦犯の裁判は、日本軍が戦闘または占領した東南アジア、西太平洋、中国の各地で行われたことという。大澤（2007）は中国で拘留された戦犯を「撫順組」「太原組」「西陵組」に分けた。豊田（2009）は中国の対日戦犯処理政策について、戦後直後に共産党の戦犯問題への姿勢は、迅速かつ厳重な処罰を求める厳罰主義ともいえるが、新中国成立後に自らが手中にした戦犯に対し「寛大な処理方針」を取り、罪行を戦犯自身に告白させ、反省させる認罪教育を実施したと論じた。新井（1998）は撫順戦犯管理所の戦犯の思想改造を中心に話を進め、供述書が書かれた背景と、中国政府が実施した戦犯政策の目的を明らかにした。豊田（1998）は『日本侵華戦犯筆供』を対象に全体像を概観し、作成時期、形態、内容（構成）等の情報から「供述書」「告発書」「認否書」「学習総結書」「手記」の5種類に分類し、それぞれの特徴をまとめた。藤原（1998）は『日本侵華戦犯筆供』の史料としての価値と「三光作戦」の実態の究明を目的として分析を行った。張（2005）は日本軍の山西残留から戦後初期中日関係の形成を研究した。張（2009）は、戦犯管理所の元職員の角度から今の日本をどう扱っているかを説明した。李（2009）は戦犯を改造するプロセスに従い、中央政府と周恩来の指令などを合わせながら、改造プロセスを明らかにし、改造背後にある中央政府の方針を究明した。石田（2009）は、中国戦犯処理方針に見る寛大の側面と厳格の側面の関係をめぐって研究を行った。石田（2010）は中国で戦犯教育を受けて加害認識を持つようになり、帰国後も加害証言を継続してきた中帰連に着目し研究した。しかし、戦犯供述書の言語使用についての考察はまだ見当たらない。

3. 用字使用の特徴及び考察

金田一春彦（1991）が『日本語の特質』には、「日本では、そういうわけで、仮名、漢字、さらにアラビア数字、ローマ字を使っておりますが、このような違った種類の文字を混用することから、日本語に限って現れる特殊な現象があります」と指摘された。古海忠之の供述書には「漢字仮名交わり文」が多く見られた。また、日本語の旧字体を使用したり、日本語の新字体、中国語も併用したりするケースも多々見られた。

3.1 日本語の新・旧字体の併用

新字体とは、日本において1923年の『常用漢字表』に示された略字制定以降、1946年に内閣政府が告示された『当用漢字表』を経て、現在まで使用されている漢字字体である。新字体は、元来1949年の『当用漢字字体表』で出現した標準字体に対する呼称であり、印刷字体と筆写字体をできるだけ一致させることを方針として活字のもととなる形で示されていた。一方、1981年制定の『常用漢字表』は主として印刷文字の面から検討された明朝体活字の一種を用いて字体を示し、これを「現代の通用字体」と呼んでいる。これに対し、従来の字体は、康熙字典に基づき、旧字体、正字体、本字体、康熙字典体などの名称と呼ばれた。新字体は、旧字体の旁を同音の画数の少ない文字に差し替え、複雑な部分を省略した記号に置き換えるなどの手法で簡略化したものである。公文書と新聞と書籍などでは第二次世界大戦の前から一部字体が使われ、1950年代以後に全面的に新字体に切り替えられた。以下の表には古海忠之の自筆供述書に旧字体と新字体の使用例の一部である。

表1　　古海忠之の供述書にある日本語の旧字体と新字体の併用例

日本語の旧字体と新字体の併用						
新字体	会	区	数	国	庁	営
旧字体	會	區	數	國	廳	營
新字体	栄	欧	労	亜	円	応
旧字体	營	歐	勞	亞	圓	應
新字体	仮	鉄	画	価	学	拡
旧字体	假	鐵	畫	價	學	擴
新字体	発	対	実	独	担	広
旧字体	發	對	實	獨	擔	廣
新字体	県	来	処	学	図	顕
旧字体	縣	來	處	學	圖	顯
新字体	鉱	帰	辺	浜	条	駆
旧字体	鑛	歸	邊	濱	條	驅
新字体	陥	欠	蔵	党	称	拠
旧字体	陷	欽	藏	黨	稱	據

3.2　中国語漢字の併用

上記の外に、古海忠之の自筆供述書には日本語の新旧字体のどちらにも属さない漢字が現れた。例えば、門構えの書き方は日本語の「門」ではなく、簡略した中国語の「门」になったり。三水偏の「況」の書き方は「氵」ではなく、「冫」の「况」になったりする。つまり、中国語の略字漢字を使われるケースも現れたのである。調べによると、1935年に国民政府が『第一批簡体字表』を公布した。中には古海忠之の使われた漢字が含まれていた。以下の表には古海忠之の自筆供述書に使われた中国語漢字の用例の一部である。

表 2　　中国語漢字の受容例

中国語の漢字の受容									
原文	闭	阁	间	开	关	问	润	简	阀
日本語	閉	閣	間	開	関	問	潤	簡	閥
原文	阅	切	改	顷	絡	經	换	港	权
日本語	閲	切	改	頃	絡	経	換	港	権／權
原文	况	压	所	零	质	计	废	义	画
日本語	況	圧	所	零	質	計	廢	義	画

もう一つの特徴は「糸」偏が簡略化した「纟」の使用である。1935年に公布した『第一批簡体字表』に参照すれば、当時の「糸」偏が表1.2の「絡」「經」のようにまだ簡略していないままである。それにしても、「纟」偏は中国語のみにある特徴であるため、「纟」偏の使用を中国語の部分的受容と見なす。以下の表2、表3には古海の自筆供述書に中国語の「纟」偏の部分的受容の用例の一部である。

表 3　　中国語の「纟」偏の部分的受容の用例

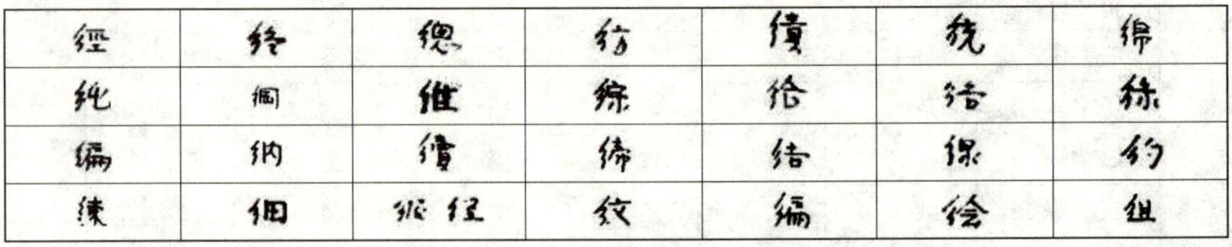

以上を纏めてみると、古海忠之の自筆供述書において漢字使用の部分には二つの特徴が見られた。一つは日本語の新字体と旧字体の併用である。もう一つは当時の中国語の漢字の受容である。中国語漢字の受容には更に完全に中国語使用の場合と、部分的受容のケースに分けられる。1932年いわゆる「満州国」の建設から戦犯となって供述書が書かれるまで、長期の中国滞在は自ずと受容されたと思われる。

3.3　仮名使用の特徴

「仮名（かな）」とは、漢字を基にして日本で作られた文字のことであり、現在一般には平仮名と片仮名のことを指す。平仮名とは、日本語の表記に用いられる音節文字であり、借字（万葉仮名）を起源として極度に草体化したものである。片仮名とは、日本語の表記に用いられる音節文字であり、借字（万葉仮名）の一部の字画を省略し付記したものである。古海忠之の自筆供述書に使用していた仮名を考察した結果、1954年に書かれた自筆供述書（99%強）は片仮名が使用され、1956年に書かれた供述書（1%弱）は平仮名が使用されていた。古海忠之の自筆供述書の殆どが1954年に書かれたものであり、1956年に書かれたものは僅か一個所あった。2年間の隔たりで、古海忠之の自筆供述書は「漢字カタカナ交じり文」から「漢字平仮名交じり文」へと変わった現象が見られた。以下の図1、図2が古海忠之の自筆供述書にある仮名の使用の例である。

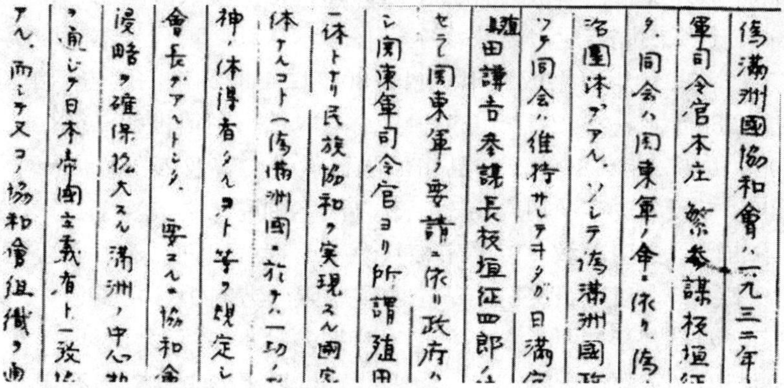
偽満洲國協和會ハ一九三二年
軍司令官本庄繁参謀板垣征
タ。同会ハ関東軍ノ命ニ依リ偽
洲國体デアル。ソレデ偽満洲國政
ツテ同会ハ維持サレテキタガ日満
駒田謙吉参謀長板垣征四郎ら
セラレ関東軍ノ要請ニ依リ政府ハ
シ関東軍司令官ヨリ所謂随田
一体トナリ民族協和ヲ実現スル國家
体ナルコト(偽満洲国ニ於ケル一切ノ
神、体得者タルコト等ヲ規定シ
會長デアルトシタ。要スルニ協和會
侵略ヲ確保拡大スル満洲ノ中心勢
ヲ通ジテ日本帝国主義者ト一致協
アル。而シテ又コノ協和會組織ヲ通

图 1　1954 年に書かれた自筆供述書の一部

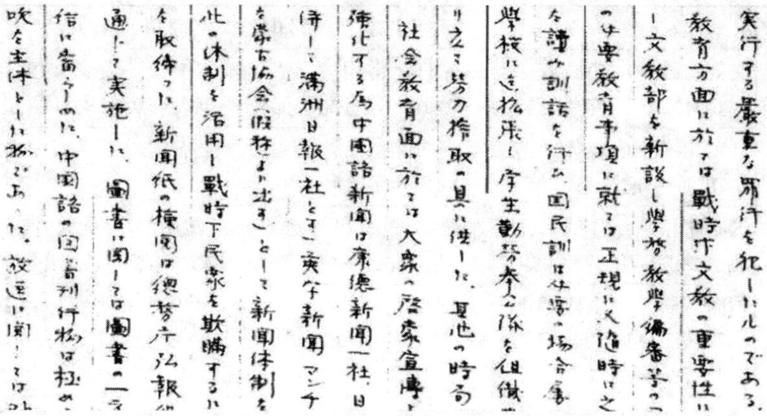
実行する厳重な罪行を犯したのである。
教育方面に於ては戦時下文教の重要性に
し文教部を新設し学校教学備審等の
の作要教育事項に就ては工規に之随時に之
を講み訓話を行ひ国民訓は作業の場合等
学校に送れ張し学生勤労奉公隊を組織
り之て労力搾取の具に供した。其他の時局
社会教育面に於ては大衆の啓蒙宣傳
強化する為中國語新聞は康徳新聞一社、日
併して満洲日報一社とす。英字新聞マンチ
を蒙古協会(仮称より出す)として新聞体制を
此の体制を活用し戦時下民衆を欺瞞するに
を取締つた。新聞紙の権限は總務庁弘報処
通じて実施した。圖書に関しては圖書の一
信に当らしめた。中国語の国首刊行物は極め
吹を主体とした物であった。放送に関しては

图 2　1956 年に書かれた自筆供述書の一部

3.4　要因分析

古海忠之の供述書から考察された漢字と仮名の使用特徴について、筆者は古海忠之の生年月日、教育期間、中国滞在期間、当時中日両国の文字政策の変更など4つの視点から要因分析を試みる。

古海忠之の経歴書によれば、古海が明治33年（1900年）に生まれ、学校教育を受ける期間は明治40年（1907年に小学校に入学）～大正13年（1924年に東京大学から卒業）までである。また、1932年7月偽満洲国政府より財政部文書科長として中国に派遣され、1945年8月にソ連軍に逮捕され、シベリア抑留を経て、1950年にソ連政府により中国に移行され、1963年3月に釈放されたまで、計31年間中国に滞在していた。しかし、供述書が書かれたのは1954年～1956年が主だったので、供述書文字に影響された暦は通算24年で計算する。異国の文化や文字に接触する期間がこれほど長かったら、影響されたりするのは当たり前のことであろう。

3.4.1 日本語の新旧字体を併用した要因

常用漢字とは、文部科学省文化審議会国語分科会の答申に基づき、「法令、公用文書、新聞、雑誌、放送など、一般の社会生活において、現代の国語を書き表す場合の漢字使用の目安」として内閣告示「常用漢字表」で示された現代日本語の漢字である。現行の常用漢字表は、2010年（平成22年）11月30日に平成22年内閣告示第2号として告示され、2136字／4388音訓［2352音・2036訓］から成る。明治維新以後、文字改革の呼声が相次いでいた。慶応2年(1866)に前島密は国民教育の普及のために、学習上困難な漢字、漢文を廃止して仮名文字を用いるという「漢字御廃止之儀」を将軍に提出した。明治10年、福沢諭吉は「文字之教」で漢字の数を三千程度に抑えることを主張する。そういう時代潮流の下、日本政府が文字改革を漢字制限の方向から発展している。

筆者は古海忠之の経歴を対照しながら、当時期の日本に行われていた常用漢字における漢字制限と簡略の文字政策を調べた。その経緯は以下のようである。

表4　　日本における漢字制限と簡略化の文字政策

時間	漢字制限と簡略化の文字政策
1923 年（大正 12 年）	文部省臨時国語調査会が発表した常用漢字表、漢字 1962 字とその略字 154 字。同年 9 月 1 日実施予定であったが、同日発生した関東大震災により頓挫した。
1931 年（昭和 6 年）	「常用漢字表及仮名遣改定案に関する修正」にて上記常用漢字表中の 147 字を減らし 45 字を増やして修正した 1858 字。
1942 年（昭和 17 年）	国語審議会が作成した標準漢字表 2528 字のうち、常用漢字 1134 字。ほかに準常用漢字 1320 字、特別漢字 74 字。簡易字体（略字）の本体 78 字、許容 64 字があった。
1946 年（昭和 21 年）	国語審議会が上記標準漢字表の中の常用漢字から 88 字を削り 249 字を加えた常用漢字表 1295 字案。この案は採択されず、同年、これを修正した 1850 字が当用漢字として公布された。
1981 年（昭和 56 年）	10 月 1 日に昭和 56 年内閣告示第 1 号として告示された常用漢字表。当用漢字の後継であり、1945 字／ 4087 音訓［2187 音・1900 訓］から成る。

表4から分かるように、明治以後に日本政府の漢字改革が1923年から真剣に始動し、漢字改革を目指して一連の漢字政策を公布したことが分かる。つまり、古海忠之は日本の文字改革の波を経験していたはずである。古海忠之が1907年に小学校に入学した時点では漢字改革がまだ民間レベルに留まっているが、日本政府が公式に規定していなかった。そういうわけで、当時の学校教育に漢字字体が旧字体であったと推測できる。しかし、民間レベルには新文字の使用があった状況だったので、多少影響は受けたと思われる。古海忠之が1932年7月に中国に派遣される前に、既に二回の文字改革を日本国内で経験していた。一回目は1923年に文部省臨時国語調査会が発表した常用漢字表（漢字1962字とその略字154字）であったが、関東大震災により頓挫したという。そういうわけで、1923年の文字政策の影響が極めて少なかったであったと推測する。また、二回目の文字改革は常用漢字表及び仮名遣改定案に関する修正であった。しかし、1942年に日本政府は正式に標準漢字表（漢字2669字とその略字80字）を発表した時。古海忠之が中

国に滞在していた期間にマッチングしていて、この時の文字政策の実施はどれだけ偽満州にいる日本人にまで波及されたか、資料の欠乏で確認できない状況にある。しかし、古海忠之が中国に派遣される前に既に民間レベルで「新字体」の漢字を触れる機会があったことは確かなことのようである。以上の論述から、古海忠之の供述書に日本語の「旧字体」と「新字体」を併用する理由がある程度理解できたと思われる。

3.4.2 中国語を併用した要因

中国において漢字の簡略化は古くから俗字として行われていたが、正字として使われることはなかった。清末の1909年、陸費逵が『教育雑誌』創刊号に「教育応当採用俗体字（普通教育に俗字を採用すべきだ）」という論文を発表したことが簡化運動の始まりとされる。五四運動時代の1920年、銭玄同は『新青年』に「減省漢字筆画的提議（漢字の筆画を減少させる提案）」を発表し、1922年には陸費逵らと連名で国語統一籌備会に常用の漢字すべての筆画を減少させる提案をしている。1934年にも国語統一籌備会に簡略された字体の収集を提案し、翌1935年には2400字余りの『簡体字譜』の草案が編まれた。わが国が公布した漢字政策を調べていて、詳細は以下のようである。

表5　　近現代における中国が行われた漢字政策

政府	時間	公布した漢字政策	結果
国民政府	1935/8/21 ～ 1936/2/5	中華民国教育部が11400号命令を発表し、『第一批簡体字表』が公布され、合計324字。	戴季陶の反対で1936年に教育部が行政院の命令に従い、訓令「簡体字应暂缓推行」を発表した。
	1937	北平研究所字体研究会が『簡体字表』第一表（1700字）を発表した。	抗日戦争の爆発で漢字の簡略化工作が止むを得ず中止した。
中華人民共和国政府	1952 ～ 1955	簡略字体の議論を受けて、漢字研究の機関として「中国文字改革研究委員会」が設立された。1954年に憲法が制定され、政務院が改組されるなど新体制への変化の中で、中国文字研究改革委員会も中国文字改革委員会に改名し、1955年に『漢字簡化方案草案』を発表した。	
	1956 ～ 1964	1955年の草案を基に『漢字簡化方案』（簡：汉字简化方案）が国務院より公布され [1]、514字の簡体字と54の簡略化された偏や旁が採用された。数年の使用実験を経て、簡化字は1959年までの4度改訂公布され、1964年に『簡化字総表』にまとめられた。	若干の漢字の取り扱いに変更があったものの、新たに大規模な文字改革は行われておらず、公式に定められた規範としての簡体字は安定期に入っている。
	1977	中国文字改革委員会は新たに「第二次漢字簡化方案草案」を発表し、さらなる漢字の簡略化を目指した。	この試みは文化大革命直後ということもあって、あまりにも拙速なもので、字体が簡略化され過ぎて「読みにくい」「見苦しい」と猛烈に批判され、社会に混乱を催した。その結果8年間の試行で廃止された。

前述のように、古海忠之は1932年7月偽満洲国政府より財政部文書科長として中国に派遣された。つまり、国民政府の漢字政策が行われている期間中に、古海忠之がその『第一批簡体字表』に接触する機会があった。1935年に中華民国教育部が公布した『第一批簡体字表』の324字を調べてみた結果、古海忠之の供述書に使用された異体字の多くが『第一批簡体字表』と一致するものが多かった。

例：（供述書原文の漢字→1935年版簡体字/繁体字）

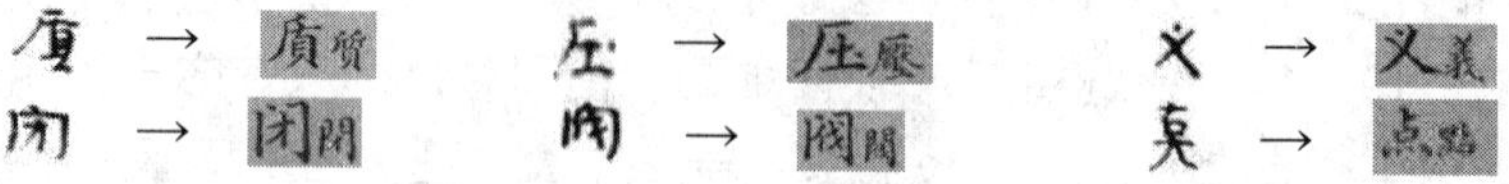

しかし、『第一批簡体字表』には僅か324字が収録されたため、古海忠之の供述書原文に使用された簡略化した漢字のすべてに対応できる簡体字が見つけられなかった。確信できる部分は、それらの漢字が中日両国の漢字改革の過程にある字形だけである。

例：供述書原文の漢字（現代日本語の書き方）

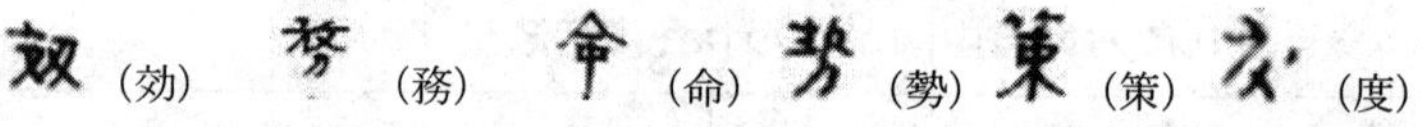

「質」のような字形は民国時代のみに使用され、現行している中国語では「质」である。また、前述の表1から、古海忠之が中国に派遣された時から逮捕されるまで、経済部の高官として中国に活躍していた。そういうわけで、中国政府や民間とのやり取りが頻繁であった筈であり、中国の漢字改革に高度な敏感性を持っていたと推測できる。以上の分析を結論からみれば、古海忠之が供述書に併用した中国語が古海忠之の長期間の中国滞在、政治的職務などと関係すると思われる。

3.4.3 カタカナを使用した要因

古海忠之の自筆供述書に現れた仮名使用の特徴について、筆者は明治以後の学校教育と公用文作成の要領の二方面から分析しようとする。

明治初期には、硬い文章が「漢字カタカナ交じり文」、軟らかい文章が「漢字平仮名交じり文」という大まかな使い分けがあった。片仮名は平仮名に比べ学問的傾向が強いので、戦前の日本ではより正式な文字とみなされ、法令全書その他の公文書で用いられ、教育面でも平仮名に先行して教えられた。現代の明治33年（1900年）の小学校令施行規則で一音一字の原則に従い、仮名字体の一定（変体仮名廃止）、字音仮名遣いの改正（表音式に改め、 長音符号を採用）、漢字1200字制限の3表を発表する。しかし、庶民が常用する文章や児童が学校で教授される文章の表記としては、「漢字平仮名交じり文」の方がより平易で望ましいという主張が（明治10年代以降）多くなされるようになりました。その結果、太平洋戦争後、学習指導要領の制定により、日本の学校教育では平仮名が最初に教えられるようになっている。

平成3年3月30日訓令第7号により、公用文の種類については、法規文、公示文、令達文、往復文等がある。供述書は刑事訴訟法で、供述者が自分で供述を書いた書面として法的効力のある公用文である。明治維新以後に法制度の中身が中国に由来する律令制から西洋に由来する近代法制に大きく変わたのに伴い、法令などの表記も漢文から漢字かな交じり文に大きく変わっていった[11]。筆者が調べたところ、明治初期の「大日本帝国憲法」（1889年）や「教育勅語」（1890年）が漢字カタカナ交じり文で記述していた。また、1925年12月に行政審議会から出された「法令形式ノ改善ニ関スル件」を受けて1926年（大正15年）6月1日には、法令文について内閣訓令「法令形式ノ改善ニ関スル件」（閣訓号外・官報登載[16]）が発出された。

この訓令は、以下のように規定している。

「現今ノ諸法令ハ往々ニシテ難解ノ嫌アリ。其ノ原因ガ内容ノ複雑ナルニ存スル場合ナキニアラザレドモ、記述ノ方法ヨリ來レルモノ亦少カラズ。」「自今法令ノ形式ヲ改善シテ文意ノ理解ヲ容易ナラシムルコトニカムルハ時勢ノ要求ニ応ズル所以ノ道ナリト信ズ。」「法令ノ用字、用語及ビ文体ハナルベク之ヲ平易ニシ、一読ノ下容易ニ其ノ内容ヲ解セシメンコトヲ期スベシ。」

此の訓令の意味は、今の諸法令は必要以上に難しすぎる。その原因が法令の内容が複雑であることが原因である場合もあるが、記述の方法が原因である場合も少なくない。これからは法令の形式を改善して理解を容易なものにすることは時代の要求に答えるものであろうとして法令の形式の改善を図ろうとするものであった。そして、公用文作成の要領について、1952年4月4日の内閣閣甲第16号内閣官房長官依命通知により、「かなは、ひらがなを用いることとする。かたかなは特殊な場合に用いる」と規定している。

以上の分析により、古海忠之の小学校時代に片仮名と平仮名が共に教えられていた。前述のように、供述書は法的効力のある公用文としてカタカナで記述するのが規則である。1952年に内閣第16号通知が公布した時、古海忠之が中国の戦犯管理所に抑留されていて、日本国内の改革をよく知らなかったと推測できる。この2つの要点によって、1954年に書かれた供述書には「漢字カタカナ交じり文」で記述していたわけであろう。

4. 結論と今後の課題

古海忠之の供述書を考察された結果、文字使用の特徴には日本語の新・旧字体の併用、中国語漢字の併用、片仮名使用といった三点の特徴が見られた。要因分析としては、古海忠之の生年月日、教育期間、中国滞在期間、当時中日両国の文字政策の変更など4つの視点からして、彼が日本にいたごろ経験された日本の文字改正の政策には影響が少なかったにせよ、一定の新字体に触れたりする機会は十分あったが、これが新字体と旧字体併用の要因、またカタカナ交じりの要因であると思われる。また、長年の中国滞在暦は中国語に影響されるのも想像でき、これが中国語漢字使用の要因になっていると思われる。

古海忠之の供述書にある文字使用の特徴以外に、文体や用語の特徴或いは、彼の認罪に繋がるような視点からも考察の必要があると思われ、供述書全体の特徴付けが今後の相関研究に寄与できると思われる。

参考文献

[1] 富山泰. 理不尽だったBC級戦犯裁判:英側記録を読んで[N].「やすくに」, 2005-05-01.

[2] 大澤武司. 幻の日本人「戦犯」釈放計画と周恩来:中華人民共和国外交部档案をてがかりに[J]. 中国研究月報, 2007-06-25, 61(6):1-11.

[3] 豊田雅幸. 中国の対日戦犯処理政策:厳罰主義から「寛大政策」へ[J]. 史苑, 2009, 69:15-45.

[4] 新井利男. 供述書はこうして書かれた:撫順戦犯管理所と戦犯政策[J]. 世界, 1998-05, 648:69-78.

[5] 豊田雅幸. 侵略の証言 戦犯供述書の全体像:公開された1177枚の史料の構成・形態をもとに・その意義と価値を読み解く[J]. 世界, 1998-08, 651:262-270.

[6] 藤原彰.「三光作戦」と史料の意義:「三光政策」の実態[J]. 世界, 1998-05, 648:79-87.

[7] 張宏波. 日本軍の山西残留に見る戦後初期中日関係の形成[J]. 一橋論叢, 2005-08-01, 134(2):187-208.

[8] 張宏波. 戦犯管理所の職員はいま日本をどう見ているのか[R]. 神奈川支部情報, 2009-12-28, 14:1-13.

[9] 石田隆至. 中国戦犯処遇方針に見る「寛大さ」と「厳格さ」:初期の戦犯教育を中心に[J]. 特集:国なき民族の現在. 2009, 32:67-80.

[10] 石田隆至. 寛大さへの応答から戦争責任へ:ある元兵士の『終わりなき認罪』をめぐって[J]. 特集:国なき民族の現在, 2010-03, 67-80.

[11] 解学诗.满铁研究的价值与满铁遗存史料编纂问题——大型系列档案史料集《满铁档案资料》总序[J]. 社会科学战线, 2010, No. 18107:105-117.

[12] 岡部牧夫. 史料が語る満洲国統治の実情:古海忠之供述書の意義[J]. 世界, 1998-06, 154-164.

[13] 大渕憲一. 謝罪の研究:釈明の心理とはたらき[M]. 仙台:東北大学出版会, 2010.

カラⅠとカラⅡの比較

大連理工大学　呉世蘭　鄒善軍

要旨：カラの意味は主に原因・理由(カラⅠ)と判断・発言態度の根拠(カラⅡ)に分けられるが、本論ではこの二つの意味の相違を分析しつつ、それらの意味が中国語でどう対応するかを考察したものである。その結果以下のことが分かってきた。1. カラⅠの場合「事態の原因」（客観）の用法が多い。カラⅡの場合「判断の根拠」の用法が多い。2. 「判断の根拠」「事態の原因」の場合は中国語で無標形式で表す場合が多い。3. カラⅠは中国語では「就」「因標」「果標」を多く用いて表す場合が多い。4. 中国語の“才”は「判断の根拠」を表す場合によく用いる形式で、“就”は「行為の理由」を表す場合多く用いる形式である。

キーワード：原因・理由　判断根拠　発言態度　中国語訳　実証研究

1. はじめに

日本語では、因果関係を表すカラはカラⅠとカラⅡに分けている。

(1) a. 道路は混んでいないから、バスが定時にちゃんと来た。
　　b. 因为路上不堵，所以公交车准时到了。
(2) a. バスが定時にちゃんと来たから、道路は混んでいないだろう。
　　b. 因为公交车准时到了，所以路上不堵的吧。

例(1)はカラⅠの例で、例(2)はカラⅡの例である。表面的に見れば、カラⅠもカラⅡも前節と後節の因果関係を表している。中国語に訳するとき、両方とも“因为P，所以Q”の形式が用いられている。しかし、上記の例をみると、カラⅠのカラⅡの文末には違いがあることが分かる。そして、表している意味も多少違いがある。カラⅠが原因・理由を表すのに対して、文末に判断モダリティがついているカラⅡは主に判断を表している。中国語では、因果関係を表す接続辞が“因为，所以”だけではない、中国語から見れば、カラⅠとカラⅡはどんな違いがあるだろう。本稿では、詳しく見てみよう。

2. 先行研究

蓮沼昭子など（2001）では、カラⅠの「事態の原因」とカラⅡの「判断の根拠」の違いが出来事PとQの起こる順序が違うのであると指摘している。事態の原因の場合、原因となる出来事Pが先に起こり、そのあとに結果Qが成立する。判断の根拠の場合、PとQの起こる順序が反対になる。現状Pを根拠にその原因となる過去の出来事Qを推測する。

前田直子（2009）は、根拠を表す原因・理由文と事態・行為の原因・理由文の違いを以下の四点から述べている。①根拠を表す原因・理由文の後節に話し手による判断が現れることが必要である。判断表現のほか、命令・依頼などの働きかけ表現、または意志・希望などの表出表現が用いられる場合もある。②根拠を表す原因・理由文は、前節と後節を入れ替えた場合、事態・行為の原因・理由文になる。根拠を表す原因・理由文の後節に「わかる、判断する」などの動詞が付け加えられる場合、事態・行為の原因理由文になる。また、「Pから、Q。」を「Qのは、Pからだ。」③事態・行為の原因・理由文は前節に、根拠を表す原因・理由文は後節に、プロミネンスが置かれる。④根拠を表す原因・理由文の後節のレアリティーが未実現である。前節のレアリティーが事実である場合も、未実現である場合もある。

3. カラⅠの特徴

3.1 「事態の原因」を表すカラⅠの特徴

蓮沼昭子など（2001）では、「事態の原因」とは、事実と分かっている事態P・Qが、原因—結果の関係（因果関係）を持つことを表す用法だとしている。つまり、事態の原因とは、すでに成り立っている因果関係を表すため、原因・理由文の前節と後節の両方とも、客観的な事態を陳述する表現である。

(3) a. 掃除のあとだったから、空気を入れ換えるために窓は大きく開けられ、白いカーテンが緩やかに風にそよいでいた。　村上春樹『1Q84 Book2』

b. 因为刚做完扫除，为了换气，窗户大开着，白色窗帘在风中微微摇曳。

施小炜 译《1Q84 Book2》

3.2 「行為の理由」を表すカラⅠの特徴

Qが意志的動作を表す場合、Pは、なぜそのようなことを行うのかという「行為の理由」を表す。Pで述べている事態は、すでに成立したことでもあるし、未来に成立するとわかっていることでもある。Qには、未来の行為についての話し手の意志や、過去の意志的動作を表す表現が使われている場合が多い。また、Qの主語は主に話し手であり、多くの場合、省略することができる。

(4) a. 私は茶の湯の作法を知らないし年下だから末席に坐った。

井伏鱒二『黒い雨』

b. 我不懂茶道的规矩，而且年纪又最小，所以坐在下位上。

柯毅文 颜景镐 译《黑雨》

3.3 カラⅠの特徴

本節では、カラⅠで表す原因・理由文の2種類の特徴をまとめてみた。

事態の原因を表すカラⅠの前節と後節が客観的な事態であり、前節と後節が原因－結果の因果関係を持つ。後節の主語は必ずしも話し手とは言えない。

それに対して、行為の理由を表すカラⅠの前節には客観的・主観的な事態のどちらも可能であるが、後節は主に主観的な事態である。すでに成立した、または未来に成立することが分かっている前節の事態が理由で、後節の行為を行うという関係を表す。後節の主語は主に話し手である。

4. カラⅡの特徴

4.1 「判断の根拠」を表すカラⅡの特徴

「判断の根拠」とは、話し手がなぜそのように判断を下すのかを説明するための根拠を示すことであり、後節に話し手による判断が現れることが必要である。つまり、文末に「（の）だろう・（の）かもしれない・にちがいない・はずだ・ようだ・らしい・そうだ」などといった話し手の判断を表す表現が用いられる場合が多い。前件が表している事態が事実であるのに対して、後件が表している事態はまだ事実かどうか確定できない事態である。しかし、前件が未実現の事態の場合もある。

(5) a. 人は要するに死ぬ理由がないから、生きているにすぎないだろう。

大岡昇平『野火』

b. 总之，人不过是因为没有死的理由，所以才活着。

尚侠等 译《野火》

4.2 「発言・態度の根拠」を表すカラⅡの特徴

「発言・態度の根拠」とは、話し手がなぜそのような発言をしたり、そのような態度をとるのかを説明するための根拠である。そのため、まだ実現していない事態の実現を聞き手に働きかける場合は、文末に命令・依頼・勧誘・質問などの形式が来る。また実現を望む話し手の態度を表す場合は、文末に希望、意志などの表現が用いられる。

(6) a. 本当は我々にも質問する手順というものがあるんだが、あんたの方にも言い分があるみたいだから、今はそれに従いましょう。

村上春樹『ダンス・ダンス・ダンス』

b. 实际我们提问也是该讲究顺序，你的说法也有几分道理，就按顺序来好了。

林少华 译 《舞！舞！舞！》

4.3 カラⅡの特徴

本節では、カラⅡで表す原因・理由文の2種類の特徴をまとめてみた。カラⅡはカラⅠと違って、単純な因果関係を表すのではなく、前節の原因を根拠に、後節で判断や推論を行うことである。そのカラⅡをさらに、「判断の根拠」と「発話・態度の根拠」に分けることができる。

「判断の根拠」を表すカラⅡは、後節に、普通、「（の）だろう・（の）かもしれない・にちがいない・はずだ・ようだ・らしい・そうだ」などといった話し手の判断表現が現れる。つまり、客観的な事態による、なんらかの判断を下す用法である。こういったカラⅡ文は判断文、すなわち、判断モダリティ文である[4)]。

これに対して、「発言・態度の根拠」を表すカラⅡは、後節に普通、命令・依頼・勧誘・質問といった働きかけ表現が来る場合と、意志・希望などの表出表現が来る場合がある。このようなカラⅡ文は働きかけ・表出モダリティ文である。

5. 対訳例から見るカラⅠとカラⅡ

5.1 対訳例調査方法

本稿では15部の日本の小説[3)]におけるカラⅡの対訳例をもとに、原因・理由を表す文中のカラの例計641例が得られた。そのうち、カラⅠは376例、カラⅡは262例であった。そして、カラⅠには、「事態の原因」が211例、「行為の理由」が165例であり、カラⅡには、「判断の根拠」が179例、「発言・態度の根拠」が83例であった。

また、その中国語訳の形式を次の15分類に分けることができる。①因为P，Q、②由于P，Q、③因为P，所以Q、④P，因此Q、⑤P，所以Q、⑥（因为）P，（所以）才Q、⑦P，才Q、⑧（因为）P，（所以）就Q、⑨P，就（便）Q、⑩P，于是就Q、⑪因为P，只好Q、⑫反正P，Q、⑬既然P，那（么）Q、⑭其他、⑮P，Q（下記の表1に参照）。

しかし、この15種の対訳形式を因果標の立場から分類すると、「因標」類：①と②、「因果前後標」類：③、「果標」類：④と⑤、「才」類：⑥と⑦、「就」類：⑧、⑨と⑩、「その他」類：⑪、⑫、⑬と⑭、「無標」類：⑮に分けることができる（下記の表2に参照）。

5.2　分析

対訳例の統計をもとに、カラⅠとカラⅡの中国語訳の分布及びそのパーセンテージを計算すると、次の表1、表2のようになる。

表1

パターン	原因	理由	判断	態度	パターン	原因	理由	判断	態度
①因为P，Q	27	5	19	10	⑧（因为）P，（所以）就Q	4	6	1	1
②由于P，Q	10	4	5	0	⑨P，就（便）Q	3	31	3	8
③因为P，所以Q	15	5	9	5	⑩P，于是就Q	1	6		
④P，因此Q	3	8	7	1	⑪因为P，只好Q	0	3		
⑤P，所以Q	14	16	12	10	⑫反正P，Q			0	1
⑥（因为）P，（所以）才Q	3	6	8	0	⑬既然P，那（么）Q	0	4	3	1
⑦P，才Q	3	4	1	0	⑭其他	2	1	3	0
⑮P，Q	126	66	108	46	合計	211	165	179	83

①カラはカラⅠとして用いられる場合が多い。カラⅠの場合「事態の原因」（客観）の用法が多い。
カラⅡの場合「判断の根拠」の用法が多い。

②無標「事態の原因」「判断の根拠」→話し手の意志を含まない

表2

	因標	因果前後標	果標	才	就	その他	無標
事態の原因	37	15	17	6	8	2	126
	9.8%	4.0%	4.5%	1.6%	2.1%	0.5%	33.5%
行為の理由	9	5	24	10	43	8	66
	2.4%	1.3%	6.4%	2.7%	11.4%	2.1%	17.6%
合計カラⅠ	46	20	41	16	51	10	192
	12.2%	5.3%	10.9%	4.3%	13.6%	2.7%	51.1%
判断の根拠	24	9	19	9	4	6	108
	9.2%	3.4%	7.3%	3.4%	1.5%	2.3%	41.2%
発言・態度根拠	10	5	11	0	9	2	46
	3.8%	1.9%	4.2%	0.0%	3.4%	0.8%	17.4%
合計カラⅡ	34	14	30	9	13	8	154
	13.0%	5.3%	11.5%	3.4%	5.0%	3.0%	58.8%

③無標が多いが　「判断の根拠」「事態の原因」に集中する

④カラⅠの場合　「就」「因標」「果標」が多く用いられる

そのうち、「事態の原因」の場合、「因標」に訳される対訳例が多い。「行為の理由」の場合、「就」「果標」に策される対訳例が多い。

⇒　中国語の典型的な因標“因为”は多く、客観的な因果関係を表す場合用いられる。それに対して、果標“所以”“就”は多く、主観的な因果関係を表す場合用いららる。

⑤カラⅡの場合　「因標」「果標」が多く用いられる。しかし、「発言・態度の根拠」より「判断の根拠」の比率が顕著的に多い。また、「因標」「果標」のほか、「発言・態度の根拠」の場合、「就」も多く用いられる。

表2の数値をグラフで表すと、次の図1－1、図1－2と図2－1、図2－2になる。図1はカラⅠとカラⅡ全体における分布状況であり、図2は各因果標分類内部における対訳例を対数化したものである。

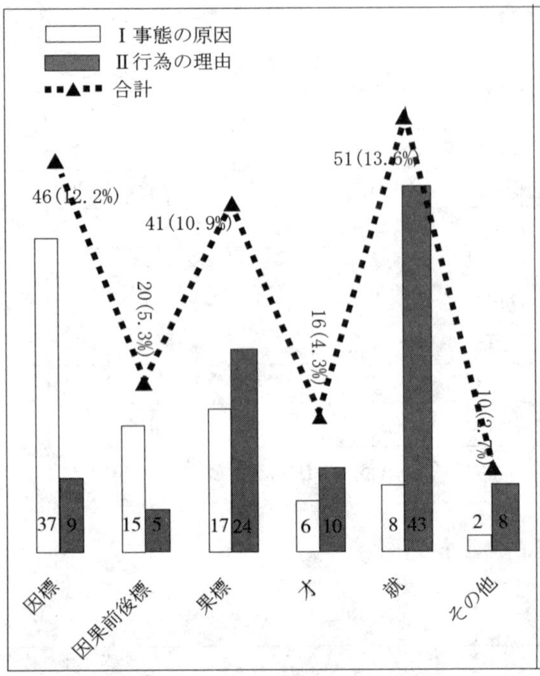

図1－1

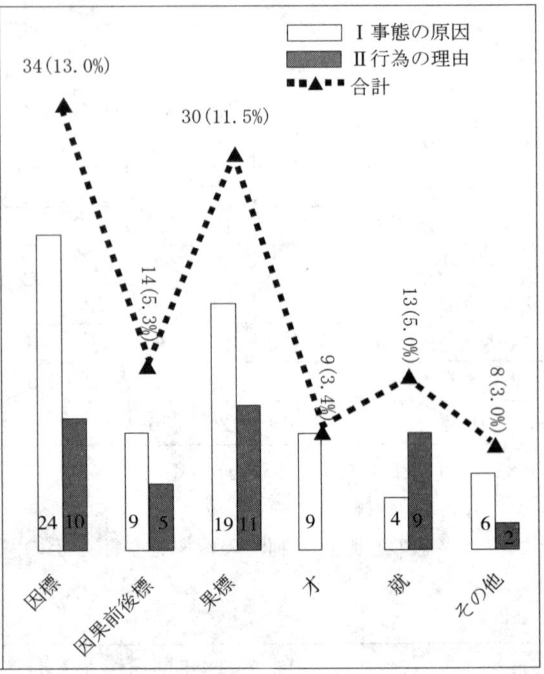

図1－2

⑥カラⅠの対訳例は　「就」「因標」「果標」が多い
　カラⅡの対訳例は　「因標」「果標」が多い
⑦「才」　判断を表す場合が多い。「発言・態度の根拠」を表すのにほとんど使わない。
⑧「就」　多くの場合、「行為の理由」を表す。

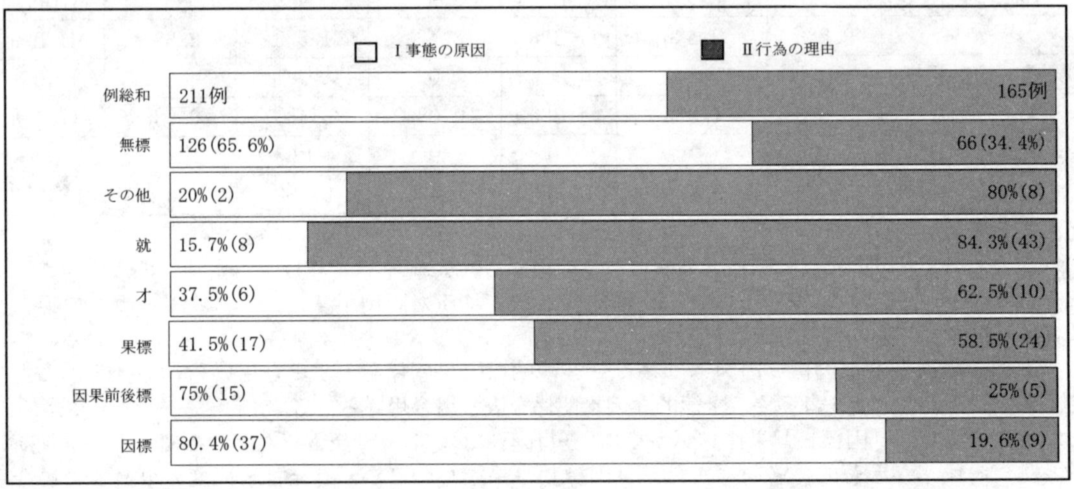

図2－1

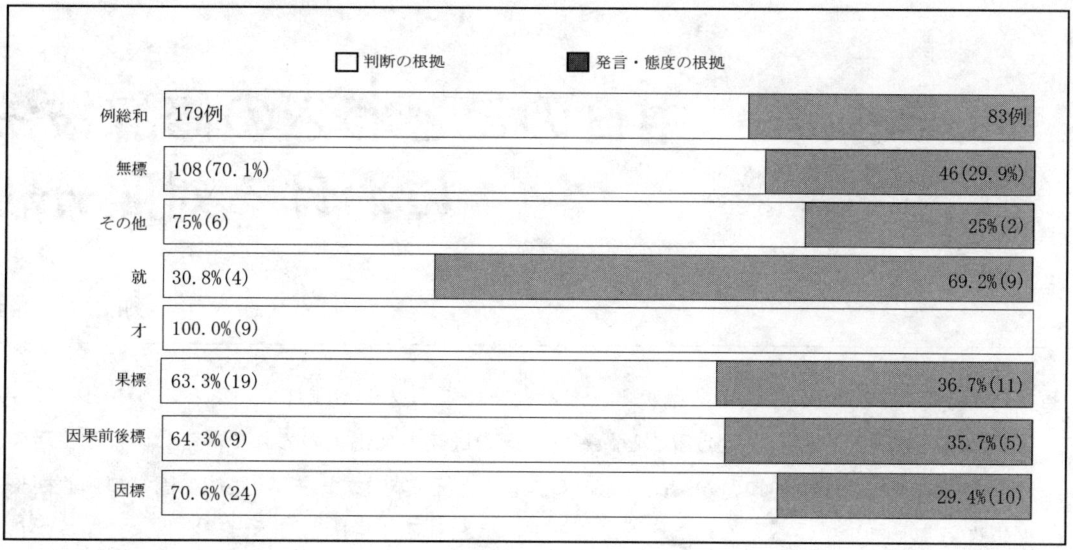

図2－2

⑨「就」が用いられる場合、後節には話し手の意志を含む場合が多い。
⑩「行為の理由」を表すのに、“只好”“既然”などの接続辞が挙げられる。

参考文献

(1) 蓮沼昭子・有田節子・前田直子2001『日本語文法セルフマスターシリーズ7条件表現』くろしお出版.

(2) 蓮沼昭子・有田節子・前田直子2001『条件表現』くろしお出版.

(3) 前田直子2009『日本語の複文 - 条件文と原因・理由文の記述的研究』くろしお出版.

(4) 王楠2013“因果复句日汉对比研究”大连：大连理工大学.

(5) 倪重阳2008“现代汉语因果连词研究”硕士论文 武汉：华中师范大学.

(6) 严慈2010“‘之所以’的结构、源流及句式”《励耘学刊》(语言卷)(01).

附記：本研究は「遼寧省社科(聯)基金項目(ZX20150529)」「中央高校基本科研業務費項目(DUT15RW201)」「大連理工大学教育教学改革基金専項(教材出版)項目(JC2016052)」の研究成果の一部である。

中日のことわざの修辞技法における対照分析

大連交通大学　劉晶　張璐璐

要旨：言語と文化は密接な関係があるから、どんな言語でも文化と離れているということができない。言語表現形式の一つであることわざは、その民族の文化史の表れであるし、日常生活の経験から生まれた民衆の知恵の結晶でもある。また、その中には、その民族の固有の価値観や人生哲学を反映しているものもたくさんあると考えられる。中国と日本は一衣帯水であるから、文化諸面においても相互に影響し合っていることが少なくなかった。皆知っているように、漢字と儒学が日本に伝えられるにつれて、中国からの多くのことわざも日本に伝えられた。中日のことわざにはさまざまな修辞手法が含まれている。本稿では中日両国のことわざの定義と特徴について対照研究を行い、中日のことわざに用いられる修辞手法を比較対照しながら、中日諺における修辞機能の差異の表現と原因を究明した。両言語のことわざにおける形式と内容を対照比較考察することにより、中日のことわざに含まれている文化要素の役割をよりよく理解できると考えられている。

キーワード：中日のことわざ　修辞手法　対照比較

1. はじめに

人間、社会、自然についての簡潔な言葉で鋭く語る「一言の真理」はことわざである。ことわざは日常生活に経験から生まれた民衆の知恵の結晶であり、先人から伝承されたひとつの文化遺産でもある。ことわざはさまざまな事柄を短い形式で正確に表現し、人を引き付けるために文学的手法を使う必要がある。修辞法は効果的に表現するための技術の一つである。ことわざにはさまざまな修辞表現が含まれている。関本（1983：26）は『現代ギリシア方言に見ることわざの修辞法』の中で、「ことわざは、簡潔で、しかも含蓄のある表現の中に、庶民の生活の知恵を盛り込んだものであり、そこでは、少ない単語で大きい効果を上げるために修辞法上のさまざまの技法が用いられている」と述べている。

ことわざの中で修辞法が利用されている例を収集し、どのような修辞法が用いられているのかを知ることで、ことわざに用いられている修辞法の役割をよりよく理解できると考えられる。本稿では、中日のことわざに用いられる修辞的技巧の役割を明らかにするために、高い頻度で使用されている修辞法を考察してみよう。

2. ことわざの定義について

鈴木棠三編『続　故事ことわざ辞典』によれば、ことわざの語源については、本居宣長が『古事記伝』に述べた説で、「ことは言、わざは童謡・禍・俳優などのわざと同じくて、今の世にも、神又は人の霊などの祟るを物のわざという、是なり」、また「人の口を仮りて、神を歌わせたものを、ワザウタといい、言わせ給うを、コトワザというなる。かかればコトワザは、本は神の心にて、世の人に言わせて、吉き凶き事を諭し給うをいいしが、転りてはただ何となく世の中に遍く言いならわしたる言をも言うなり」（『古事記伝』13巻）と述べている。この宣長の説に近似たのが折口信夫の説で、「わざ」とは神様が伝えた言葉であり、神事を行うときの唱え詞の一部分を起源とする「言い慣わし」であったとする。それには、「こういふことをしなければならぬ」、或いは「こういふことをしてはならぬ」という二種のほかに、もうひとつ「何の訣だか訣らないけれども、傳へなければならないと感ずる詞」があって、都合三種類のものがあった、と説いた。

しかし、ことわざの定義はなにか。この最も基本的な問いに答えるのは、古来の学者たちにとってもかなり困難な問題である。藤井乙男はその『諺の研究』の中で、「いまだ完全なる学術的定義を下ろし得たる者なし。これ畢竟諺そのものの性格の然らしむる所にして、また如何ともすべからざるなり」と記述されている。

ことわざが日常生活に用いられる言葉である点に頼って、辞書の定義に従ってみよう。中国語と日本語の辞書の各2冊で定義を調べると以下のようである。

(1) “谚语是俗语的一种。流传于民间的简练通俗而富有意义的语句，大多反映人民生活和斗争的经验。”（『辞海』修訂本 1989年版）

(2) “谚语是流行在民间的通俗语句、是一种口耳相传的传世常言。言语具有鲜明的经验性、思想性和通俗生动的艺术完美性。”（『漢語諺語詞典』2006年版）

(3) 「古くから人々に言いならわされたことば。教訓・風刺などの意を寓した短句や秀句。」（『広辞苑』　第六版）

(4) 「昔から世間に広く言い習わされてきたことばで、教訓や風刺などを含んだ短句。」（『国語大辞典』　第二版）

上の4つの定義から共通の部分に基づくと、ことわざは「生活の知恵から生まれた一般的真理や教訓が短く表現され、人々に馴染みのある表現」であると言えるだろう。

3. ことわざの特徴について

ことわざは、民衆の実際体験を総括したものであり、体験を伝えることを目的として、「常民の生活の知恵」と言われている。ことわざをめぐり、多くの研究者たちがさまざまな角度から検討している。日本のことわざ研究の第一人者である奥津文夫によると、「世界のほとんどの国にことわざは存在する。いずれの国においても、民族の知恵習慣慣習、価値観などをもって各世代に受け継がれ、それぞれの国の貴重な文化遺産として残されているのである」。また、「ことわざは各国民の発想や理論、あるいはユーモア感覚などを基礎にした巧みな表現形式をもつものであり」、言語や文化対照研究のデータでもある。ことわざという言語カテゴリーの範囲を限定するために、中日のことわざの特徴について検討してみよう。

中国語のことわざの特徴は、次のとおりと思われている。

第一に、広く民間で使われている通俗な言葉であること。

第二に、口頭で代々言い伝えられていくものであること。

第三に、明快でしかも簡潔な言い回しであること。

第四に、リズムが重視され、音声で「きれいなカタチ」と認知されていること。

日本語のことわざの特徴については、熊代彦太郎が、『俚ことわざ論』に述べた説で、弘通、含蓄、簡潔、詩趣の4項に分けて論じている。

Ⅰ. 弘通：通俗に用ゐらるること、これことわざの主要素なり。我邦ことわざをまた世話と呼ぶ。

Ⅱ. 含蓄：ことわざには何等かの含蓄なかるべからず。或は世態人情の微を穿ち、或は訓諭教戒の意を寓せざるべからず。

Ⅲ. 簡潔：次に簡潔も亦ことわざに必要なる特筆の一なり。多くのことわざは冗漫なること極めて尠し。これ、弘通上自然の必要より出でたるものならん。

Ⅳ. 詩趣：最後に詩趣も亦ことわざの一要素たり。詩趣なきものは、ことわざとして世俗の賞賛を價せざるを以って、やがてことわざたる資格を失うべし。

中日両国ともことわざについて、「広く民間で使われている通俗な明快でしかも簡潔な言語で、経験・教訓を与えるものである」と認められている。両国のことわざの共通点をまとめてみると、次のようになる。

(1) 特定の作者がなく、民衆に作り出され、経験や認識を伝えるものであること。

(2) 古くから口伝えによって伝えられてきて、継承されてきたものであること。

(3) 簡潔で通俗的であり、口語性が強いものであること。

(4) 比較的定形性を有すること。ただし、その定形性は相対的なものであり、構造上かなりの融通性があること。

(5) 民族の歴史や風俗、文化と深くかかわっているものが多いこと。

しかし、中国語のことわざも「俗語」「俗言」などと称される。要するに、日本語のことわざより中国の方が幅広いと認められる。

4. 中日のことわざの修辞法の表現形式

“谚语是语言中的盐”（ことわざは言葉の塩）、また、“谚语是语言中的花朵”（ことわざは言葉の花）のように、ことわざはこんな賛美を受けることができるのも、ことわざ自体が修辞表現を凝らし、また表現が練り上げられているためである。ことわざが言語、文化、歴史などを母体とする以上、各言語間の表現法のずれが存在しているのは当然のことである。

奥津（2000：31-36）は、ことわざの比較を容易にするために、修辞学上の技巧を内容と外形に分けられている。中日共通の修辞方式について、本文は奥津の分類を踏まえ、内容に関する技巧は、比喩、比擬、誇張法、逆説、漸層、掛詞の6種類、外形に関する技巧は、反復、対照法、省略、対句の4種類あるとしている。そのほか、中日相違の修辞技法について、中国のことわざならではの修辞法は前辞反復、起興の2種類、日本ならではの修辞法は頭韻の1種類ある。ここでは、中日のことわざに含まれている修辞的特徴について考察してみよう。

4.1　中日のことわざにおける共通な修辞技法

4.1.1　比喩—表現を面白くし記憶に残るようにする最も基本的な技法。

比喩法とはある物事Aを、類似また関係するほかの物事Bを借りて表現することである。文字通りでない、嘘のような言葉を使っているなどと言うと、驚くかも知れない。しかし、本当である。比喩は言語の「芸術中の芸術」と称される。不思議な機能を持つ。北村孝一によれば、「日本人は抽象的、論理的、散文的な表現の場合、あまりことわざらしくないと感じ、逆に、理屈っぽくなく具体的イメージを喚起する比喩的ないし詩的表現にことわざらしさをより感じられる。」と述べている。佐藤信夫他著の『レトリック事典』では、比喩を直喩、隠喩、換喩、提喩という四種類に分けられている。

（1）直喩：直喩はたとえるものと、たとえられるものとを直接比較して示すもので、文字通りに理解される。日本語のことわざには直喩表現が通常「よう」、「如し」「似たり」などと言った語句を加え、中国の場合は“如”“似”“像”などを加え、自らが比喩であることを明示し、物事の生き生きとする様子が描ける。

例：日本語のことわざの場合：

①命は槿花の露の如し

②鬼の首を取ったよう

③下手の考え休むに似たり

中国語のことわざの場合：

④光阴似箭，岁月如梭。

⑤救兵如救火。

⑥病来如山倒，病去如抽丝。

（2）隠喩：隠喩は「比喩の中の女王」と呼ばれ、比喩の多くはこれである。比喩を示す語を使わないで、「～は～」「～になった」「～と+動詞」「～に＋動詞」などというような形式によって、もとの語を喩えられる語にたとえるのである。隠喩は二つの物事の意味の類似関係に基づいた表現で、たとえを用いながら、表現面には「よう」「如し」等の形式のような語が出ない表現である。隠喩は比喩らしい比喩であると認められている。隠喩を通して、ことばの文字通りの意味とそれが暗示するものとの関係によって、創造的な認識を形成してくる。直喩より隠喩のほうが文勢をひきしめ、印象を強める効果があるのに、ことわざにも、この比喩形式を持つものが多いと思われる。

例：日本語のことわざの場合：

①猿も木から落ちる

②獅子身中の虫

③商いは牛の涎

中国語のことわざの場合：

④一寸光阴一寸金。

⑤失败乃成功之母。

⑥丑妇家中宝。

（3）換喩：換喩は二つのものの現実的な隣接関係に基づき、もとの語と喩えられる語がなく、もとの語と深い縁故のあるもので置きかえる法である。先ほどの隠喩との違いを確認しておこう。隠喩は類似関係に基づく比喩である。これに対して、換喩は同じ領域にある二つのものの対応関係であり、近接関係に基づく比喩である。直喩と隠喩より、換喩のほうが含蓄で曖昧的な意味を持つ。日本語のことわざに換喩がよく使われて、換喩は日本人の曖昧的な心理特徴に合うのであろう。

例：日本語のことわざの場合：

①詩を作るより田を作れ

②美貌は紙一重

③壁に耳あり障子に目あり

中国語のことわざの場合：

④老骥伏枥，志在千里。

⑤情人眼里出西施。

⑥杀鸡焉用牛刀。

（4）提喩：あるものが他のものの一種になっているときに、一方を他方で表すことが提喩である。提喩は類と種の関係に基づく比喩である。換喩との違いは、包含する関係にあるか否かである。

例：日本語のことわざの場合：

①餅は餅屋

②郷に入れば郷に従え

③嘘つきは泥棒の始まり

中国語のことわざの場合：

④书生治兵，十城九空。

⑤三个臭皮匠，顶个诸葛亮。

⑥欲把西湖比西子，浓妆淡抹总相宜。

4.1.2　比擬—擬人と擬物両方面がある。

比喩以外、擬人法も人間に関して使うべき言葉を人間以外の物事に使い、生き生きした物事を表したり、読者に強い印象を与えたりすることができる。擬人法は生命を持たない物事や抽象概念を人に喩えて扱う手法である。つまり、人でないものを人に見立てて表現する技法である。擬物法は人間を人間以外のものに表現し、無形なことあるいは抽象概念を具体化する技法である。比擬法を使ってユーモアなセンスに富んでいる。

例：日本語のことわざの場合：

①猫の手も借りたい

②一寸の虫にも五分の魂

③男一匹

中国語のことわざの場合：

④太阳发笑早，大雨淋破庙。

⑤山中无老虎，猴子称大王。

⑥兵熊熊一个将熊熊一窝。

4.1.3　誇張法—物事を誇張して表現することで面白みを引き出し、印象を強くする。

印象を強める効果を持つ修辞法は、擬人以外誇張もある。誇張法は客観的な事物を極端に大きくあるいは小さく誇張して人々の強烈的な感情を表現する手法であったり、実際に存在している物事の上に物事の特徴に対して芸術のように拡大したり縮めたりする表現である。誇張法は嘘にほかならない。ただし、嘘をつくことが目的ではなく、肯定的あるいは否定的な態度を表したりしている。誇張もことわざによく使われる方法である。

例：日本語のことわざの場合：

①一日千秋の思い

②人生は一行の詩にもしかない

③塵一筋

中国語のことわざの場合：

④精诚所至金石为开。

⑤系狱之囚，日胜三秋。

⑥宰相肚里能撑船。

4.1.4　逆説—真理と反対のことを言っているようでありながら一種の真理を表している。

例：日本語のことわざの場合：

①急がば回れ

②負けるが勝ち

中国語のことわざの場合：

③欲速则不达。

④合久必分。

4.1.5　漸層—同じ事柄に対して、徐々に表現を強めていく手法。

漸層法は物事のロジック関係に基づき、言葉・句・節が順番に重要性を増すよう配列された修辞技法であり、徐々に意味を強めていき、結論や結末を強調する修辞方法である。

例：日本語のことわざの場合：

①十で神童十五で才子廿過ぐればただの人。

②聞いては千金より重く見ては一葉より軽し。

③歌は三年、詩は一代。

中国語のことわざの場合：

④一个和尚挑水吃，二个和尚抬水吃，三个和尚没水吃。

⑤躲得了初一，躲不过十五。

⑥十年树木，百年树人。

4.1.6　掛詞—ひとつのことばに対して、2つ（以上）の意味をもたせる。

掛詞は、言葉の意味が同じまたは発音が似た言葉に、二つ以上の意味を持たせるように使うレトリックである。掛詞によって機転の利いた表現を生むことができるし、イメージを豊かにできる。日本語にも中国語にも大量の同音詞が存在する。同音詞が多過ぎれば誤解を生じやすいけれども、同音詞あるいは発音が近い言葉の連想関係を巧みに利用し、文章に輝かしい効果を与えることができる。

例：日本語のことわざの場合：

①一升は夢のうち

②屁は一芸臭けりゃにげい

③一富士二鷹三茄子

中国語のことわざの場合：

④靠着大树好遮阴（意味の類似性）

⑤钟鼓在楼，鸣声在外（発音の類似性）

⑥莲子心中苦，梨儿腹内酸（発音の類似性）

4.1.7　反復—同じ語を何度も繰り返すことで印象を強くする。（例の下線部分が反復）

例：日本語のことわざの場合：

①金の切れ目が縁の切れ目

②餅は乞食に焼かせろ魚は殿様に焼かせろ。

③苗代半作苗半作。

中国語のことわざの場合：

④一场秋雨一场寒。

⑤一朝天子一朝臣。

⑥单丝不成线，独木不成林。

4.1.8　対照法—同じ立場、条件において全く逆の表現手法であり、反義語を使用して意味を強め表現を面白くする。（例の下線部分が反義語）

例：日本語のことわざの場合：

①聞いて極楽見て地獄。

②田舎の学問京のひるね。

③無い子では泣かで有る子に泣く。

中国語のことわざの場合：

④善有善报，恶有恶报。

⑤宁为玉碎，不为瓦全。

⑥良言一句三冬暖，恶语伤人六月寒。

4.1.9　省略—簡潔な表現を基本にすることわざには不可欠な手法。

省略法は文章や会話の一部を省略し、余韻を残し、読者に続きを連想させるようとする修辞法である。省略法を使って章句を簡潔にして、言外の陰影・余韻・暗示を読者に読みとらせる。ある方面に言えば、省略する部分はかえって強調したがり部分である。省略法により、最も重要な部分を省略し、もとの意味をそこねることはなく、含蓄のある表現となっている。

例：日本語のことわざの場合：

①柳の下のどじょう→いつも柳の下にどじょう（は居らぬ）

②柳に風→柳に風（と受流す）

③駆け馬に鞭→駆け馬に鞭（をかける）

中国語のことわざの場合：

④神得一，鬼得七→神得一（分），鬼得七（分）。

⑤小满动三车→小满动三（辆）车。

⑥甘罗十二为秦相→甘罗十二（岁）为秦相。

4.1.10　対句—バランスを取ったり、対称的な美を追求したりするための修辞技法。

対句はもともと漢文の駢儷文におけるテクニックの一つであり、二つ以上の語呂の合う句を対照的に用いる手法である。対称的な美を追求するこの心理が修辞学に反映する現状としては、前後の文の並列の形式が好きなのである。文の構造をまとめてみれば、横の関係—並列の関係ともいう、縦の関係—主従の関係ともいうのに分けられる。対句は横の関係に、字数、語義、品詞時には平仄まで合わせるもので、修辞学において重要な地位を占めている。

例：日本語のことわざの場合：

①花は根に帰る、鳥は古巣に帰る

②鳩に三枝の礼あり、鳥に反哺の孝あり

③朝起き千両、夜起き百両

中国語のことわざの場合：

④明枪易躲，暗箭难防。

⑤画虎画皮难画骨，知人知面不知心。

⑥路遥知马力，日久见人心。

4.2　中国のことわざの特有な修辞方式

4.2.1　前辞反復

前辞反復は、前の文の最後にあることばを、次の文の最初でくり返すレトリックである。つまり、先行する文の末尾で用いられた語句を、次の文の文頭でもう一度使う技法である。中国語で、「頂針」「連珠」「蟬聯」とも呼ばれている。「前辞反復」を使ってことばがくり返されることで、リズム感や快い諧調をによる弾みが生まれるし、一体感を出すこともできる。

例：日本語のことわざの場合：

なし

中国語のことわざの場合：

①远亲不如近邻，近邻不如对门。

②别看船破，船破有底。

③大鱼吃小鱼，小鱼吃虾米。

4.2.2　起興

起興は古代詩集の『詩経』や今でも民間歌謡などでよく使われる技法であり、ことわざにも使われる。意味や音で関係する語句を最初に挙げ、以下に唱う内容を連想させる方法である。起興の物事と主体は比喩の意味という対応の関係を表している。

例：日本語のことわざの場合：

なし

中国語のことわざの場合：

①江知海不知深，知人知面不知心。

②钟不敲不响，人不教不会。

③煮饭要放米，说话要讲理。

4.3　日本のことわざの特有な修辞方式

頭韻—同じ音で始まる音を並べてリズミカルな文にする。

日本語と言語体系が異なり、中国語には頭韻を踏むという習慣はあまりない。頭韻法は英語から伝えるテクニックであり、連続する単語が同じ音の子音または文字で始まる修辞技法である。詩で頻繁に用いられるが、散文でも普通に見られ、ことわざでも用いられる。ことわざにおいてはとりわけ、走句に快い音調をもたらし音楽的雰囲気を醸し出し、ユーモラスな効果もある。（例の下線部分が頭韻）

例：日本語のことわざの場合：

①無くて七癖。

②薬　九層倍。

③仲人七嘘。

中国語のことわざの場合：

なし

5. まとめ：中日のことわざに使われる修辞学についての対比研究

中日両国のことわざに使われる修辞学はそれぞれ長所がある。中国語のことわざは簡潔であり、一目してよく分かる。中国語の語源と異なった日本語のことわざに、複文がよく使われ、意味が複雑になる。また、簡潔的な中国語のことわざには、取り上げるべきインフォメーションを全部取り上げている。しかし、ちょっと長い日本語のことわざに含まれるインフォメーションが全面的ではなく、考えなければ透徹し得ない。この点について、両国がよく使われる修辞法から分かる。日本語のことわざに換喩、暗示、語呂合わせまたは省略などがよく使われて、日本民族が会得を重んじてロジックを軽んずるという特徴を体現する。中国語のことわざには直喩と対句がよく使われて、中国民族が割合に、形式に工夫を凝らして軽快なリズムを重んじるという特徴の体現である。

修辞学の運用に対して中日両国が同一性或いは似ていることがある。修辞学の発展する過程に中日両国はお互いに影響し合っている。言い換えれば、中国の修辞学は日本の修辞学に重大の影響を与えられている。要するに、次の三つの面に表れている。

①中日両国とも生き生きとした描写や身をもって感じていることを重んじ、中日両国のことわざには比喩がよく使われるという習慣がある。

②言葉で表しても意味が表わしきれないほどもある。中日両国のことわざとも普通に無意味な陳述を避け、味わいが尽きない感じを追求している。

③ロジックを軽んじ、情感を表すことを重んじる。中日両国のことわざとも普通には厳密的な推理と抽象的な理論探索に乏しく、全体的で直観的に把握することを満足する。実には、中日両国ともアジア文化を属し、その言語が自然に東方式的な特徴が現れ、ロジックと分析に乏しい。

参考文献

[1] 熊代彦太郎(1910)『俚諺辭典』金港堂

[2] 佐藤信夫(1980)『レトリック感覚』講談社

[3] 金丸邦三主編(1983)『中日諺対照集』燎原書店

[4] 北村孝一(1996)『諺とは何か．言語』大修館書店

[5] 奥津文夫(2000)『日英ことわざ比較文化』大修館書店

[6] 時田昌瑞(2000.)『岩波ことわざ辞典』岩波書店

[7] 瀬戸賢一(2002)『日本語のレトリック』岩波書店（岩波ジュニア新書）

[8] 五十嵐海理(2006)『比喩とコミュニケーション』現代社会におけるコミュニケーションの諸相

[9] 武田勝昭(2006)『日英ことわざの表現法の比較』日英言語研究会（編）

[10] 清海節子(2011)『日本語のことわざに於ける反義語の性質』駿河台大学論叢

[11] 英・日(2011)『中のことわざで見る文化の相異—互いに似た表現を中心に．陸君』京都文教大学

[12] 甲斐勝二．陳望道(2015)『《修辞学発凡・第五篇》訳注（下）付録：霍四通「双関、引用など五種の辞格研究の展開』福岡大学研究部論集

[13] 温端政(2000)『谚语』商务印书馆

[14] 王希杰(2000)『修辞学导论』浙江教育出版社

[15] 魏育邻(1992)『现代日语的表现与修辞』吉林教育出版社

[16] 劉晶(2009)『中日の諺についての対照研究—非同源を中心に：碩士学位論文』大連：大連海事大学

「セイデ」「オカゲデ」における日中対照実証的研究

大連理工大学　鄒善軍　呉世蘭

要旨：本稿は原因・理由を表す「セイデ」「オカゲデ」の用法とその中国語訳の傾向について実証研究を行った。定量的研究を通して、次のような結果が得られた。「セイデ」は中国語で表される時に、"由于P，所以Q"が最も多い。「セイデ」は望ましくない結果を引き起こした原因・理由を表すことから、中国語では"的错""的关系"で表すものが多いと予測したが、実際の検索した結果、"由于P，所以Q"で表すものが一番多かった。「オカゲデ」複文は「満足」と「反語」との二つの用法があるが、「満足」は中国語で表される時に、"幸亏"形式と"托-的福"の形式が最も多い。「反語」は中国語で表される時に、無標形式の"P，Q"形式が最も多い。「セイデ」と「反語」を表す「オカゲデ」の中国語への翻訳傾向からみると、「セイデ」は理由や根拠を表し、結果を生み出す理由に重点を置くのに対し、「オカゲデ」は因果関係自体を強調するだろう。

キーワード：原因・理由　セイデ　オカゲデ　中国語訳　実証研究

1. はじめに

「セイデ」は日本語における因果関係を表す接続辞の一つである。「セイデ」は中国語に訳される場合、大体"是……的错"で表されると思われているが、実際の対訳例から見ると、"因为，由于，因此"など、ほかの中国語の因果関係を表す接続辞で表される場合もたくさん見られる。また、訳さない場合、つまり無標の場合も少なくはない。

「セイデ」の構文は基本的に、望ましくない結果を引き起こした原因を表す。

(1) a. あまりにも速度が遅いせいで、方向の感覚というものが消滅してしまったのだ。

村上春樹『世界の終わりとハードボイルド・ワンダーランド』

b. 其速度实在过于缓慢，以致我失去了方向感。

林少华　译《世界尽头与冷酷仙境》

「オカゲデ」は日本語における因果関係を表す接続辞の一つである。「オカゲデ」は中国語に訳される場合、大体"托……的福"で表されると思われているが、実際の対訳例から見ると、"因为，由于，因此，结果"など、ほかの中国語の因果関係を表す接続辞で表される場合もたくさん見られる。また、訳さない場合、つまり無標の場合も少なくはない。意味論的に見ると「オカゲデ」の構文は(2)(3)のようなタイプが見られる。

(2)満足の意味を表す場合：

a. 八年間その会社で働いたおかげで僕にはそれがよくわかるんだ。

村上春樹『国境の南、太陽の西』

b. 我在公司干了八年，一清二楚。

林少华　译《国境以南，太阳以西》

(3)反語の意味を表す場合：

a. 梅雨のおかげで、流れは川床に吸い込まれること滝なく、ずっと海まで続いていた。

村上春樹『羊をめぐる冒険』

b. 梅雨时节，流水未被河床吸入，一直流向大海。

林少华　译《寻羊冒险记》

「オカゲデ」は、例(2)のような望ましい結果を引き起こした原因・理由を表す文に用いられるが、同時に例(3)のような望ましくない原因を表す文にも用いられる。本論では、この二つの用法をそれぞれ「満足」と「反語」と称する。こういった分類に基づいて、中国語の因果関係を表す複文との対応関係を考察する。

2. 先行研究

2.1　日本語の「セイデ」の先行研究

有田(2001)では、「セイデ」は動詞・イ形容詞の非過去形・過去形、ナ形容詞の語幹＋「な/だった/である/であった」、名詞＋「だった/である/であった」に接続するが、名詞に直接接続する場合は、名詞＋「の」に接続すると述べられている。なお、「セイデ」の主節は平述文で、行為要求や意志・希望の表現は現れないが、基本的には、「セイデ」は望ましくない結果を引き起こした原因を表すとされている。

(4) a. 参加者が少ないせいで、今日の会は盛り上がりに欠けている。

蓮沼昭子など『条件表現』

b. 由于参加者太少，所以今天的会议没什么热潮。

(筆者訳)

(5) a. 不注意な部下のせいで、交渉に失敗した。　蓮沼昭子など『条件表現』

b. 由于下属的疏忽，交涉失败了。

(筆者訳)

2.2 日本語の「オカゲデ」の先行研究

前田直子(2009)では、「オカゲデ」は動詞・イ形容詞の非過去形・過去形、ナ形容詞の語幹＋「な／だった／である／であった」、名詞＋「だった／である／であった」に接続するが、基本的には、「オカゲデ」は望ましい結果を引き起こした原因を表すとされている。それに、「オカゲデ」が話者にとって好ましい事態であることを表すためには、前件の主体が話者以外である場合、「てくれる」という形にすることが必要なようである(主体が一人称である場合は、当然ながら「てくれる」は必要がない)。

(6) a. 君が口添えしてくれたおかげで、商談がとてもうまく行ったよ。

蓮沼昭子など『条件表現』

b. 幸亏了您的美言，贸易谈判进行得很顺利。

(筆者訳)

(7) a. —利口だわね。あなた…

—苦労したおかげかしら。

(蓮沼昭子など2001)

b. —你真的是很聪明啊……

—大概是由于经历多了的缘故吧。

(筆者訳)

ただし、「オカゲデ」は自嘲的な、あるいは皮肉な表現として、好ましくない事態をまるで好ましかったように表現することもできる。

(8) a. 君が遅刻したおかげで、契約が取れなかったよ。 (蓮沼昭子など2001)

b. 就由于你的迟到，导致了签约失败。 (筆者訳)

2.3 中国語の従来の研究

2.3.1中国語における“因为”と“由于”の違い

倪重陽(2008)では、中国語の因果関係を表す接続辞を分類する時に、“因为”と“由于”の違いに注意する必要があると指摘されている。“因为”は原因を表し、因果関係自体を強調するのに対し、“由于”は理由や根拠を表し、結果を生み出す理由に重点を置く。また、“由于”は“所以”“因而”“因此”と共起することができるが、“因为”は“所以”だけとの共起が適切である。文中にある位置においては、“因为”のある原因を表す従属節は結果を表す主節の前にでも後にでも位置することができるが、

"所以"のある従属節は主節の前にしか位置できない。表にまとめると以下になる。

表1　"因为"と"由于"の異同

	意味	構文		語用
		呼応関係	文中位置	
因为	因果関係自体を強調	所以	結果前/後	話し言葉/書き言葉
由于	理由や根拠を強調	所以、因此、因而	結果前	書き言葉(特に議論文)

2.3.2"之所以"について

厳慈(2010)では、"之所以"は文頭にも文中にも位置することができると指摘されている。文頭に位置する"之所以"は、指示代名詞"之"(同"其")が指示を表す連体修飾語になり、名詞性の"所以"の前に置き、指示性偏正連語("之所以")を構成すると述べられている。文中に位置する"之所以"は、構造助詞"之"(同"的")が連体修飾語の標識になり、領属性偏正連語"N所以"の中間に入り、"N的所以"という意味の"N之所以"を構成すると述べられている。"之所以"と"N之所以"は古代中国語の名残で、現代に至ってもまだ使用されていると思われる。

2.3.3"才"について

王楠(2013)では、基本的には、"才"は以下のような四つの意味用法があるとされている。

Ⅰ　時間を表し、事態が発話者の思ったより遅く発生したという意味を表す。

(9) a. 他八点钟才起床。

b. 彼は8時になって、やっと起きた。　(筆者訳)

Ⅱ　数量を表し、数が発話者の思ったより多い/少ないという意味を表す。

(10) a. 至少考600分才能上北京大学。

b. せめて600点取らないと、北京大学には受からない。　(筆者訳)

Ⅲ　限定を表し、原因や理由が唯一で排他的であると発話者が主観的に思うという意味を表す。

(11) a. 因为彼此是朋友，才能这样讲情面。

b. 友達なんだから、こうして配慮してくれるんだ。　(筆者訳)

Ⅳ　ニュアンスを表し、否定や肯定の意味を表す。

(12) a. 甲：你真不像话！

乙：你才不像话呢！

b. 甲：ふざけてるんだ！

乙：おまえこそ！（筆者訳）

2.4 先行研究のまとめ

普通、因果複文が中国語で表される時に、原因・理由を表す接続辞を“因为”“由于”“所以”“因而”等で表す場合が多い。「セイデ」はこれらの接続辞に対応できるが、“是……的错”（定型語）というパターンが実際の検索した結果から出ている。このパターンに関する先行研究は管見の限り、まだ少ないと思われる。

「オカゲデ」も“因为”“由于”“所以”“因而”などに対応できるが、“幸亏/幸好/亏得/多亏”(副詞)、“托……的福/沾……的光/拜……所赐”（定型語）、“这下/这么着”という三つのパターンが実際の検索した結果から出ている。この三つのパターンに関する先行研究も少ないと思われる。

3. 研究方法及び研究対象

具体的に、北京日本学研究センター製作の『日中対訳コーパス』CD-ROM版を利用し、「セイデ」「オカゲデ」複文の対訳例を全コーパス検索する。それで、「セイデ」「オカゲデ」複文と中国語の因果複文との対応・非対応関係を明らかにしたい。

本研究は三つの段階に分けて、研究を進めていきたい。まずは素材の選択である。本研究では、北京日本学研究センター製作の『日中対訳コーパス』を用いて検索する。このコーパスには以下の小説が収録されている。村上春樹『ノルウェイの森』、 安部公房『砂の女』、太宰治『斜陽』、谷崎潤一郎『痴人の愛』、武者小路 実篤『友情』、川端康成『雪国』、中沢次郎 鈴木芳正『ひとりっ子の上手な育て方』、岡本常男『心の危機管理術』、平川祐弘『マッテオ・リッチ伝』、田中角栄『日本列島改造論』、中根千枝『適応の条件』、乙武洋匡『五体不満足』、赤川次郎『三毛猫ホームズの恐怖館』、赤川次郎『三毛猫ホームズの推理』、赤川次郎『三毛猫ホームズの幽霊クラブ』、赤川次郎『三毛猫ホームズの追跡』、赤川次郎『三毛猫ホームズの怪談』、赤川次郎『三毛猫ホームズのびっくり箱』、赤川次郎『三毛猫ホームズのクリスマス』、赤川次郎『三毛猫ホームズの駈落ち』、赤川次郎『三毛猫ホームズの登山列車』、赤川次郎『三毛猫ホームズの感傷旅行』、村上春樹『1Q84 BOOK1』、村上春樹『1Q84 BOOK2』、村上春樹『1Q84 BOOK3』、村上春樹『羊をめぐる冒険』、村上春樹『ダンス・ダンス・ダンス』、村上春樹『国境の南、太陽の西』、村上春樹『世界の終わりとハードボイルド・ワンダーランド』、夏目漱石『坊ちゃん』、水上勉『越前竹人形』、水上勉『雁の寺』、井伏鱒二『黒い雨』、大岡昇平『野火』、井上靖『あした来る人』、石川達三『青春の蹉跌』、夏目漱石『こころ』、三島由紀夫『金閣寺』、吉田 茂 『激動の百年史』、島崎藤村『破戒』、大谷健『日本経済の飛躍的な発展』、泉鏡花『高野聖僧』、松澤信祐『近代作家入門』、芥川龍之介『羅生門』、田山花袋『蒲団』、中根 千枝『タテ社会の人間関係』、谷沢 永一『百言百話』、大江健三郎『死者の奢り』、『日本戦後名詩百家集』などがある。次はデータの選出である。選択された作品の枠内で正規表現をそれぞれ「セイデ」「オカゲデ」にし、「セイデ」「オカゲデ」の対訳例を選出し、関係がない例を削除する。最後にはデータ分析である。選出された対訳例を整理し、対訳傾向を明らかにする。

こうして「セイデ」複文の有効な用例は243件得られた。中国語側の分類は①之所以Q、由于P；②之所以Q、因为P；③因为P所以Q；④由于P所以Q；⑤因为P才Q；⑥的错；⑦的关系；⑧P、Qの8分類にしている。

「オカゲデ」複文の有効な用例は206件得られた。日本語側の分類は前述のとおり、「満足」と「反語」に分けているが、全体的に中国語側の分類は①由于P,所以Q；②由于P,才Q；③之所以Q,是由于P；④因为P，才Q；⑤因为P，所以Q；⑥幸亏；⑦托……的福；⑧这下；⑨P结果Q；⑩P,Qの10分類にしている。

4. 対訳例分析

4.1 「セイデ」対訳例分析

前にも触れたように、「セイデ」は望ましくない結果を引き起こした原因・理由を表す。「セイデ」の場合の用例を整理した結果、243例が出ている。その対訳例の整理した結果を表2にまとめた。

表2　「セイデ」の整理結果

セイデ	①之所以Q，由于P	②之所以Q，因为P	③因为P所以Q	④由于P所以Q	⑤因为P才Q	⑥的错	⑦的关系	⑧P，Q	合計
用例数	6	9	50	77	7	19	16	59	243
	2.5%	3.7%	20.6%	31.7%	2.9%	7.8%	6.6%	24.3%	

さらに図で表すと、図1になる。

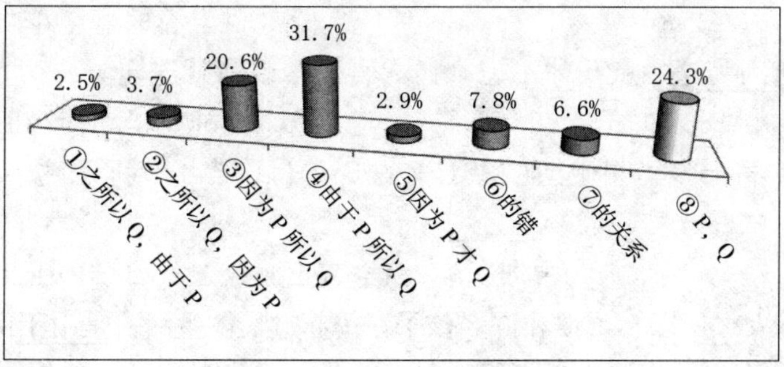

図1「セイデ」の対訳状況

図1が示したように、「セイデ」は中国語で表される時に、“由于P，所以Q”(13)が最も多い。2番目と3番目に多いのは無標形式の“P，Q”形式(14)と“因为P所以Q”(15)である。ほかは“的错”(16)、“的关系”(17)、“之所以Q，因为P”(18)、“因为P才Q”(19)、“之所以Q，由于P”(20)の順になっている。

(13) a. 学生の数が減ったせいで、食堂の灯はいつもの半分しかついていなかった。
村上春樹『ノルウェイの森』
b. 由于学生人数减少，食堂的灯一般只亮一半。　林少华　译《挪威的森林》

(14) a. 涙と熱い息のせいで、僕のシャツは湿り、そしてぐっしょりと濡れた。
村上春樹『ノルウェイの森』
b. 泪水和呼出的热气弄湿了我的衬衣，并且很快湿透了。
林少华　译《挪威的森林》

(15) a. ジャケットのせいで体つきも不明だが、脚の格好から見ておそらく痩せているはずだ。　村上春樹『1Q84 BOOK3』
b. 因为膨胀的羽绒夹克也看不清身材。从腿的样子来看应该很瘦。
施小炜　译《1Q84 BOOK3》

(16) a. 天吾くんのせいでも、青豆さんのせいでもありません。
村上春樹『1Q84 BOOK3』
b. 既不是天吾君，也不是青豆小姐的错。　施小炜　译《1Q84 BOOK3》

(17) a. 深酒のせいで、何度も体をこわしているためだった。
赤川次郎『三毛猫ホームズの幽霊クラブ』
b. 酗酒的缘故，身体搞坏了。　叶蕙　译《三色猫幽灵俱乐部》

(18) a. 今、晴美のいる所がいくらか明るく、周囲の様子も見てとれるのは、その奥の方から、明りが洩れて来ているせいである。
赤川次郎『三毛猫ホームズの幽霊クラブ』
b. 晴美之所以能够看到周围的地形，是因为前面露出灯光。
叶蕙　译《三色猫幽灵俱乐部》

(19) a. たぶんそのせいで人にあまり好かれないんだろうね。昔からそうだな。

村上春樹『ノルウェイの森』

b. 说不定因为这一点我才不怎么讨人喜爱，以前就这样。

林少华　译《挪威的森林》

(20) a. 子ども同士の集団生活になじめないのは、自分が子どもなのに、他の子どもになれていないせいです。

中沢次郎　鈴木芳正『ひとりっ子の上手な育て方』

b. 独生子女之所以不习惯和许多孩子在一起过集体生活，是由于他自己尽管也是个孩子，但却不能和别的孩子打成一片。　何明　译《独生子女优育法》

4.2　「オカゲデ」対訳例分析

4.2.1　「満足」について

「オカゲデ」が望ましい結果を引き起こした原因・理由を表す場合、つまり、「満足」の場合の用例を整理した結果、124例が出ている。この結果を表にまとめると表3のようになる。さらに図で表すと、図2になる。

表3　「満足」の整理結果

オカゲデ	①由于P，所以Q	②由于P，才Q	③之所以Q，是由于P	④因为P，才Q	⑤因为P，所以Q	⑥幸亏	⑦托……的福	⑧这下	⑨P结果Q	⑩P,Q	合計
満足	19	4	3	5	22	23	23	5	1	19	124
	15.3%	3.2%	2.4%	4.0%	17.7%	18.5%	18.5%	4.0%	0.8%	15.3%	

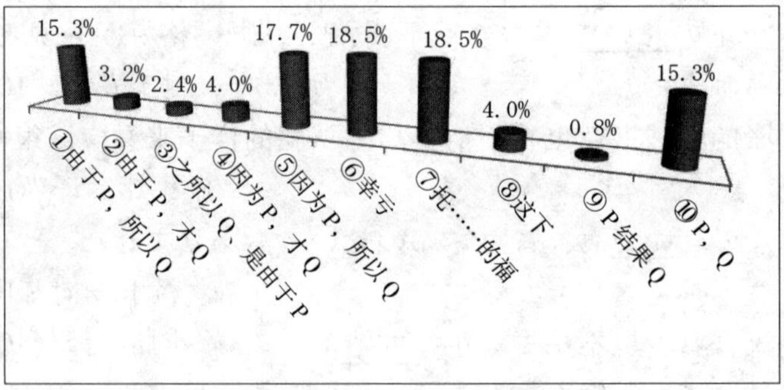

図2　「満足」の対訳状況

図2が示したように、「満足」は中国語で表される時に、"幸亏"形式(21)と"托–的福"(22)の形式が最も多い。また"因为P，所以Q"(23)形式がその次に多い。"由于P，所以Q"(24)と無標形式の"P，Q"形式(25)が3番目に多い。ほかは"因为P，才Q"(26)、"这下"(27)、"由于P，才Q"(28)、"之所以Q，是由于P"(29)、"P结果Q"(30)の順になっている。

(21) a. 十二三人ぐらいも出て行ったようである。おかげで車内に少し余地が出来たので、順送りに僕はデッキのところから半ば車内に身を入れた。　　井伏鱒二『黒い雨』

b. 大概有十二三个人下车走了。幸亏他们下车，车里稍微松了一些，大家这才顺着往里边走，我也从车门口的踏板上挤进了半个身子。

柯毅文、颜景镐　译《黑雨》

(22) a. いやあ、構いませんよ。おかげで下の段でゆっくり眠れましたからね。　　赤川次郎『三毛猫ホームズの怪談』

b. 不，没关系。托你的福，我在下铺睡得很好。　叶蕙　译《三色猫怪谈》

(23) a. 海側の列に守られているおかげで、崖もずっと低く、砂防用の粗朶垣も、ここではまだ役に立っているらしい。　　安部公房『砂の女』

b. 因为有海边那一排房子保护着，所以坝很低，连防沙用的篱笆墙都能起作用。　　杨炳辰、张义素等　译《砂女》

(24) a. 雨のおかげであらゆるものの色がくっきりとして見えた。

村上春樹『ノルウェイの森』

b. 由于下雨，所有东西的色调显得格外鲜明。　林少华　译《挪威的森林》

(25) a. だって飛行機のおかげで十時間以上も時間が節約できたんでしょ？

村上春樹『羊をめぐる冒険』

b. 坐飞机不是节省十多个小时吗?　　林少华　译《寻羊冒险记》

(26) a. 事実、立体的な金閣は、雪のおかげで、何事をも挑みかけない平面的な金閣、画中の金閣になっていた。　　三島由紀夫『金閣寺』

b. 只因有了洁白如玉的飞雪，这立体的金阁才得以从三维空间中超脱，成为不再负载任何物事的平面，成为画中的金阁。　唐月梅　译《金阁寺》

(27) a. でもおかげで大家さんは喜んでますよ。きれいに使ってくれるって。

村上春樹『ノルウェイの森』

b. 不过这一来房东倒高兴，说我住得很洁净。　林少华　译《挪威的森林》

(28) a. 妻のおかげでここまで来られた。——そんな風に思える仕事でなければいやだわ、わたし。　　井上靖『あした来る人』

b. 我是由于妻子的帮助才到这里的——除非你这么想我才高兴。

林少华　译《情系明天》

(29) a. カジカの研究を今日まで続けて来られたのは、みなあの人のおかげです。

井上靖『あした来る人』

b. 杜父鱼研究之所以能够坚持到今天，全是由于有他的缘故。

林少华　译《情系明天》

(30) a. おかげで、じらすたのしみに、ずっしり重みがくわえられることになってしまった。　　安部公房『砂の女』

b. 结果，沉甸甸的重物被焦急的快乐所咬住。

杨炳辰、张义素等　译《砂女》

“幸亏”形式と“托……的福”の形式が最も多いということから、やはり望ましい結果を得たので、ただの因果関係ではなく、更に感謝の気持ちを込めているということが分かった。

4.2.2「反語」について

「オカゲデ」が自嘲的な、あるいは皮肉な表現として、好ましくない事態をまるで好ましかったように表現する場合、つまり、「反語」の場合の用例を整理した結果、82例が出ている。この結果を表にまとめると表4のようになる。さらに図で表すと、次の図3になる。

表4　　「反語」の整理結果

オカゲデ	①由于P，所以Q	②由于P，才Q	③之所以Q，是由于P	④因为P，才Q	⑤因为P，所以Q	⑥幸亏	⑦托……的福	⑧这下	⑨P结果Q	⑩P,Q	合計
反語	14	0	0	3	19	2	11	5	4	24	82
	17.1%	0.0%	0.0%	3.7%	23.2%	2.4%	13.4%	6.1%	4.9%	29.3%	

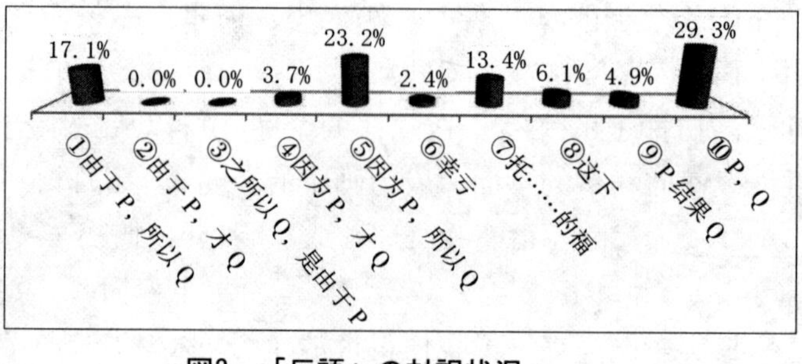

図3　「反語」の対訳状況

図3が示したように、「反語」は中国語で表される時に、無標形式の“P，Q”(31)形式が最も多い。また“因为P，所以Q”(32)形式がその次に多い。“由于P，所以Q”(33)が3番目に多い。ほかは“托……的福”(34)、“这下”(35)、“P结果Q”(36)、“因为P，才Q”(37)、“幸亏”(38)の順になっている。

(31) a. 今日だってあれで手間取ったおかげで二箇所、回らなきゃいけない所へ行けなかったんだぞ！　　赤川次郎『三毛猫ホームズの追跡』

b. 今天浪费我的时间白等一场，害我去不到该去的两个地方哪！

叶蕙　译《三色猫追踪》

(32) a. この右腕の傷のおかげで、自分が犯人であることは疑問の余地がなくなったわけだからな。　赤川次郎『三毛猫ホームズの推理』

b. 也是因为有了右手腕上的伤，我就不能再怀疑自己是不是真凶了。

叶蕙　译《三色猫探案》

(33) a. おかげで、私の生活はぎっしり満ちていて重たいくらいね。

大江健三郎『死者の奢り』

b. 由于这缘故，我的生活被挤得满满的沉重得很。

李庆国　译《死者的奢华》

(34) a. ともかく、おかげでホテルから出られないよ。

赤川次郎『三毛猫ホームズの幽霊クラブ』

b. 总之，托他的福，今天不能离开旅馆了。　叶蕙译《三色猫幽灵俱乐部》

(35) a. しかしそのおかげでクラスの中での僕の立場はもっと孤立したものになった。　村上春樹『ノルウェイの森』

b. 然而这样一来，我在班里便愈发孤立了。　林少华　译《挪威的森林》

(36) a. おかげで当然のことながら僕の話はわけのわからないものになってしまった。　村上春樹『羊をめぐる冒険』

b. 结果，理所当然我的话叫人摸不着头脑。　林少华　译《寻羊冒险记》

(37) a. 頭のかたちが以前よりいびつになったように思えたが、それはたぶん髪が短くなったせいだろう。そのおかげでいびつさが目につくようになったのだ。　村上春樹『1Q84 BOOK2』

b. 脑袋的形状似乎变得比以前扭曲了，也许是因为头发剪短了，那种扭曲才显得醒目。　施小炜　译《1Q84 BOOK2》

(38) a. でもそのおかげでいろいろと大変な目にもあっています。

村上春樹『1Q84 BOOK3』

b. 但是多亏了这个我也遇到了很多麻烦。　施小炜　译《1Q84 BOOK3》

4.3 「セイデ」と「反語」の「オカゲデ」

「セイデ」は望ましくない結果を引き起こした原因・理由を表すが、「オカゲデ」が自嘲的な、あるいは皮肉な表現として、好ましくない事態を表す。中国語で表す場合はいろんなバリエーションが見られるが、表2と表4を見ると、無標のほかにもっとも多く見られるのは“因为P，所以Q”と“由于P，所以Q”である。パーセンテージでいうと、「セイデ」は“因为P，所以Q”で表すのが20.6%で、“由于P，所以Q”で表すのが31.7%になっているが、逆に「オカゲデ」は“因为P，所以Q”で表すのが23.2%で、“由于P，所以Q”で表すのが17.1%になっている。つまり、「セイデ」は“由于P,所以Q”で表される傾向が強いが、「オカゲデ」は“因为P，所以Q” で表される傾向が強い。

先行研究の倪重陽(2008)では、中国語の因果関係を表す接続辞を分類する時に、“因为”と“由于”の違いに注意する必要があると指摘されている。“因为”は原因を表し、因果関係自体を強調するのに対し、“由于”は理由や根拠を表し、結果を生み出す理由に重点を置く。「セイデ」と「反語」の「オカゲデ」の中国語への翻訳傾向からみると、逆に「セイデ」は理由や根拠を表し、結果を生み出す理由に重点を置くのに対し、「オカゲデ」は因果関係自体を強調すると言えるのではないだろうか。

5. まとめ

ここまでの「セイデ」複文における用例に対する分析をもとに、日本語の「セイデ」複文と中国語の因果複文との対応関係をまとめることにした。

Ⅰ「セイデ」は中国語で表される時に、“由于P，所以Q”が最も多い。2番目と3番目に多いのは無標形式の“P，Q”形式と“因为P，所以Q”である。ほかは“的错”“的关系”“由于P,才Q”“因为P，才Q”“之所以Q，由于P”の順になっている。

Ⅱまた「セイデ」は望ましくない結果を引き起こした原因・理由を表すことから、中国語では“的错”“的关系”で表すものが多いと予測したが、実際の検索した結果、“由于P，所以Q”で表すものが一番多いということがわかった。

ここまでの「オカゲデ」複文における「満足」と「反語」の用例に対する分析をもとに、日本語の「オカゲデ」複文と中国語の因果複文との対応関係を図4にまとめることにした。

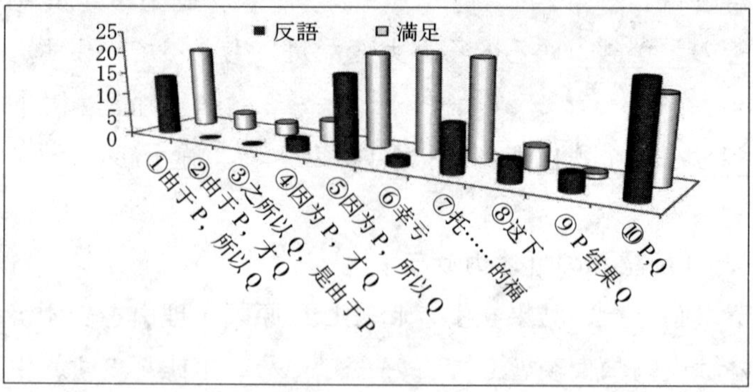

図4 日本語の「オカゲデ」複文と中国語の因果複文との対応関係

以上の考察より、以下のことが分かった。

Ⅲ「満足」は中国語で表される時に、“幸亏”形式と“托……的福”の形式が最も多い。また“因为P，所以Q”形式がその次に多い。“由于P,所以Q”と無標形式の“P，Q”形式が3番目に多い。ほかは“因为P，才Q”“这下”“由于P,才Q”“之所以Q,是由于P”“P结果Q”の順になっている。

Ⅳ「反語」は中国語で表される時に、無標形式の“P，Q”形式が最も多い。また“因为P，所以Q”形式がその次に多い。“由于P,所以Q”が3番目に多い。ほかは“托……的福”“这下”“P结果Q”“因为P，才Q”“幸亏”の順になっている。

Ⅴ「満足」の場合の“幸亏”形式と“托-的福”の形式を除いて、「満足」と「反語」が中国語で表す時、ともに無標形式の“P，Q”形式、“因为P，所以Q”形式、“由于P,所以Q”になるものが多いことが分かった。

Ⅵ 「セイデ」と「反語」を表す「オカゲデ」の中国語への翻訳傾向からみると、「セイデ」は理由や根拠を表し、結果を生み出す理由に重点を置くのに対し、「オカゲデ」は因果関係自体を強調するだろう。

参考文献

[1] 蓮沼昭子・有田節子・前田直子(2001)『日本語文法セルフマスターシリーズ7条件表現』くろしお出版

[2] 蓮沼昭子・有田節子・前田直子(2001)『条件表現』くろしお出版

[3] 前田直子(2009)『日本語の複文 - 条件文と原因・理由文の記述的研究』くろしお出版.

[4] 王楠(2013)「因果复句日汉对比研究」大连：大连理工大学.

[5] 倪重阳(2008)「现代汉语因果连词研究」硕士论文 武汉：华中师范大学.

[6] 严慈(2010)「“之所以”的结构、源流及句式」《励耘学刊》(语言卷)(01).

附記：本研究は「遼寧省社科(聯)基金項目(ZX20150529)」、「中央高校基本科研業務費項目(DUT15RW201)」、「大連理工大学教育教学改革基金専項(教材出版)項目(JC2016052)」の研究成果の一部である。

終助詞「ね」の機能

——認識と伝達の両側面から

吉林大学　唐玉紅
大連交通大学　李　璠

要旨：今認識面に重きを置き、終助詞「ね」の意味と用法について分析する論述は多く見られる。こういう分析方法で、文中の必須要素としての「ね」の使用条件をうまく説明できた。しかし、「ね」を使っても使わなくてもいい文脈での「ね」の使用は、話し手の聞き手に対してとる態度という伝達性は主な役割を果たしているので、認識面だけでは、「ね」の意味･機能を全体的に記述することが難しい。そこで本稿では、認識と伝達の両側面から「ね」の意味・機能を記述し、その下位分類を試みる。

キーワード：認識　伝達　話し手　聞き手　情報

1. はじめに

終助詞「ね」に関する研究は数多くなされてきているが、「ね」の付加された文が表す内容を情報としてどう捉えるか、という認識面に重きをおき、「ね」の機能を統一的に説明しようとするのが最近の主な流れのようである。

確かに、認識面からの「ね」についての分析で、どういう状況で「ね」を使わなければならないのかという必須要素としての「ね」の使用条件をうまく説明できた。しかし、「ね」を使っても使わなくてもいい文脈に、あえて「ね」を入れる場合の説明は、様々な問題点があることが指摘された。この時の「ね」の使用は、話し手の聞き手に対してとる態度という伝達性は主な役割を果たしているのではないかと思われる。そもそも「ね」は聞き手が存在しないと発話に表れることのできない、聞き手めあて性の高い終助詞なので、認識面だけでは、「ね」の意味･機能を全体的に記述することが難しい。

そこで本稿では、聞き手に対してとる態度という伝達面と当該情報をどう捉えるかという認識面の両側面から「ね」の意味・機能を記述し、その下位分類を試みる。

2. 先行研究

「ね」に関する先行研究が膨大で、ここで全部まとめる余裕が無いが、「情報の縄張り理論」という認識面から「ね」を論述する神尾（1990）、「内在的意味」と「表現効果」の両側面から「ね」機能を明らかにする益岡（1991）、中国語語気詞「吧」との対照から「ね」の本質的意味を追求する王（2002）、また「ね」の伝達的機能を重視しながら、認識的側面も考慮に入れた日本語記述文法研究会編『現代日本語文法4　モダリティ』（2003）の四つを挙げることにとどまる。

2.1　神尾（1990）の「ね」に関する規定

「ね」自身の性質を規定する条件：「ね」は話し手の聞き手に対する＜協応的態度＞を表す標識である。＜協応的態度＞とは、与えられた情報に関して話し手が聞き手に同一の認知状態を持つことを積極的に求める態度である。

必須要素としての「ね」の用法を規定する条件：話し手と聞き手とが既に獲得情報（ALI）として同一の情報を持っていると話し手が想定している場合、話し手の発話は「ね」を伴わねばならない。

任意要素としての「ね」の用法を規定する条件：話し手が自己の発話により特に協応的態度を表現したい場合、話し手の発話は「ね」を伴うことが出来る。

神尾（1990）は「ね」自身の性質を「話し手の聞き手に対する協応的態度」とし、「協応的態度」を「与えられた情報に関して話し手が聞き手に同一の認知状態を持つことを積極的に求める態度」と規定するところから、認識的側面に重点を置いていると言っていいだろう。

しかし、北野（1993）がすでに指摘されたように、任意要素としての「ね」の使用条件――「話し手が自己の発話により特に協応的態度を表現したい場合」であるという説明から、（1）のような文は説明できるが、（2）のような文は説明できない。

（1）X:これ、おいくらですか？
　　Y:a.600円ですね。
　　　b.600円です。
（2）A:お住まいはどちらですか。
　　B:神戸ですね。

2.2　益岡（1991）

益岡は、終助詞「ね」の本質的機能を明らかにするため、「内在的意味」と「表現効果」の両側面から「ね」の機能を考察した。益岡は表現形式が本質的有する表現形式の「内在的意味」と、具体的な「表現効果」とを区別しなければならないと述べ、違う表現類型における「ね」の意味が異なるのは、表現効果のレベルの問題であり、このような表現効果の根底に共通の内在的意味が潜んでいると主張した。

しかし、「ね」を付加することによってもたらす表現効果は、「詰問の調子を和らげる」「優しく訴えかける」としか言及しなかった。

2.3　王（2002）

王（2002）は「ね」の基本的機能について、「話し手と聞き手の共感（empathy）の場を持つことを意味する」と規定し、さらに「共感」というものに、

(a) 情報の共有に関する話し手と聞き手の認知状態であること

(b) 対人機能を表す共感の場であること

という二つの要因が含まれていると述べた。「共感の場」については、「話し手が聞き手と関わりを持つ意図を指すのである。つまり、ある情報に関して、話し手が聞き手に同一の認知状態を持つことを求める場合のことである。この場合は話し手の心理状態と大きく関わって、話し手と聞き手の認知状態を考慮しない場合がある。つまり、ある情報について話し手が聞き手と関わりを持とうとすれば、「ね」の使用が可能である」と説明した。これは神尾（1990）の説以上に踏み込んでいないが、発話内容が話し手に関する情報の場合、発話内容が聞き手に関する情報の場合、発話内容が第三者に関する情報の場合という三つの状況に分けて「ね」を考察するのが、より精密に分析できたと思う。

2.4　日本語記述文法研究会（2003）

「ね」の機能を「付加された文が表す内容を、心内で確認しながら、話し手の認識として聞き手に示すという伝達機能を持っている」と明示し、その用法を

①話し手の認識を聞き手に示す用法。

②話し手の認識を聞き手に示すことによって聞き手に確認を求める用法。

③話し手が聞き手を意識していることを示す。

の三つに大別される。

①の用法では評価や感情を表す述語に「ね」が付加される例が多い。いわゆる「同意要求」「同意」の類と「内部確認」の類もこの中に包括された。

②の用法については「これは、聞き手の方がより確かな知識や認識を持っていると見込まれる事柄について、話し手の認識を聞き手に示すとことから発生する」と説明し、認識面から分析を加えたといえる。

③の用法は、話し手が複数の文を続けて発話する場合に、相対的軽い情報に「のだ」によって表す文に「ね」を用いると、聞き手に対する意識を表すだけで、間投用法に近い性質を持っていると指摘した。

本稿は日本語記述文法研究会（2003）の「ね」の機能は、話し手の認識として聞き手に示すという伝達機能と終助詞「ね」は間投用法に近い性質を持っているという指摘に賛同する。しかし「心内で確認しながら、話し手の認識として聞き手に示す」とはどういう意味なのかは、はっきりされておらず、「ちょっと、郵便局行ってきますね」のような文については、どういう解釈が与えられるかも疑問に思う。

3.「ね」の機能

前述したように、終助詞「ね」の意味機能についての先行研究は多く見られるが、まだ深く探られる必要のあるものとまだ解明される必要のある内容が残っていると思われる。例えば、神尾（1990）の説では、例（2）のような文は説明できない。また、益岡（1991）が述べている、いわゆる「ね」を付加することによってもたらす「表現効果」は、果たして「詰問の調子を和らげる」「優しく訴えかける」の二つだけなのだろうか。さらに、日本語記述文法研究会（2003）で明示した「ね」の用法に当てはまらない用例があるということは、既に上で指摘した。

そこで、本稿ではこれらの先行研究を踏まえて、認識と伝達の両側面から「ね」の意味・機能を記述し、その下位分類をしてみたいと思う。

「ね」の用法を、認識性が卓越した用法と伝達性が卓越した用法の二つに分かれる。次にこの二つの用法の意味と分類について詳しく分析していく。

3.1　認識性が卓越した用法

これは発話内容を話し手の認識として聞き手に示すことによって、同意か確認を求めるものである。「ね」を使うことによって、話し手と聞き手の情報が一致すると話し手が想定する場合は、聞き手に同意を求めたり、聞き手に情報があると話し手が想定する場合は、聞き手に確認を求めたりする。この場合の「ね」は必須要素で、無くては文が成り立たない。

3.1.1 同意要求

(3)買い物を終えたヒトミが出て来て、雨の空を見上げ、スズエに気付いて。
ヒトミ：……雨、やだね。　『楽園』
スズエ、顔を上げずにいて、

(4)緑の多い公園．周りをジョギングしている人たちが通る。有徳の車椅子を押して散歩している里子と朋子。
里子：まだ暑いねえ。もう帰ろうか、兄さん。　『義父のいる風景』

(5)朋　子：どうして、喜寿（きじゅ）って言うの？。
久美子：喜ぶっていう年の草書体、知ってるでしょ？その草書体の字が七十七に見えるところから、そう言われているの。
光　次：（洋一に）ママは物知りだね。　『義父のいる風景』

例文（3）（4）（5）は話し手と聞き手の情報が一致すると話し手が想定する場合の例文である。この二つの例文は話し手と聞き手は共有情報を持っている場合の例文で、発話内容は第三者（人、物）に関する情報である。その共有情報を「ね」を使って聞き手に示すことによって、聞き手の同意を求める。

3.1.2 同意表明

話し手が共有情報について同意を求める場合、その発話内容に対し聞き手も話し手と同じ認識を持っている場合、応答文にも「ね」を付加して、「同意」を表明する用例は多く見られる。次の例文(6)(7)の「ね」は、それである。

(6)A：今日はいい天気ですね。
　B：そうですね。　　　　　　　　　　　　　（大曾1986）
(7)シュウ：ずいぶん昔の人だね。
　少　女：ま、そうね。　　　　　　『シュウさんと修ちやんと風の列車』

ただ、同じく話し手が終助詞「ね」で同意を求める用例で、次の例(8)ような、ほかの表現を使って同意を表明する用例も少なくない。

(8)榮太郎：（家を見渡して）しかし、立派な家ですね。
　永　吉：ああ……一生懸命働いてきたご褒美やな。　　　『あかね空』

また、共有情報ではなく、一方が自分の判断、意見、または要望などを主張する場合、その相手が「ね」で「同意」を表明する用例もある。

(9)由江：細かいことを——
　耕三：細かくたって事実だ。
　由江：そうね。　　　　　　　　　　　　　　　『再会』
(10)高男：決まったことなら仕方ないだろう。ナァ、優子。
　優子：そうね。　　　　　　　　　　　　　　　『天国』

3.1.3 聞き手評価

例文(11)(12)(13)の発話内容は聞き手自身に関する評価でありながら、話し手はこれを共有情報として示し、聞き手の同意を求めると言うより、自分の聞き手への評価を表明し、相手の応答を求める。こういう意味合いから、「聞き手評価」と名づけておく。

(11)英里子：恥ずかしくないんですか？
　津久見：立派なことをしているとは思ってませんよ。
　英里子：それでも教育者ですか？
　津久見：私は塾の講師です。教育者ではない。
　英里子：ひどい居直りね。
　津久見：愚かなのは私だけじゃない。

英里子：……憐れだわ。　　　　　　　『レイクサイドマーダーケース』

(12)藤間：あなたと彼女は不倫関係です。嘘はつきものだ。適当なところ、つまり警察が彼女が姫神湖に来たと言う事実を突き止めたあたりです、その辺で白状しちゃえばいい。奥さんの目を盗んで彼女と姫神湖で密会したと。ただし、彼女は東京に無事に帰ってるんです、こうやってね。

俊介：……よくそこまで冷静に考えられますね。

藤間：医者ですから、私。　　　　　　　『レイクサイドマーダーケース』

(13)満天姫：シュウジどの。詳しいのですね。

修　：え、まあ軽く一般教養ですよ。その辺のことは一通り。

『シュウさんと修ちやんと風の列車』

「同意要求」を表す「ね」も「聞き手評価」を表す「ね」も、話し手が聞き手に共有情報を示すという点で同じであるが、応答文からその違いが見られる。「同意要求」の用例の話し手は、聞き手も自分と同じ認識を持っていると想定した上での発話で、「ね」を使うことによって、聞き手に同意の要求を伴っているので、

(14)A：今日は寒いですね。

B：そう？そんなに寒くないと思うけど？

のような応答は話し手の想定を超えたものといえるが、次の（15）の場合は、評価の意味合いが割りと強く出るので、聞き手に同意の要求を伴っていない。

(15)A：君は相変わらず強情だね。

B：そう？もうずいぶん変わったと思うけど。

このような応答文は自然な対話として成り立つ。

3.1.4 確認要求

次に、聞き手に情報があると話し手が想定する場合の例を挙げる。

(16)部長：（資料を見つつ）君は、まだ親元から通勤してるんだったね。

基子：はぁ（それが何の関係があるんだ）。　　　　　『すいか』

(17)電気屋：取り付け、ここでいいんですね。

ゆ　か：ちょ、ちょっと待ってください。　　　　　『すいか』

(18)男　：愛郷……お前は愛郷だったのか、思い出した。私は遠い昔にお前を置いて都に上った。

愛郷：思い出してくれたのですね。嬉うございます。よく帰ってきてくれました。　『怪し野』

これは聞き手のほうにわりと確かな情報を持っている話し手が想定する事柄について、「ね」を使って当該情報を聞き手に示すことによって、聞き手の確認を求める用法である。今までの論説から見て、これは共通の見方だと言っていいだろう。

以上、認識性が卓越した用法について分析してきた。その下位分類としては、「同意要求」「同意表明」「聞き手評価」「確認要求」の四つにしておく。

3.2　伝達性が卓越した用法

これは発話内容を話し手の認識として聞き手に示すことによって、聞き手に何らかの態度を表明する用法である。この場合の「ね」は使っても使わなくても、文の意味合いに大きな違いが出ない。使わなくてもいいのにあえて「ね」を入れるのは、やはり話し手の聞き手に対して何らかの態度を表明するもので、伝達の側面から分析していかなければならない。では、具体例を挙げて考察してみよう。

3.2.1 行動表明

(19)ちょっと、郵便局行ってきますね。　（神尾1990）

神尾（1990）は（19）について、「私は郵便局へ行ってきますから、そのことをよく承知しておいてください」「私が郵便局へ行くことをあなたに関わりのあることにしたい」という解釈を与えたが、本稿では話し手は自分のこれからとる行動を聞き手に表明し、聞き手の承知を得たいというふうに解釈したい。

(20)A：どこへ行くんですか。

B：ちょっと、郵便局行ってきますね。　（北野1993）

（20）の文はなぜ不自然なのかも、この解釈でうまく説明できるだろう。これはAに聞かれて、初めて自分の行動を示す発話で、自ら自分の行動を表明し、相手の承知を得たいという意味合いにならないので、「ね」をとることができない。

こういう「自分のこれからの行動を聞き手に表明し、聞き手の承知を得たい」の「ね」の用法を「行動表明」と名づけておく。次に上げる（21）（22）（23）もこのような用例である。

(21)（七生が洗車している君江の手伝いをしている）

七生：あ、このバケツ片づけるねー！

君江：気がきくねえ、あんたは。で、学校はどうだったの？仲良くやってけそう？

『七子と七生～姉と弟になれる日～』

(22)信子、着替えを持ってやってくる。

信子：ここへ置いときますね」中へ向かって声をかける。すリガラスの向こうに入浴している有徳と大柄な介助員の姿。

『義父のいる風景』

(23)看護婦：じゃおなかまわり、測りますね。

多恵子：先生（胎見の姿に嬉しそう）！　　『大地の産声が聞こえる』

3.2.2 語勢弱め

(24)（先生は生徒に）

ここは間違いですね。　　（作例）

(25)店主：この発売禁止になったシングル盤。

坂崎：禁止というより、中止ね。

康介・紀男：ほおー？？　　『パッチギ』

(26)A：大恐慌は本当に起こるのでしょうか。

B：起こると思いますね。　　（蓮沼1988）

(27)A：将来は女優を目指したいですね。

B：目先のことにとらわれず、大きな目標を持ってほしいですね。

（北野1993）

（24）～（27）までの例文は、話し手の判断、主張、予測、希望・要望を表す文で、「ね」を付加することによって、断定を避けたり、主張を弱めたりする働きがある。（26）の例文について、蓮沼（1988）は「内部確認行為」（北野1993）の視点から解釈を与えたが、北野（1993）は（27）に用いる「ね」は聞き手尊重のための「ね」だと述べた。

そのほか、依頼文に「ね」をつけることで、語気を和らげることができるのも明らかである。

(28)亮平：カーンがどこかへ行きたい時は行っていいからね。でも、きっとここへは帰ってきてね、約束だよ」　　『カーン』

(29)月子：センセイ、どこにも行かないで下さいね。

先生：どこにも行きませんよ。　　『先生の鞄』

確かに「ね」を使うことによって、聞き手に丁寧さを示すニュアンスが感じられる場合がほとんどである。しかし、（30）のような用例に「ね」をつけると、却って少し失礼な感じがする場合もある。

(30)A：今日着ている服、どう？
B：そうですねえ。似合うと思いますね。　　　　（王2002）

丁寧さにしろ、失礼な感じにしろ、いずれも「断定を避け、話し手の主張を弱める」ところから派生した意味合いなので、一括して「語勢弱め」の用法とする。（25）のような文に「ね」が使えないのは、話し手は「やっていない」ことを強く主張したいので、「語勢弱め」の「ね」を用いることができない。

(31)A：不正な株取引は、本当にやってないですね。
B：絶対にやっていませんね。　　　　（北野1993）

3.2.3 内部確認

(32)ミチルM：スーツ姿の肩に大きなクーラーボックスを引っかけたおじさんが、強引に乗り込んできて。
貞　　夫：8のB。……8のBね。
ミチルM：私の前の席にドサッと座った。　　　　『バスで行く人』
(33)加藤：前回の訪問、いつだ？
里見：先月ですね。ええと17日です。　　　　『いつか読書する日』

用例（32）は話し手の独り言で、（33）は応答文であるが、いずれも「ね」を付けることによって、その場で話し手が調べたり考えたりしたことを心の中で確認しながら聞き手に述べるということを表したり、記憶を思い起こしているということを表す。いわゆる「内部確認」である。

3.2.4 注意喚起

ここの「注意喚起」はいわゆる記述（2003）の「聞き手を意識していることを示す用法」である。しかし、「語気緩和」を表す「ね」も「行動表明」を表す「ね」も、「聞き手を意識している」といえないことが無いので、「注意喚起」という用語を用いた。以下のような例はそれである。

(34)1：2年生（2：はい、そうですね）あの一、宗教を専攻しようと思い始めたのは（2：はい）いつ頃でしょう。

2：そーかー、そりゃあねー／僕が自宅浪人をしていた時期ですね。高校3年生を卒業した後私1年間、地元で自宅浪人しましたから。（1：はい）その間に（1：うん）進路意識が変わってきたんですね（1：はあー）。だから実際はその前はなろうとしていたのは、あら、勉強しようと思っていたのはキリスト教じゃなかったんですね。

(KYコーパス)

(35)その石段のかげに将校のひとが倒れておられたんですね。そしたら、その将校の方が私の足音に気がついてね、「新型爆弾にやられたぞおーっ」といわれたんですね。新型爆弾？　『ヒロシマの黒い十字架』

(36)吉見：奥さん交通事故。

洋子：ひどい事故だったらしいわ。その光景が頭に灼きついちゃったのね。だから思い出すと思わず唸ったり叫んだりするみたい。

『袖　振り合うも』

この用法の「ね」は、話し手が発話を続ける際に、聞き手を自分の話題に引き込むために使います。「話し手が複数の文を続けて発話する場合に、重要な情報を伝える文の前提として、相対的に軽い情報を『のだ』によって表す文に『ね』が付加される」日本語記述文法研究会（2003）。

4. まとめと今後の研究課題

本稿では、終助詞「ね」について認識と伝達の両側面から、その意味・機能について分析し、下位分類を試みた。認識性が卓越した用法には、「同意要求」「同意表明」「聞き手評価」「確認要求」の四つに分けられ、伝達性が卓越した用法には、「行動表明」「語勢弱め」「内部確認」「注意喚起」の四つに下位分類することができる。また、それぞれの意味用法についても詳しく考察してきた。

しかし、推量文（～だろうね）、勧誘文（～ましょうね）などにおいての「ね」の意味・用法についてはまだ触れていない。また、終助詞「ね」とそれに対応する中国語語気詞の異同についてももっと考察したいと思う。この二つを今後の研究課題とする。

参考文献

[1] 大曽美恵子(1986)「今日はいい天気ですねーはい、そうです」『日本語学』第5巻第9号明治書院

[2] 蓮沼昭子(1988)「続・日本語ワンポイントレッスン・第2回」『言語』大修館書店

[3] 神尾昭雄(1990)『情報のなわ張り理論』.大修館

[4] 益岡隆志(1991)『モダリティの文法』.黒潮出版

[5] 北野浩章(1993)「日本語の終助詞「ね」の持つ基本的機能について」『言語学研究』

[6] 曺再京(2000)「終助詞の機能—文レベルと談話レベルにおいて—」『国語学研究』

[7] 王志英(2002)「日本語の終助詞「ね」と中国語の「吧」について」『日本語言語文化研究』

[8] 宮崎和人(2002)「終助辞「ネ」と「ナ」」『阪大日本語研究』

[9] 柴原智代(2002)「「ね」の習得－2000/2001長期研修のOPIデーターの分析－」『日本語国際センター紀要』

[10] 斉藤美紀(2003)「終助詞「ね」の意味に関する一考察－「ね」の意味記述に「聞き手知識」を含めることは不可能か－」『言語情報科学』

[11] 日本語記述文法研究会編(2003)『現代日本語文法4　モダリティ』黒潮出版

対応的自他動詞の受動態

大連交通大学　張璐璐　劉晶

要旨：ご存知のように、日本語の動詞は文法上から分類すると、自動詞と他動詞に分けることができる。ある動詞は自動詞（あるいは他動詞）で、それと対応する他動詞（あるいは自動詞）もある。互いに対応するとは、二つの動詞が形態上で一つの語幹で、語尾は異なっていて、意味上で自他に分けることがあるほかに、表現した内容が大体同じであるということである。たとえば、「乗る」と「乗せる」、「濡れる」と「濡らす」、「飛ぶ」と「飛ばす」など、前者は自動詞であり、後者は他動詞であり、それは対応的な関係である。本文は主に対応する自他動詞の受動態と使役態を説明する。そのうえ、いくつかの規則を探し出し、将来の教育にある程度役に立つことを期待する。

キーワード：自他動詞　受動態　使役態

1. はじめに

周知のように、日本語の動詞は文法上から分類すると、自動詞と他動詞に分けることができる。その中の一部の動詞は自動詞しかなく、対応する他動詞はない。「痩せる」「そびえる」「すぐれる」などの非意志的な動詞の中の状態動詞がこのような動詞である。また、ある動詞は他動詞しかなく、対応する自動詞はない。たとえば、「なぐる」「けとばす」などの意志的な動詞がこのような動詞である。しかし、ある動詞は自（他）動詞の機能がある。つまり、一部分の動詞は自動詞であれば、他動詞でもある。たとえば、「退ける」「志す」などがこのような動詞である。一方、ある動詞は自動詞（あるいは他動詞）で、それと対応する他動詞（あるいは自動詞）もある。互いに対応するとは、二つの動詞が形態上で一つの語幹で、語尾は異なっていて、意味上で自他に分けることがあるほかに、表現した内容が大体同じであるということである。たとえば、「乗る」と「乗せる」、「濡れる」と「濡らす」、「飛ぶ」と「飛ばす」など、前者は自動詞で、後者は他動詞で、それは対応的な関係である。本稿は主に対応する自他動詞の受動態と使役態を考査すると同時に、いくつかの特殊な規則を探し出して、将来の教育にある程度役に立つことを期待する。

2. 対応的自他動詞の受動態

受身というのは、要するに、動作・作用の主体が、他の何ものかに働きかける場合に動作主、つまり動きの発するものを主役とするのでなく、動きを受けるもの、動きの向う先を主役として事態を描く表現であるが、それが受動態と認定されるためには、（それぞれの言語で）一定の形態的、統語的、意味的特徴を具えていなければならない。そして、日本語の受身文に、「人」を主語の位置に据えるものと、「もの・こと」を主語の位置に据えるものがある。次の例を見てみよう。

(1) 太郎が次郎にからかわれた。
(2) 大きなビルが建てられた。

(1)のように人が主語に立つ受身文を有情受身と呼び、(2)のように人以外のものが主語に立つ受身文を非情受身文と呼ぶ。日本語受身文の成立が、文に描かれる出来事の参加者の性格（「人」か、「もの・こと」か）と強く相関していることは明らかである。たとえば、「太郎は花子にほめられた」とは言えても、「机は花子にほめられた」とは言えない。日本語表現の中で、非情受身の使用に制限があることはこれまでに指摘されているところである。かつて非情受身は日本語受身表現の中では稀有のものであり、主流は有情受身であると言われていた。また、受動態の表現の中に二つのかなり異なる型のものがある。日本語の受動態は受動文の主語が直接であるか、間接であるかによって、直接的な受動態と間接的な受動態を分けている。次は二つの例を見よう。

(3) あの子の両親は泥棒に殺された。（那孩子的父母被小偷杀死了。）
(4) あの子は両親に死なれた。（那孩子失去了双亲。）

(3) 文と (4) 文はみんな「あの子の両親が死んだ」という事実を述べた。(3) 文は「両親」という主格に立つ名詞が述語動詞の語幹によって表わされる動作の直接影響を受けるものであるという意味特徴を持って、そのようなタイプの受け身を「直接受身」と呼ぶ。 (4) 文は「あの子」という主語が主格補語の受ける影響が間接的で、そのような受け身を「間接受身」と呼ぶ。

2.1　直接的な受動態

日本語の文法として、直接受身に関して記述すべきことを、聞き手の面から考えると、次のようなことであろう。ある語の連鎖が、「XガYニ（その他）=V-(r)are-」（①）という要素を含んでいるとき、それを直接受身の型のものであると判定し、その型の一般的な意味特徴に従って、それを構成する単語の意味を組み合わせ、全体の意味を理解する、その手がかりを明らかにすることである。一方、それを話し手の立場から考えると、ある事象を、「受け手を主役として」描こうとするとき、どのように自分の語彙の中から名詞や動詞を選んで（①）のような文を組み立てればよいか、という知識の中味を明らかにすることである。そして、この両面の要請に応じる知識は、結局は一つのものである。

動詞の表面的な形態だけからいえば、V−(r)are−は、後の間接受身とも、またその後で見る可能態とも、同じ形をしている。また、自動詞の中にも、この形をしているものがある。また、Yのとる助詞は、上のような「ニ」とは限らず、逆に「Yニ」となっているからといって直接受身とは限らない。さらに、文の表面には、「Xガ（Xハ）」も、「Yニ（その他）」も、現れているとは限らない。上のようなことがあるにもかかわらず、ネイティブ・スピーカーは、どうしてある「V−(r)are−」を、直接受身構文の述語だと即座に判定するのだろうか。このような知識の中心にあるのは、上の（①）のような構文を、「YがXヲ/ニ　V−」（②）という構文と対応するものとして理解することができるということであるといえるだろう。

ところで、前の自他動詞の分類基準の中で、他動詞だけ直接的な受動態があることがわかった。そして、非対応的な他動詞の受動態は主語が有情物であろうか非情物であろうかによって、二つの種類に分けることができる。では、例を見よう。

①：a. 花子が太郎を招待した。（花子招待了太郎。）
　　b. 太郎が花子に招待された。（太郎受到花子招待。）
　　c. 太郎が花子に招待してもらった。（太郎受到花子招待。）
②：a. 太郎が次郎を殴った。（太郎打了次郎。）
　　b. 次郎が太郎に殴られた。（次郎被太郎打了。）
　　c. 次郎が太郎に殴ってもらった。（×）

以上の二組の文の主語は有情物である。①bのような主語は受益の状況で、cの「〜てもらう」と換えることができる。しかし、②のように被害を表す場合、cの「〜てもらう」は使うことができなくなる。

次は主語は非情物であるの受動態を見てみよう。

③：a. 多くの女性がいまも『源氏物語』を読んでいる。（现在仍有许多女性在读《源氏物语》。）
　　b. 『源氏物語』はいまも多くの女性に読まれている。（《源氏物语》现在仍有广大女性在阅读。）
④：a. 壁にポスターを貼っている。（在墙壁上贴上宣传画。）
　　b. 壁にポスターが貼られている。（墙壁上贴着宣传画。）
　　c. 壁にポスターが貼ってある。（墙壁上贴着宣传画。）

③と④を見た後、無対他動詞はその受動態に変わることを通じて、その自動詞化を表すことがわかった。たとえば、「読む一読まれる」「貼る一貼られる」などである。そして、④のbとcのような文は、動作の主体を判断できない場合、意味上でほとんど差がない。

一方、対応的自他動詞の中の他動詞といえば、それは対応的な自動詞の表現があるから、一般に、他動詞文の行為、作用結果を表す時、他動詞の受動文を使わなく、多くのは自動詞文を使う。たとえば、

⑤：a. 私は遠くの山を見る。（我眺望远山。）（主动句）
　　b. 遠くの山が私に見られる。（╳）（被动句）
　　c. 遠くの山が見える。（看得见远山。）（自动词句）
⑥：a. 私は大学を受けた。（我报考大学。）（主动句）
　　b. 大学は私に受けられた。（╳）（被动句）
　　c. 私は大学に受かった。（我考上大学。）（自动词句）

しかし、そのような他動詞は直接的な受動態を使うことができないことではない。ある場合、他動詞の受動態と自動詞文と、二つの形式も使うことができる。たとえば、

⑦：a. 警察は犯人を捕まえた。（警察捉住犯人。）（主动句）
　　b. 犯人は警察に捕まえられた。（犯人被警察捉住。）（被动句）
　　c. 犯人は捕まった。（犯人捉住了。）（自动词句）

ところが、他動詞の受動態と自動詞文は意味上差がある。自動詞文は一般的に動作主体が不明か不問の場合にのみ使う。また、他動詞の受動態の場合、動作主体が単に不明、不問というだけならば、受身表現を使うと、文中で言及されていなくても、その事象が誰かによって引き起こされたという意識が存在しているという印象がある。これが、受動表現と自動詞表現の基本的な違いであろう。

ところで、どのような他動詞が直接的な受動態を使うことができるかという問題は動詞の行為、働きによって引き起こす状態変化の性質と関係がある。他動詞の行為、働きによって引き起こす変化は内因的な変化と外因的な変化がある。そして、外力を介入することだけを通じて変化する動詞を外因性的な動詞と言い、内因によっても外因によっても、変化する動詞を内因性的な動詞と言う。一般的にいえば、外因性的な動詞は直接的な受動態を使いやすく、内因性的な動詞は受動態をあまり使わない。たとえば、

定まる/定める：

⑧：a. 大学当局が新しい規則を定めた。（大学当局制定了新的规则。）

b. 新しい規則が大学当局によって定められた。（新的规则由大学当局制定出来。）

c. 新しい規則が定まった。（新的规则制定了。）

前の例の中の「規則」は内因性がない。外力の作用がなければ形成できない。だから、この場合は受動態のb文が成立できる。c文はただ結果の客観的な描写である。

ある時、一つの他動詞は状況によって、内因性的な動詞でもあれば、外因性的な動詞でもある。それが外因性的な動詞として使うとき、受動態が使える。しかし、それが内因性的な動詞として使うとき、受動態がつかえなく、自動詞文だけ使える。たとえば、

倒れる/倒す：

⑨：a. 台風が朽ちた木を倒した。（台风吹倒了朽木。）

b. 朽ちた木が台風によって倒された。（×）

c. 朽ちた木が台風で倒れた。（朽木被台风吹倒。）

⑩：a. 道路拡張工事のために、道路公団が街路樹を倒した。（为扩宽道路，道路公团把林荫树伐倒。）

b. 街路樹が道路公団によって倒された。（林荫树被道路公团伐掉了。）

c. 街路樹が倒れた。（林荫树倒了。）

前の例⑨の「朽ちた木」は自然に倒す内因性を持つから、そのときの「倒す」は内因性的な動詞に属する。だから、⑨bの受動態はあまり適当しないで、⑨cの自動詞文は適当する。また、⑩の「街路樹」は一般的にいえば、外力を加えなければ倒れないから、そのときの「倒す」は外因性的な動詞に属し、受動態が使える。そして、⑩cの受動文は一定の条件で使うこともできる。つまり、「倒す」のような内因性もあれば、外因性もある動詞は、ある場合は受動態で使え、ある場合は受動態が使えないことがわかった。

2.2 間接的な受動態

間接受身というのは、直接受身のように対応する能動の構文をもたないもの、いいかえると、その構文が能動表現から派生したものとして記述することのできないもの、それでありながら、主格語が述部で表される事態の影響を受けるという点ではやはり受身の一般的特徴を持っているもののことをいう。この種の構文を組み立てるのに使われる動詞は、「おらあ八つの年、町で夏火事にあい、両親と妹に焼け死なれた。」のように、自動詞となるもののこともあり、「車に遊び場を喪われた子供たちのために」のように他動詞の場合もある。

日本語の受身の中に、直接、間接の二つの受身を認め、その区別を構文的特徴に求めたが、それはまた、そのように認定された間接受身が、常に主格に立つ名詞の指すもの（普通は人）にとって迷惑、いやなこと、困ったこと、嬉しくないことを表すのに使われるのに対し、直接受身はどちらの場合でも使われるという、意味、ないし表現機能的特徴と表裏をなしていると考えるからである。直接受身、間接受身が、それぞれどういう場合に出てくる表現であるかを比べてみると、次のように言えるだろう。

直接受身というのは、舞台の上の登場人物（もちろんここでは比喩的にいっているので、それはモノでもコトでも空間でも時間でもよい）が、二人かそれ以上あることが前提になっている。そのうち、その事象を起こしたものを主役とし、その相手をわき役として描くのが能動表現であり、その動きを受けるものが主役になり、彼に働きかけるものはわき役に回るのが直接受身表現である。つまり、その役の転換（文法的にいえば格の転換）は、「当事者」間のことだということである。これに対し、間接受身というのは、舞台の上の登場人物、つまり当事者の間のことではなく、傍でそれを見ているもの、つまりその舞台の外の第三者が、その舞台の出来事によって何らかの影響を受ける、そういう状況を描こうとするものだといえる。直接受身は、二者、あるいは三者が関係をもつ事象の、その当事者の間の関係であるから、そのような事象を描く動詞も、そのような関わりかたを表すものに限られる。これに対し、間接受身は、その事象を、いわば始めは傍で見ていたものが、その事象が起こることによって影響を受ける、つまり新たな舞台で一つの役をもったものとして登場する、そういう表現であるから、始めの事象を表す動詞は、ある一人の人、一つの物の動きや変化でもよく、それが他に働きかけるようなものでも、また三者が関係しあうようなものでもよい。つまり、間接受身を成立させる動詞の範囲は、直接受身を成立させるものよりずっと広い。しかし、それではどんな動詞でもよいのか、というとそうではない。そのように、直接受身にはもちろんならないが、間接受身にもならない動詞、それが三上のいわゆる「所動詞」である。

三上の自他動詞についての分類基準に基づいて、他動詞と自動詞の中で能動詞（意志動詞）だけ間接的な受動態が使え、自動詞の中で所動詞（無意志動詞）はそれが使えないことがわかった。まず、非対応的自他動詞の間接的な受動態を見てみよう。

①a. 太郎は昼寝の間花子にピアノを弾かれた。（太郎午睡期间让花子弹钢琴了。）
b. 花子は赤ちゃんに一晩中泣かれた。（花子被婴儿哭了一夜。）
c. 昨日家へ帰る途中で雨に降られた。（昨天回家路上被雨淋了。）

①の中の三つの文は主語がみんな有情物である。それと直接的な受動文とは差がある。直接的な受動文の主語は非情物であるの多くの場合は無対他動詞であって、主な働

きは他動詞の自動詞化である。それに対して、間接的な受動態は文の主体はある間接的な影響を受けるから、ある被害を引き起こすことを表す。だから、間接的な受動態の主語はもちろん有情物である。たとえば、

②a. 先生は大勢の生徒に来られて困った。（来了许多学生使老师很为难。）
b. 教室は大勢の生徒に来られて騒がれた。（╳）

②bの中の「教室」は非情物である。「教室」は大勢の生徒が来ても被害を受けないから、この文は成立しない。

また、両用自動詞といえば、意志動詞（能動詞）だけ間接的な受動態が使え、無意志動詞（所動詞）はそれが使えない。たとえば、

上がる/上げる
③a. 物価が大幅に上がった。（物价大幅度上涨。）
b. 市民が大幅に物価に上がられて困った。（╳）
c. 市民が大幅に物価に上げられて困った。（市民由于大幅度物价上涨而抱怨。）
④a. 子供が舞台に上がった。（孩子爬上舞台。）
b. 観衆が子供に舞台に上がられて困った。（由于孩子爬上舞台捣乱，影响了观众看戏。）

前の二組の例から見ると、同じ「上がる」は③aの中で、主語は非情物だから、その「上がる」は無意志動詞に属する。だから、③bの受動態は成立しない。一方、④aの主語は有情物だから、その「上がる」は意志動詞に属する。だから、④bの間接的な受動態は成立する。

3. 対応的自他動詞の使役態

3.1　使役態の形態・統語・意味的特徴

動詞の使役形は、Ⅰ類の語幹には-ase-(ru)を、Ⅱ類の語幹には-sase-(ru)をつけて作られる。「行かせる」「飲ませる」「食べさせる」などで、「する」は「させる」、「来る」は「来させる」である。これらの形がついた形全体はⅡ類として活用すること、受身や可能と同じであるが、つづまって(-(s)ase-の最後のe-が落ちて)「行かす」「飲ます」「食べさす」「さす」「こさす」等となると、Ⅰ類化する。松下は、これを「西部」の方言のものとし、「ノマセル」型が「正統の東京語」としながらも、東京に地方人が多量に移住した結果、一般に広がったものとして認める態度をとっている。

Martinは、これを'Short form'と呼んでいる。本稿でも、「行かす」などを使役形の「短縮形」とする。短縮形は、'ふつうの'形の異形態と見るわけであるが、両形は完全な合同ではない。短縮形は、表面的には「こわす」「ながす」などの他動詞と同じ形態的特徴をもつことになるが、そのことはそれらの統語的特徴とも結びついている。

文語では、この「す」「さす」のほかに、「しむ」という使役の助動詞があったが、現在では特別な成句のほかには使われない。山田は、「す」「さす」とそれよりやや古い「しむ」の間に何らかの文法的な区別があることを予期して研究したが得る所はなかった。つまり両者の間に大きな差は認められなかったと述べている。

さて、このような動詞の使役形は、

(1)a. 私が弟を東京へ行かせる。
(2)a. 母親が赤ん坊にシルクを飲ませる。
(3)a. 落語家が客を笑わす。

のように使われ、これらの文は、それぞれ

(1)b. 弟が東京へ行く。
(2)b. 赤ん坊がシルクを飲む。
(3)b. 客が笑う。

のような文に対応するものとして、あるいはこれらから派生された文として理解される。松下は、上のbのような表現を「原動」、aのようないわゆる使役の表現を「使動」と呼んだ。aとbの間には、

(4) a. XがYを/に（Zを）V-（使役形）-ru
 b. Yが（Zを）V-ru

のような一般的な対応があることが認められる。つまり、Yの格の移動と、動詞の形態交替が相関しているので、態の一つというわけである。

以上の大筋については、先に述べたように大方の見方は一致しているわけであるが、このような使役態について、昔から、また近年の生成変形文法の立場からもいろいろの議論がなされてきたのは、この使役態の表す意味内容が、細かく見れば単一でないこと、また、Yのとる助詞が、「を」になったり「に」になったりすること、おそらく両方の現象が互いに関連していると思われることなどのためである。

山田は、ここでいう使役態を、動詞に「発動性間接作用」を表す接語尾のついたものとし、受身の「状態性間接作用」と対立させているが、前者をさらに「干与作用」を表

す場合と、「使令作用」を表す場合に分けている。干与作用というのは、「母が子を眠らせる」のように、先の(4)のように一般的な形でいうと、Yが何かをするようにXが仕向け、Yがその影響を受けて動作をする場合をいい、使令作用というのは、Xがある結果を実現することを企て、自分では手を下さず、Yを「自家の方便として使役」する場合をいう。そして、「させる」は主として前者に、「しめる」は主として後者に使われるが、明確な使い分けがあるとはいえないとしている。

松下には、独特の説明が見られる。松下は、使動にも「自動の使動」と「他動の使動」があるとし、

(5) a. 下女に夜使に行かせる。
    b. 下女を夜使に行かせる。
(6) a. 子供に牛乳を飲ませる。
    b. 子供を牛乳を飲ませる。

のaは「自動の使動」で、「事柄に重きを置く」使役の言い方であり、bは「他動の使動」で「人に重きを置く」使役の言い方である。前者では「用事の遂行」に重点がおかれ、後者では「下女、子供の処置」に重点が置かれているという違いがあると説明する。山田、松下とも、この点ではもう一つ明確さを欠くが、「使役」の内容の複雑さと、助詞の使い方を考える上では参考になる。

宮地裕は、使役の意味を次の五つに分けて例をあげて解説している。

①誰かが誰かを動かして、別の誰かに対して何かするようにする意（これが典型的な使役の意味であるとする。）
②誰かが誰かを動かして、何かするようにする意。
③誰かが誰かの動作を許容すること。
④誰かが誰かの自由放任を認めること。
　例：太郎を九時まで寝かせておいた。
　　　彼にかってにいわせておくさ。
⑤誰かの不随意なことや迷惑なこと。
　例：長女を早く死なせてから臆病になった。
　　　あんまり気をもませるからさ。
　　　一時間も待たされて、ほんとにイライラさせられたわ。

上の⑤は、使役というとよく話題になる軍記物の、

(7) 太田太郎我身手負ひ家子郎等多く討たせ馬の腹射させて引退く。

（平家物語、後述長谷川（1969）より）

(8) 修理の大夫は子息を三人が三人とも討たせてしまわれたな。

（木下順二「『子午線の祀り』）

のような言い方に通じるものであろう。このような、いわゆる‘武者詞’に多く現れるとされてきた使役の表現については、長谷川(1969)の興味深い論がある。長谷川氏は、軍記物が武者の手になる作品でないのだから、そもそも武者詞といういい方自体が無意味であるとし、軍記物以外にもこの種の表現が数多く見られることを示し、受身の意味を、受身をきらった武士が使役にになわせたのだ、とする通説を根拠がないものとして拒けている。氏は、使役の本質は「力の関与」であるとし、このような表現は、ある事が外なる力のために起こる、「そのままになって」というように表現するのであると説明している。そして、このような自発的用法が見られるのは、使役の中にだけでなく、「先取得点をゆるす」「車をぶつけた」「愛児をころした、死なせた」というような他動詞の用法にも「日常的にふんだんに」見られるものであると述べている。説得的であると思う。態の表現を全体として眺める観点からいえば、それでは、このような使役や他動が、自発や自動とどう違うのか、ということが問題になろう。

使役の構文は、変形文法の立場からも、かなり早くからよく論じられた構造の一つである。先鞭をつけたのは、Kuroda(1965)であろう。黒田氏は、使役文に「ヲ使役文」と「二使役文」の二種があり、一方が強制を、他方が任意・許容を表すとし、その深層構造と、表層での助詞の配置の手続きを論じた。その後の生成文法論者でこの問題を最も包括的に扱ったのは柴谷方良氏であろう。柴谷氏は、使役を「誘発使役」と「許容使役」に分ける。誘発使役が（ここでの言い方で簡略にいうと）「YをV-させる」という形のときは、Yの意志を無視した表現であるが、「YにV-させる」のときはYの意志が尊重されていることを表す。許容使役における「積極的な許容」では、「YにVさせる」の方が自然、「消極的な許容」（積極的には承諾を与えないが、ある物事の発生・進行を妨げるのを控える）では、「Yを～」の方が自然であるとする。

変形文法でこの構文が興味あるものとして度々とりあげられたのは、Rosenbaum(1967)に始まる「補文構造」の議論の発展が背景になっている。日本語の使役や受身の構造が、「深層」で、「Xが…させる/られる」（主文）に、「Xが…V」という（補）文が埋め込まれてできると説明することが意味の説明をより一般的に説明できると主張するのである。

使役の構文の成立事情と本質は次のようなものであると私は考える。あるもの(X)の動作・作用が、本人以外の存在(Y)を必要とするものであるか否かに関わりなく、ある事象がXを主役として描かれる場合、「Xが（Yを/に）～する」という描き方になるが、その事象についての当事者でない、つまり第三者であるもの（W）が、新たに舞台のできごとと関わりをもつ者として登場し、それが主役としてはじめの事象がいわば描きなおされるとき、山田のいう「間接作用」の表現が生まれる。Wがその事象の出来については全く関知せず、あるいは責任がなく、いわば天からふってわいたようにそのできごとが起こって、その効果が彼にふりかかるという表現が間接の受身の表現であるのに対し、Wがその事象の出来に何らかの責任があるという表現が使役の表現である。

使役の構文と間接受身の構文は、ある点から見ると裏表の関係にある。両者の中間にある、あるいは、両面の性質をもっているのが、「～してもらう」という表現である。使役と間接受身の違いは、主格に立つものWの、「Xが（Yを/に）～する」という事象に対するいわば関係の方向性の違いに帰せられる。使役文の主体は「Wが」であるが、そのWが引き起こした、ないしはその出来事に責任がある事態の中の主体Xがとる助詞は「に」であったり「を」であったりする。（間接受動の中では常に「～に」となる。）その動詞が自動詞であれば、どちらでもよく、他動詞であれば（既に「を」があるから）「に」をとるといわれている。また、一般に「Xに～させる」は、任意・許容的、「Xを～させる」は強制・命令的といわれる。いずれもまちがいとはいえないが、大体の傾向がそうだという程度のことだと思う。とはいえ、助詞の選択に全く法則性がないというのも言い過ぎであろう。以上のことをまとめ、使役表現の構文・意味的特徴、述語動詞が使役態と呼ばれるための形態的特徴を整理しておこう。

(9) WがXを/に（Yに…）　V-ase/sase -ru　（短縮形　V-as/sas -u）
意味：「Xが（Yに/を…）Vする」事態を、Wが引き起こす、あるいはそれを妨げ得るのに妨げない、あるいはその発生に主観的に責任があると感じている。

3.2　非対応的自他動詞の使役態

無対他動詞の使役態は被使役者が使役者の指示に基づいて事を処理することを表すから、被使役者は必ず有情物であるのことを要求しなけなばならない。たとえば、

① a. 生徒が本を読む。→先生が生徒に本を読ませる。（老师让学生读书。）
b. 次郎が風呂をたく。→太郎が次郎に風呂をたかせる。（太郎让次郎烧洗澡水。）

また、無対自動詞は一般的に意志動詞だけが使役態を使えて、被使役者は使役者の指示によって事をすることを表す。たとえば、

②a. 太郎が買い物に行く。→母親が太郎に買い物に行かせる。（母亲让太郎去买东西。）

b. 生徒が教室へ来る。→先生が生徒に教室へ来させる。（老师让学生到教室来。）

ところで、ある時非情物を被使役者とする自動詞使役態もある。それは使役者がそのものの内在特徴を利用して、外力を通じてそのものの状態の変化を実現することを表す。そのときの自動詞は意志動詞として使用する。たとえば、

③a. 春になると、花が咲く。→花屋さんが冬でも花を咲かせる。（花匠让花在冬天盛开。）

b. 雨が降る。→科学者が人工で雨を降らせる。（科学家进行人工降雨。）

c. 車が走る。→運転手が車を走らせる。（驾驶员疾车飞驰。）

一方、多くの無意志の無対自動詞についてその使役態はもとの意味が失われて、対応的な他動詞として使うことになる。たとえば、

④a. 実験が成功した。→長年の研究を重ねて、遂に実験を成功させた。（经过多年研究，终于使实验成功。）

b. 中国の教育事業が大いに発展した。→中国政府は教育事業を大いに発展させた。（中国政府大力发展教育事业。）

前の例から見ると、「成功する一成功させる」「発展する一発展させる」のように、無対自動詞はその使役態を通じてその対応的な他動詞となることがわかる。この点と「作る一作られる」「貼る一貼られる」のような受動態とは働きはだいたい同じである。だから、巨視的な角度から見ると、日本語の動詞はみんな対応的自他動詞だと言えることがわかる。

3.3　他動詞文と自動詞使役文との区別

対応的自他動詞について、他動詞文を使うか、または、自動詞使役文を使うかという問題はいつもわれわれに迷惑させる。一般的にいえば、自動詞が無意志動詞であるの時、その意志性の行為作用はその他動詞文を通じて表現し、その自動詞の使役態を使うことができない。たとえば、

① 手紙が届く。→a. 郵便配達が手紙を届ける。（邮递员将信送到。）

b. 郵便配達が手紙を届かせる。（×）

②病気が直る。→a. 医者が患者の病気を直す。（医生医治好患者的疾病。）
b. 医者が患者の病気を直らせる。（×）

また、ある時無意志の自動詞文は主語が有情物で、その有情物の状態を表す。その場合、やはり自動詞使役態が使えない。たとえば、

③社員が減る。→a. 社長が社員を減らす。（社长裁员。）
b. 社長が社員を減らせる。（×）
④迷子が見つかった。→a. 警察が迷子を見つけた。（警察找到迷路的孩子。）
b. 警察が迷子を見つからせた。（×）

ところで、自動詞が両用自動詞の時、二つの状況がある。一つは、それを意志動詞として使用するとき、その使役態は使えて、その他動詞文は使えない。もう一つは、それを無意志動詞として使用するとき、その他動詞文は使え、その使役態は使えない。たとえば、

立つ/立てる
⑤a. 看板が立つ。（招牌立在那。）
b. 店員が看板を立てる。（店员立招牌。）
c. 店員が看板を立たせる。（×）
⑥a. 生徒が立つ。（学生站立。）
b. 先生が生徒を立たせる。（老师让学生站立。）
c. 先生が生徒を立てる。（×）

前の例から見ると、⑤aの主語は非情物である。「立つ」は「立てる」の結果を表し、もちろん使役態が使えない。それに対して、⑥aの主語は有情物である。「立つ」はそのものの意志があるから、使役態が使え、学生は先生の命令によって自分で立つことを表す。

つまり、一般的にいえば、意志自動詞はその使役態を使い、無意志自動詞はその他動詞文を使う。その規則は比較的に厳格である。しかし、ある場合、自動詞使役態と他動詞文とは同じように使うことができる。たとえば、

⑦a. 親が子供を押入れに隠れさせた。（父母让孩子藏在壁橱。）
b. 親が子供を押入れに隠した。（父母把孩子藏在壁橱里。）
⑧a. 先生が生徒を集まらせる。（老师让学生集合。）
b. 先生が生徒を集める。（老师把学生集合起来。）

⑨ a. 母親が子供を車から降りさせる。（母亲让孩子下车。）

b. 母親が子供を車から降ろす。（母亲把孩子弄下车。）

では、前の三つの例を分析してみよう。⑦bの「子供を隠す」というのは、有情物を非情物としての直接行為で、意味上で「金を隠す」と同じである。そして、⑧bの「生徒を集める」というのは、動作の主体が指示や手まねを通じて生徒を集めることを表し、間接行為である。すなわち、「集める」とは生徒の意志を考慮しなく、先生の単方面の作用を表す。それに対して、⑧aの「集まらせる」とは、生徒が先生の説得の下で自分で能動的に集まって、先生と生徒と互いに力を合わせる過程を表す。また、⑨bの「降ろす」は二つの情況がある。一つは直接行為である。つまり、母親が子供を車から抱えてきたことを表す。もう一つは間接行為である。つまり、母親が子供自分で車から歩いてきたことを表す。「降ろす」のような直接と間接と二種の行為を表す動詞が多くない。また「乗せる」「動かす」などがある。

ようするに、有情物を対象としての自動詞は他動詞文を使う範囲が限られていて、多くは自動詞使役態を使う。一方、非情物を主語としての無意志動詞は使役態が使えない。しかし、このような例もある：

⑩ a. ゼリーが固まる。（果冻凝固了。）

b. ゼリーを冷蔵庫に入れて固める。（把果冻放到冰箱里凝固。）

c. ゼリーを冷蔵庫に入れて固まらせる。（把果冻放到冰箱里使其凝固。）

⑩bの例は常用の文型である。⑩cの自動詞使役態は動作者がゼリーの低温で凝固できる性質を利用して、低温冷蔵を通じてゼリーを固めることを表す。だから、物の特徴を利用してそのものの状態を変化するように促す場合も自動詞使役態を使うことができる。

4. 結論

本稿は自他動詞について簡単に説明したほか、主に対応的自他動詞の受動態と使役態を考査した。同時に、特殊の規律も見つけていた。しかし、ここで挙げた例文はただ日本語の対応的自他動詞の一部だから、もっと多くの規律はわれわれ以後の研究の中で発見する必要がある。

参考文献

[1] 松下大三郎(1896).『動詞の自他』.国学院雑誌. 13-45.

[2] 大槻文彦(1897).『広日本文典』. 大槻家蔵版. 36-40.

[3] 草野清民(1901).『日本文法』.富士房.18-32.
[4] 山田孝雄(1922).『日本口語法講義』.宝文館.28-43.
[5] 松下大三郎(1923).『動詞の自他受使動の研究』.国学院雑誌.12-29.
[6] 高橋太郎(1999).『現代日本語のヴォイスについて』.明治本屋.18-26.
[7] 宮地裕(1997).『講座日本語と日本語教育』.明治本屋.33-46.
[8] 早津恵美子(1990).『有対他動詞の受身について』.明治本屋.39-58.
[9] 田中章夫(2001).『国語語彙論』.日本語国語研究会.88-96.
[10]橋本進吉(2001).『助詞、助動詞の研究』.岩波本屋.74-87.

社会文化

中日のことわざから見る女性のイメージについて

大連理工大学　穆紅・李瑩

要旨：本研究では、中日のことわざから見る女性のイメージを分析するために、中国と日本のことわざ辞典に収録されていることわざを収集し、女性の属性と女性の評価という2つの視点から分析を行った。分析の結果、中日両国ともに女性の美しい容姿を求めると同時に、女性の美徳と品行も要求することが示された。また、両国とも、美貌は社会、家庭にとって不安定な要素であるという態度を持っており、女性の美貌を軽蔑するという一面も窺えた。さらに、中日両国とも女性を軽蔑しているが、中国のことわざは男性を褒めることによって女性を軽蔑する傾向にあるのに対し、日本のことわざは女性を妖怪化、直接的に軽蔑して、男性の付属品、生育道具と見なされることが示された。

キーワード：中日比較　ことわざ　女性　イメージ

1. はじめに

ことわざは、鋭い風刺や経験、知識などを含んだ、庶民の間に世代から世代へ、口から口へと言い伝えられてきた簡潔で覚えやすくて独特のリズムを持った口調の良い言葉のことである。ことわざは、観察と生活経験、知識によって、長い時代をかけて総括されたものである。その多くは覚えやすくて簡潔で、言い得て妙であり、ある一面の鋭い真相を言い当てている。そして、ことわざはその民族の世界観、精神状態と文明程度を反映しているといえる。つまり、ことわざは、その民族の思考方法、行動様式、価値観、美意識などを表しているのである。金子（1982）では、「ことわざは日本文芸の起源から今日に至るまで、一つのジャンルとして、日本文芸の中に無視できない、かなり重要な位置を占めているものと思っている」と述べているように、ことわざは文化とも密接な関係にあることがわかる。一方、中国でも日本でも女性は社会に大きく貢献し、重要な役割を果たしているといえる。そのため、中国と日本のことわざにおいても、女性についてのことわざも数多く存在している。本研究では、中日両国のことわざを通して女性の属性、女性の評価について検討する。

2. 先行研究

まず、中日のことわざについて分析した研究を見てみる。馮（2005）では、中国と日本のことわざの相違について、意味、構造、修飾、リズム、文法などの視点から両国のことわざの比較分析を行っている。中日のことわざは、意味、構成、修飾方法などにおいて共通点があるが、リズムや構造などにおいて異なる所が多いということが指摘されている。そして、張（2008）では、ことわざの起源から日本の文化を考察して、日本文化の基本的な特徴は開放性と主体性であると述べている。そして、中国文化は、原生的、独創的な文化であると考える場合、日本文化は摂取、継承する文化であると指摘している。こうした研究は、ことわざの起源、構造、内容、機能などの側面から中日両国のことわざの相違について考察している。

次に、女性イメージについて分析した研究を取り上げて見てみる。まず、沢津（1995）では、戦後50年にあたる日本は、男女平等を定めた「日本国憲法」(1947年(昭和22年)5月3日施行)によって、女性差別の撤廃、女性の地位向上に努めてきているが、経済大国のわりに、女性の地位は高くないと認識されているということを指摘している。そして、馬（1996）では、戦後女性地位の変化を分析し、世界第二次大戦後、社会と家庭における女性の地位が変化してきていると指摘している。具体的には、1、戦後日本女性の地位が著しく向上したこと、2、女性の結婚観が変わってもっと自由的な婚姻を追求することを示している。また、ことわざを通して女性イメージについて分析した趙（2009）では、日本の妻としてのイメージにかかわることわざを対象に、理想たる妻、内助たる妻、嫌われる悪妻という三つの部分から分析している。そして、妻像に表れる差別観念と家庭内における差別観念の形成原因を説明している。古代日本は封建社会であるから、家父制度の優位性は生活の状態で、それは男尊女卑の起源かもしれないと述べている。このように、中日の女性に関する研究は多くなされているが、そのほとんどは性差別に関するものであった。封建社会には、男性優位、男尊女卑という思想が深く根ざしている。しかし、社会の進歩に伴って、女性はもっと重要な役割を果たして、女性の価値もだんだん認知されるようになってきたと考えられる。

本研究では、ことわざを通して中日女性のイメージを探る。具体的には、中国と日本の女性の属性と女性の評価という二つの視点に絞って、中日女性像を比較し分析する。ことわざから中日の女性イメージを分析することによって、ことわざだけではなく、言語と文化との深いつながりも探ることができると考える。また、中日両国における女性像の差異を理解するのに参考になる手がかりを提供できると考えられる。

3. 研究方法

本研究では、中日のことわざから見る女性のイメージを分析するために、中国と日本のことわざ辞典に収録されていることわざを収集し、研究対象とする。具体的には、『日本常用ことわざ成語辞典』『故事ことわざの辞典』『汉语谚语词典』などの辞典を用いて分析を行う。まず、中国語では「女」「母」「妻」「媳」「夫妻」などのことばを含むことわざ、日本語では「女」「母」「妻」「女房」「夫婦」などのことばを含むことわざを抽出し、分析データとする。次に、抽出されたことわざを内容によって分類し、中国と日本のことわざから表す女性の属性と女性の評価を分析する。

4. 分析の結果

4.1　中日のことわざから見る「女性」像

4.1.1 中国のことわざから見る場合

本研究の分析に用いた辞典に収録されている中国語のことわざから、女性像に関することわざを取り上げて分析すると、主に、「容姿」「身なり」「年齢」「中身」に関して表現されるものが多かった。

まず、容姿に関して、主に女性の顔や肌、仕草などについて表現することわざが多く見られた。例えば、以下の例が挙げられる。

「眉清目秀」「明眸皓齿」「婀娜多姿」「一白遮百丑」「手如柔荑，肤如凝脂」

こうした言葉は、主に女性の美貌を賛美することわざであった。男性は女性の美貌を重視して求めていることがわかる。「窈窕淑女，君子好逑」のような言葉は千年前から伝えられてきている。しかし一方、女性の容姿を否定したことわざも見られた。

「美色从来是祸胎」「红颜祸水」「美人多薄命」「红颜易老」

このようなことわざは、女性の容姿を否定して、美貌から災いを招くことについて表している。中国の文化から考えると、集団の平和と穏やかな生活が強調されていることが考えられる。封建社会の主役者の男性は、不安定の要素は女性の容姿に由来すると考えていることが窺える。女性の美貌は、家庭、更に、王朝の不穏の元とみなされている。それらのことわざは女性に対する軽蔑な捉え方を表している。

次に、身なりに関して、以下のようなことわざが見られた。

「人靠衣服马靠鞍」「女为悦己者容」「淡妆浓抹」「淡扫蛾眉」

このようなことわざから、女性にとって、身なりをきちんと整え化粧することは、女性の容姿に対してプラスになることがわかる。古代の中国の女性にとって、化粧することはとても重要なことであり、これは、夫やほかの人に対して尊敬する気持ちを表していることが窺える。もし身なりが悪かったら、女性の容姿に対してマイナスになることが考えられる。

そして、年齢に関して、以下の例が挙げられる。

「女大三，抱金砖」

このことわざから、女性の年齢に関しては、年上の妻のほうがいいと考えていることが分かる。

また、中身に関して、主に女性の品格について表現することわざが多く見られた。例えば、以下の例が挙げられる。

「慧质兰心」「秀外慧中」「贤良淑德」「美妇悦人眼，贤妇悦人心」

これらのことわざは、美貌より女性に対する美徳の重要さを強調している。女性の品格を褒めることわざもあるが、女性を軽蔑するようなことわざもたくさん見られた。例えば、

「头发长见识短」「三个女人一台戏」「女人舌头上没骨头」

「女人心，海底针」「风言醋语」「阴晴圆缺月，易变女子心」

こうしたことわざは女性の愚痴を批判するだけではなく、女性の口が軽くて、女性が変わりやすくて、妬みやすい面も表現している。

4.1.2 日本のことわざから見る場合

収集された日本語のことわざから、女性像に関することわざを取り上げて分析すると、同じく主に「容姿」「身なり」「年齢」「中身」に関して表現されるものが多かった。

まず、容姿に関して、以下の例が挙げられる。

「一瓜（うり）実（ざね）に二丸顔」「米の飯と女は白いほど良い」「色の白いは七難隠す」「女の目には鈴を張れ」「黒子女に智恵男」「髪の長きは七難隠す」

これらは、女性の外見の一部分の特徴を表現しており、女性の容姿を褒めていることわざである。それに対して、女性の美しい外見が災いを招いて、女性悲惨の命運を表しているのことわざも見られた。例えば、以下の例である。

「美人薄命」「目千貫胴百」

次に、身なりに関して、次のようなことわざが見られた。

「女は化け物」「人三化七」「歌は声から女は衣裳から」「男は礼に余れ、女は華飾に余れ」

これらのことわざは、身なりをきれいにすることは女性にとって非常に重要であることが示された。

そして、年齢に関して、以下の例が挙げられる。

「姉女房は身代の薬」「姉女房は子ほど可愛がる」「姉女房蔵が建つ」「一つ増しは果報持ち」「七つ泣き分かれ」「四目十目」

これらのことわざから見ると、日本では、年上の妻のほうがいいと考えていることが窺える。そして、日本人にとって、年齢に対する特別な観念が深く根ざしていることが分かる。「四悪十悪の年回りは縁組の禁物」は、多くの地域で使用されている。

また、中身に関して、肯定することわざと否定することわざの両方が見られた。

「見目より心」「男は度胸、女は愛嬌」「女の心は猫の眼」「嫉妬は女の慎み」「女の一念岩をも通す」「女は一途なもの」

以上のことわざから、女性の美徳という品格はとても重要だと示されている。一方、比喩の手法を用いて、女性の変わりやすさ、妬みやすさ、執念深さが表していることわざも存在していることが分かる。

以上の分析をまとめると、中日両国のことわざの中では、「女性」像について共通点も多いが、異なるところも見られた。次に、その相違点について詳しく述べる。

共通点に関して、両国とも女性に対して肯定的な評価、否定的な評価の両方が存在していることがわかった。まず、両国は女性の美しい容姿を求め、これは美しいものを求める人間の本性であるといえる。女性にとって、綺麗な容姿を備えることはとても重要なことである。それは、女性の嫁入り、幸せなどと密接な関係にあると考えられる。しかし注目すべきところは、中日両国のことわざは女性の美しさに対して、マイナス面の評価が多いことである。両国では、女性の美貌を求めると同時に、美貌は社会、家庭にとって不安定な要素であるという態度を持っていることも窺える。そして、女性は見目より品格のほうが重要であることと、年上の妻のほうがいいということは、中国と日本の相似点だと示されている。両国ともに女性には知恵がないという印象があることもわかった。古代、中日両国の女性は教育を受けず、知識と能力の面において男性より劣っていると考えられる。社会の中では、女性は愚痴、知恵がないと一般的に思われ、それは不公平なことであろう。そして、両国とも女性の変わりやすさ、妬みやすさという一面も表されている。

中日のことわざを比較すると、異なるところも見られた。日本では、女性の一つの特徴から容姿を褒めることが多いことがわかる。例えば、痣、目が大きい、肌が白い、長い髪から女性を賛美することが多く見られた。それは、女性自身の美しさを褒めるのではなくて、女性を男性の装飾品と見なされる表現の一つだと考えられる。また、日本語の中には、女性の執着と頑固なイメージを表すことわざもあるが、中国にはそのようなことわざは見られなかった。それは日本独特の粘り強い、強い忍耐性という国民性に由来している可能性があると考えられる。

4.2　中日のことわざから見る女性の価値評価

4.2.1 中国のことわざから見る場合

収集された中国語のことわざから、女性の価値評価に関することわざを取り上げて分析すると、女性の価値を認めることわざと女性の価値を軽蔑するようなことわざの両方が見られた。

まずは、女性の価値を認めることわざが見られた。具体的には、以下のようなことわざが挙げられる。

「妻贤夫祸少」「男立外，女立内」「家贫思贤妻」「妻贤夫达、妻愚夫穷」「男也勤，女也勤，门前泥土变黄金」「男儿无妇财无主，女子无夫身无主」「贤妇令夫贵，恶妇令夫败」「妇女能顶半边天」

こうしたことわざは、女性は家庭生活に欠かせない重要な役割を果たしていることを表している。複雑的な家庭環境の中では、女性は家庭の調和、穏やかで責任を背負って、家庭を支えるという存在として認められることがわかった。

しかし一方、女性の価値を軽蔑するようなことわざも見られた。例えば、以下の例が挙げられる。

「夫贵妻荣，母凭子贵」「人凭田地虎凭山,女人凭里男子汉」「养儿防老，养女赔钱」「兄弟如手足，妻子如衣服」「好男不和女斗」「男子走州又走县，妇女围着锅台转」

これらのことわざは、男性の価値と女性の価値を比べて、長い間にわたる儒教文化の男尊女卑という思想を反映していることが窺える。

さらに、中国封建制度において女性の悲惨な命運を描写することわざも見られた。例えば、以下のようなものが挙げられる。

「打到的媳妇，揉到的面」「媳妇能忍千般气，为得明朝当公婆」「女子痴心，男子薄幸」「木大做栋梁，女大做填房」「有子方为妻，无子便为婢」

4.2.2 日本のことわざから見る場合

収集された日本語のことわざから、女性の価値評価に関することわざを取り上げて分析すると、同じく女性の価値を認めるものと軽蔑するものが見られた。

まず、女性の価値を軽蔑することわざとして、以下のようなものが挙げられる。

「女の知恵は後へまわる」「女の鼻先思案」「女の話は一里かぎり」「女の知恵は欲が元」「背中を知らぬ女の知恵」「女の猿知恵」「女郎の誠と卵の四角」「女人は地獄の使い」「女の根性は蛇の下地」「女は魔物」「酒と女は敵なり」

これらのことわざは女性の知恵を軽蔑して、男性と比べて、女性には知恵がないことを貶すものが多かった。更に、女性を妖怪にして、女性を軽蔑することわざも見られた。

「男は松女は藤」「女は男の慰み物」「女は売り物」「亭主関白」「主人と病気には勝てぬ」「亭主が好きな赤烏帽子」「妻は夫の譜代の臣」「女は三界に家無し」「女は百歳まで家持たず」「七日小腹を病んでも男の子を産め」「女房は家の道具」

以上のことわざから見ると、女性は家の主人ではなくて、男性の付属品、生育道具だったという認識が窺える。女性は男性に無条件に従順しなければならないということが示された。

もう一方、女性の価値を承認することわざも見られた。例えば、以下のような例が挙げられる。

「女房は家の大黒柱」「家になくてならぬものは上がり框と女房」「女と俎板はなければかなわぬ」「婦人は天の半分をささえる」「男は妻から」「夫を知りたくば妻を見る」「女房は半身上」「悪妻は百年の不作」「悪妻を持った男はこの世ながらの地獄」「悪妻は家の破滅」

以上のことわざは相対的な立場から女性の重要な価値を認めるものであった。

以上の分析をまとめると、中日両国のことわざの中では、女性の価値について両国の共通点が多いが、異なるところもあった。まず、共通点に関して、中日両国の女性の地位が低く、女性を軽蔑する言葉が多いことがわかった。両国ともに男性優位の父系社会が形成されていることに起因していると考えられる。日本の家制度は武士階級の家族制度であり、中国人は儒教思想の影響を受け、両国ともに男尊女卑という意識は深く根ざしている。生産力から、男性は農業労働の主役として登場することから、女性は男性に依頼し、男性は自分の家の利益と家族を守るため、高い地位を占めていることが窺える。

そして、異なるところについて、両国には女性価値を否定することわざが多いが、中国のことわざは男性を褒めることによって女性を軽蔑する傾向にあるが、日本のことわざは女性を妖怪化、生育道具と見なし、直接軽蔑するという特徴が見られた。日本では、中国と比べて女性をものと見なす度合いが高いことがわかった。中日のことわざは、女性の悲惨的な運命を描いて、女性を同情する意味が含まれている。時代の変わりに従って、女性は社会、家庭でもっと重要な役割を果たすようになって、女性の価値もだんだん認められるようになったと考えられる。

5. 終わりに

言語と文化はお互いに緊密な関係がある。本研究では、代表的な言語表現の一つであることわざを通して、両国女性のイメージの相違を分析し、言語と文化の関係を探ぐった。具体的には、中国と日本の女性像、女性の評価という2つの視点から検討し、以下のような結果が得られた。まず、女性像に関して、中日両国ともに女性の美しい容姿を求めると同時に、女性の美徳と品行も要求することが示された。また、両国とも、美貌は社会、家庭にとって不安定な要素であるという態度を持っており、女性の美貌を軽蔑するという一面も窺えた。また、日本では、特定な女性の属性を強調するところが見られた。例えば、年齢が高い、目が大きい、肌が白い、長い髪などである。そして、日本のことわざが女性の執着という特徴も表している。次に、女性の価値と評価に関して、中日両国ともプラス面とマイナス面が見られた。中日両国とも男性優位の封建社会であるため、男尊女卑というの意識は深く根ざしている。両国とも女性を軽蔑しているが、中国のことわざは男性を褒めることによって女性を軽蔑する傾向にあるのに対し、日本のことわざは女性を妖怪化、直接的に軽蔑して、男性の付属品、生育道具と見なされることが示された。時代の変わりに従って、女性は社会、家庭にもっと重要な役割を果たし、女性の価値が認められるようになってきたと考えられる。

本研究は、主に『日本常用ことわざ成語辞典』『故事ことわざの辞典』『汉语谚语词典』から、中日両国女性についてのことわざを収集し分析を行ったが、説得力のある結果を得るために、今後データ数を増やし、女性のイメージについて更に詳しく分析することが必要だと考える。また、男性は女性と密接な関係を持つため、今後女性の視点だけではなく、男性の視点から両国ことわざの差異を分析し、更にその背後にある両国文化の差異を探ることが重要だと考える。

参考文献

[1] 石井敏・久米昭元・遠山淳(2001)『異文化コミュニケーションの理論:新しいパラダイムを求めて』有斐閣

[2] 金子武雄（1982)『日本のことわざ』社会思想社

[3] 沢津久司(1995)「日本における女性の法的権利、地位の変遷に関する研究（I）」『中国短期大学紀要』 26, 163-177

[4] 冯明舒(2005)“中日谚语比较初探”《日语学习与研究》S1

[5] 马红娟(1996)“战后日本女性社会地位的变化”《日本学刊》1

[6] 张雷（2008）“从谚语来看日本人的传统家庭”山东师范大学硕士论文

[7] 赵冶(2009)“日语谚语中妻子形象的考察”东北师范大学硕士论文

直接接触の観点から見る中国人大学生の日本人像

大連理工大学　聞　芸

要旨：本稿は、中国人大学生の持つ日本人イメージに関するアンケート調査を実施し、イメージの形成を直接接触の観点に基づいて分析した。分析にあたって、直接接触のある人と直接接触のない人に分けて日本人像の違いを検討した。その結果、一定の直接接触経験をもっている中国人大学生は日本人の対人関係のあり方に関して肯定的な認識をもちやすく、国家イメージから派生したネガティブな認識を後退させていくを明らかにした。日本人との接触、滞日経験といった実体験が、中国社会に共有されている日本人に対する偏見の解消に貢献していると考える。また、個人的な体験からニークなイメージが形成されやすいことも示唆している。

キーワード：直接接触　日本人像　偏見

1. はじめに

国際化が進んでいる中、外国人、異文化と接触する機会が増えている。異文化摩擦はかつて、海外駐在員や留学生の間に限られたものであったが、今では一般の人々の間でも普通に体験するものとなった。国際化が普及する一方、外国との民族、文化、国家間の摩擦も増えているのは事実である。

日本の言論NPOと中国国際出版集団は、2015年に行われた中日共同世論調査では、中日関係の現状を「良い」また「比較的良い」としているのは中国の一般国民で12.0%、日本国民がわずか2.4%であった。また、調査報告によると中国人の相手国に対する意識は2013年に最も悪くなり、その後、少しずつ改善に転じた。特に、2015年の改善傾向は顕著で、日本に対する「良い印象」は2014年と比べて10ポイントも改善している。改善の背景には政府レベルの動きもあるが、両国の直接交流の増加も大きな原因の一つであろう。2015年の調査では中国人に日本渡航経験を持つ人は7.9%となり、2013年の2.7%から2014年の6.4%と順調に増加している。また、日本に知人がいる人も昨年の3.1%から、7.3%と増加している。直接交流のパイプを持つ中国人は、特に日本に対するプラスの印象を持つことも共同世論調査で明らかになった。

このような背景から本研究は中国人大学生の日本人像について日本人と接触した人と接触していない人の比較分析を行い、中国人大学生がどのような接触がどのような日本人像につながっているかを明らかにし、日本人との接触経験が中国人大学生の日本人像形成の関連を考察したい。研究結果が中国人と日本人の間で生じる文化ギャップの実相を明らかにし、できるだけ中日文化理解を促進したいと考える。

2. 先行研究

接触仮説では集団間の接触が集団態度の変容に影響を及ぼすとされている。これまでの接触仮説の研究では、ある一定の条件を満たした接触であれば、その接触経験を通して、個人の外集団に対する偏見や排外意識が低減されることができることが確認された。向井・金児（2006）は異文化受容レベルと個人的関心、つながりの関連を見ていた。小池・酒井（2010）は短期集約的異文化交流プログラムを調査し、ホームステイや友人関係などの親密度の高い付き合いのあった場面では肯定的な情緒が比較的に多くみられると報告している。長谷川（2005）は韓国ドラマの視聴と対象文化への心理的距離の関係を見た。その結果、感情移入をもたらすドラマは縮める効果があり、感情移入を伴わないタイプのドラマには変化が見られなかったと結論付けた。しかし、これまでの接触仮説研究が対象としてきた一定条件を満たしたとされる限定的な接触以外に単なる挨拶を交わす程度な接触、中国にいる場合、外国人との接触が限られた場面しかないときには、どのように関連しているか追究していない。

また、中国人の日本人像についての分析もこれまで多数行われている。江（2014）は中国人の抱く対日イメージが形成されるプロセスにおいて情報源が果たしている役割を検討した。その中で対日イメージを認知、評価、感情、行動意図に分類し、4つのカテゴリーの情報源利用との関連性を考察した。李（2006）は北京の大学生を調査対象として、日本人に対する好感度と日本人認識の情報源を調査した。主にメディアの影響から見る日本人像の構築という視点で研究を行い、北京の大学生の日本人像の複雑化とメディアの多様化の影響について論じた。長井（2007）は1949年から1972年の間、中国で放送された16本の日本、日本人を含むドキュメンタリーまたは記録映画を考察の対象とし、国交正常化以前とそれ以後の中国人が抱いていた対日イメージの異同を明らかにした。また、今日の中国人の対日イメージの悪化は、戦争体験そのものより1980年以降にメディアが伝えた日本情報によって、変容した結果であると結論づけた。見城・三村（2010）は中国における大学生の「日本」イメージを日本語専門生と日本語非学習生に分けて、比較した。中国大学生は日本にへの関心度と関心の内容についてもふれ、同時に、歴史に関わる問題は、それ自体として解決しなければならないことであると言及している。このようにメディアが日本人像形成に及ぼす影響について言及することが多い。

そこで、本稿は中国人の抱く対日本人イメージの現状を示したうえで、対日本人像の形成をメディア接触の視点ではなく、直接接触という側面から、日本人との接触状況

（どんな日本人と接触、接触の目的など）から対日本人像形成プロセスにアプローチし、実証的な考察に基づいて両者の関連性を明らかにしたい。

3. 調査概要

本研究は、対日本人イメージに関する意識調査を中心にしており、対象者は中国の大学生である。従って、誤解を避けるため、中国語による質問紙調査を実施し、質問紙調査の結果を用いて分析を行う。調査内容は以下の2点である。①中国の大学生は日本人に対するイメージの実態。②そのイメージ形成と接触の関係。

調査は2013年5月から7月にかけて中国遼寧省大連市の大連理工大学、大連遼寧師範大学、大連海洋大学および東北財経大学で実施した。調査は中国語で作られた質問紙を200人の大学生に配り、回収する形をとった。最終的に183人のデータが得られ、分析対象とした。調査の対象者である4つの大学の大学生は中国全土から大連に来、勉強をしているが、北の方の学生が7割以上を占めている。年齢的には18歳から24歳の間である。

表1　本調査の有効回答者の内訳　（人）

性別		所属大学			
男性	女性	大連理工大学	遼寧師範大学	大連海洋大学	東北財経大学
78	105	75	32	36	40

本調査では「日本人」に対するイメージを思い浮かぶ順に書いてもらい、イメージをあまり深く考え込まず、思ったまま書くように指示した。書かれたイメージを肯定的なイメージ、否定的なイメージ、中立的の三つにコード化した。

ポジティブなイメージには主に次のようなものがある。まじめ、礼儀正しい、やさしい、チームワーク、想像力豊か、しつけがいい、ファッション的である。

ネガティブなイメージとして、次のものがあげられる。堅苦しい、二面的、冷たい、簡単に仲良くなれない、亭主関白、愛国的、残忍、変態、反省意識がないなどである。

中立的なものとして、アメリカが好き、体が小さい、サッカーが強いなどがある。どちらかに入るか判断しにくいものについて、何人かの中国人に聞いて、判断を行った。

接触経験については大槻（2003）に従い、接触経験を次のような項目で質問されている。

(1) 一緒に勉強している（同じ授業をとっている）

(2) 日本人教師の授業を受けている（うけた）

(3) 滞日経験がある（留学、旅行、ホームステイなど）

(4) 日本人友達がいる

(5) 自分または親戚が、日本人と結婚している。または日本に住んでいる。
(6) インターンシップなどの場面で日本人と一緒に働いている（していた）
(7) 挨拶程度の付き合いはある（授業に見学する日本人がいる、学校に日本人の先生がいる）
(8) 日本人の知り合いはないし、付き合ったこともないが、地域や日本料理店、学校で日本人を見かけたことがある。

その中の1～6までの項目のいずれに属する場合、直接接触の経験があるとされた。

表2　接触経験の有無　（人）

日本人との直接接触		滞日経験	
有	無	有	無
102 (55.7%)	81 (44.3%)	31 (16.9%)	152 (83.1%)

そこで、中国人大学生において、日本に行く経験を持つ人は16.9%しかない。日本人と直接接触する経験を持つ人は55.7%であり、中には日本に行く経験を持つ人も含めている。10人以上の日本人と接触経験を持つ人は36.4%もあり、直接経験を持つ人の数は数少なくないということがいえよう。

4. 結果と考察

4.1　直接接触による対日本人イメージ

本調査対象の中では102名の大学生が日本人と直接接触があり、81名の大学生は接触した経験がない。書かれたイメージの総数は370であり、一人当たりの平均個数は2.02であった。肯定的なイメージは207、否定的なイメージは142、中立的なイメージは21であった。表3に示したように、接触経験のない人のイメージは肯定的と否定的はほとんど同じくらいのに対し、接触経験のある人の場合、肯定的なイメージは圧倒的に多い。

表3　経験別でみる日本人像

	接触経験あり	接触経験なし	合計
肯定的なイメージ	126	81	207
否定的なイメージ	49	93	142
中立的なイメージ	8	13	21
	183	187	370

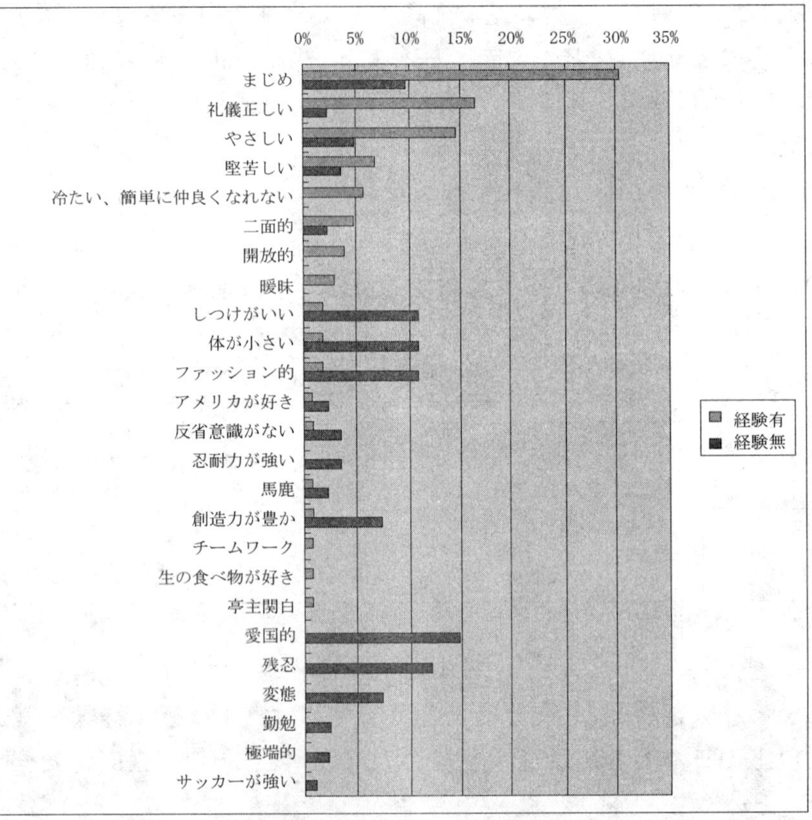

図1　経験別でみる日本人像

具体的な内容を見てみると日本人と直接接触したことのある大学生の日本人像の出現頻度が接触した経験がない大学生より高かったのは、「まじめ」「礼儀正しい」「やさしい」「堅苦しい」「曖昧」「二面的」「開放的」「冷たい、簡単に仲良くなれない」「チームワーク」「生の食べ物が好き」「亭主関白」である。特に面白いのは接触した経験がない大学生は「冷たい、簡単に仲良くなれない」「チームワーク」「亭主関白」という日本人像を持っていない。また、「礼儀正しい」「やさしい」という日本人像は、両者の差が非常に大きい。それは接触をすることによって、こういったイメージが形成されたと思われる。一方、日本人と直接接触した経験がない大学生が持っている日本人像は主に「愛国的」「残忍」「しつけがいい」「創造力が豊か」「変態」「まじめ」である。しかし、日本人と接触した経験がある大学生は「愛国的」「残忍」「変態」という日本人像を持っていない。これは教科書や学校教育または中国の公式なメディアから形成されたイメージだと思われる。

4.2　滞日経験の長さとイメージの関係

中国人大学生の滞日期間長短と日本人像の関係を分かるために、半年間日本で暮らせば日本の生活になじみある程度日本文化をより深く理解することができると考え、半年を基準に、滞日期間を半年以下と半年以上に分け、日本人像の変化があるかどうかを比較した。結果は以下の図2で表現した。

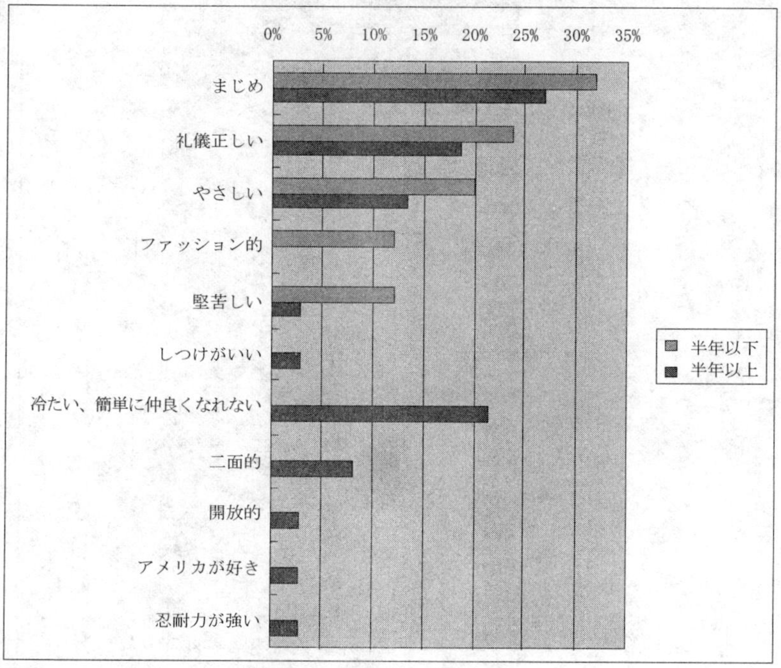

図2　滞日期間による日本人像

調査対象の中では、日本で旅行した経験がある学生（8名）がいる。このような接触経験者は「礼儀正しい」「ファッション的」「やさしい」というようなイメージを持っている。「冷たい、簡単に仲良くなれない」「ファッション的」「堅苦しい」「二面的」という日本人像をめぐり、半年以下の経験者と半年以上の経験者の出現頻度の差が大きい。半年以下の経験者は「冷たい、簡単に仲良くなれない」「二面的」というマイナスのイメージを持っていない。つまり、接触の頻度を上げることでマイナスイメージの形成が見られた。接触仮説理論では接触の頻度を上げるだけでは集団間に肯定的な結果、または偏見の減少につながるわけではないという説もあるが、今回の調査結果もこれを裏付ける証拠となった。

4.3　接触人数と日本人像の関係

「接触仮説」の理論では、ある集団の人と接触した人数も集団のイメージに影響を与える。日本人と接触した人数の違いで日本人イメージに変化をもたらしたかを見てみたい。接触人数を20人を標準として分け、日本人像の出現頻度を以下の図3で表現した。

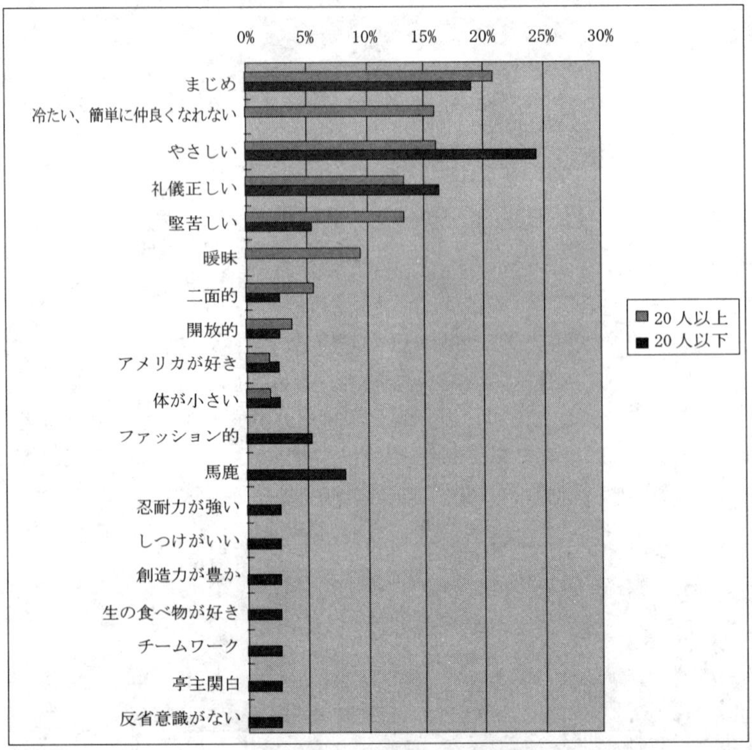

図3　接触人数による日本人像

具体的に見ると、「冷たい、簡単に仲良くなれない」「やさしい」「堅苦しい」「曖昧」という日本人像について、20人以上の接触経験者と20人以下の経験者の差が大きい。特に、20人以下の接触経験者は「冷たい、簡単に仲良くなれない」「曖昧」という否定的な日本人像はあまり持っていない。一方、20人以下の接触経験者は「優しい」「ファッション的」「馬鹿」という日本人像については20人以上の接触経験者より出現頻度が高い。つまり、接触頻度だけでなく、接触の量もマイナスイメージの形成に影響を与えている。接触人数の多いの方がマイナスイメージが形成しやすい傾向が見られた。

5. 考察と今後の課題

本研究では、実際に日本人と直接接触した経験がある中国人大学生は経験がない学生より、日本人に対して「まじめ」「礼儀正しい」「やさしい」「堅苦しい」「冷たい、簡単に仲良くなれない」「二面的」「曖昧」という日本人像を持ちやすいことを明らかにした。その中、日本人友達と直接接触したことがある大学生も日本人教師と直接接触した経験がある学生も以上の日本人像を持ちやすい。しかし、日本人友達と接触した経験がある学生の日本人像の中「冷たい、仲良くなれない」という日本人像の出現頻度が一番高い。また、滞日経験がある人はない人に比べて、「まじめ」「礼儀正しい」「冷たい、簡単に仲良くなれない」「やさしい」「ファッション的」「二面的」「堅苦しい」という日本人像を持ちやすいことも示された。つまり、接触の頻度や接触の量を上げることで、マイナスイメージが形成されることも分かった。そして、これらの日本人像の中で、「まじめ」「ファッション的」を除き、主に対人関係のあり方に関する内容であった。対人関係のあり方に関する認識は、自分の体験を通して形成されやすいことから、正確な情報として扱われやすい。そのため、信頼度の高い情報として過度に一般化され、相手を判断する際に初めから適用されやすく、相手に対する正しい理解を妨げる原因ともなりうる。つまり、先入観としてコミュニケーションを阻害することも考えられる。

また、本研究では、「愛国的」「残忍」「変態」「極端的」という日本人像は、日本人友達か日本人教師と直接接触した経験のない学生が持ちやすいことが示された。これらの日本人像の中「愛国的」「残忍」「変態」「極端」という日本人像は、過去と現在の日本政府の政治的な行動、中日関係と関連性がある。アンケート調査の結果から見ると、「愛国的」「残忍」「変態」「極端」という日本人像の情報源は主に歴史関係（第二次世界大戦の帝国主義、中国人に対する迫害など）である。

本研究では、直接経験者と未経験者の間、直接経験者間の比較を通して、直接経験の日本人像の影響を探索した。今後、同一の回答者を対象に直接接触経験前後のイメージを追跡調査し、グループ間の違いが直接接触経験によるものなのかどうかを検証する必要がある。

参考文献

[1] 大槻茂実（2006）「外国人接触と外国人」．日本版General Social Surveys研究論文集（5），p149-159

[2] 有馬明恵・山本明.（2003）.「ここが変だよ日本人」で書かれた日本人ステレオタイプの分析.慶応義塾大学メディアコミュニケーション研究所紀要.NO.53,p59-64

[3] 李洋陽.（2006）中国人の日本人イメージに見るメディアの影響.マスコミュニケーション研究.NO.69,22-40

[4] 長井暁.（2007）中国人の対日イメージ意の原点を探る—中国記録映画が伝えた日本.日本放送と調査,p42-68

[5] 小池浩子.酒井英樹.（2010）接触度合と外国人に対する態度.信州大学教育学部研究論集　第2号,p87-97

[6] 見城悌治.三村達也.2010.現代中国における大学生の「日本」イメージ.国際教育(3),1-38

[7] 池上知子.（2014）偏見差別研究の変遷と当たらな展開—悲観論から楽観論へ.教育心理学年報　第

53集. p133-146
[8]　江暉. 2014. 現代中国人が抱く対日イメージの形成における情報源の役割. 東京大学大学院情報学環紀要. 87, p53-70
[9]　向井有里子. 金児暁嗣. 2006. 異文化受容態度の構造 人文研究. 57, 63-77
[10]　長谷川典子. 2005. テレビドラマ「冬のソナタ」の受容研究：日韓コミュニケーションの視点から 多文化関係学2, p15-30
[11]　陳岩. 2002. 谈中日跨文化交流中摩擦的主要原因 日语学习与研究2, p24-27

翻　　訳

『紅楼夢』に見られる異文化要素の翻訳方略に関する考察
——固有名詞を中心に

大連理工大学　王玉明・高艶春

要旨：本稿では『紅楼夢』に見られる固有名詞を中心に、異文化要素の翻訳方略と訳出志向について考察した結果、「保持」が最も多く使用されており、「テキスト外注釈」も割と多く使用されていることが分かった。そのほか、「直接訳」「テキスト内注釈」「置換」「一般化」も少ないながら、観察された。また、固有名詞は起点テクストにおける異文化要素の保持される度合いが高く、殆ど起点志向で翻訳されていることも分かった。

キーワード：固有名詞　異文化要素　翻訳方略　訳出志向

1. はじめに

人類の言葉の本質が不確実的で、曖昧的であるため、あらゆるものは絶対的正確的に翻訳ができない（Keenan1978）という主張もあるように、言語使用の一方式としての翻訳はそう簡単なことではない。特に、ある言語における特有な文化的意味を目標言語で再表現することは、背景としての文化の相違によって、かなり制限されている（小玉1992）。その一方、于（2012）は異文化要素が翻訳の障害にはなっているが、翻訳不可能の理由にならないと主張している。ある言語における特有な文化項目、つまり異文化要素の翻訳がいったい可能であるかどうか、可能であればどのように翻訳されているか。本稿では、中国の四大古典名著の一つである『紅楼夢』に見られる固有名詞を中心に、日本語訳における異文化要素の翻訳方略と訳出志向について考察してみる。

2. 異文化要素と翻訳

2.1　異文化要素の定義

異文化要素に関して用語はまだ統一されておらず、「異文化要素」のほかに「言語外文化関連記述（ECF）」（Pedersen2011）や「文化固有項目」としても提示され、テキストに現れる項目が目標言語の文化に存在しない、または目標言語の文化にあるが、テキストにおける地位が異なるものと指摘され、さらにそれは翻訳における問題の所在ともされている（Aixelá，1996、Davise，2003、Diaz-Cintas&Remael, 2007、

Freddi&Luaghi, 2011、Katan, 2004など）。テキストにおける地位が異なるというのは、意識形態や使用習慣や使用割合などの差異により異なる価値を持つことを意味する。Aixelá(1996)によると、何が文化固有項目になるかは、その項目そのものだけによるものではなく、目標言語においてその項目がどう理解されるかという目標言語テクストにおけるその項目の機能にもよるものである。つまり、目標言語の読者にとって、意識形態上や文化上において理解しにくい、または受け入れにくいものであれば、異文化要素になる。したがって、ある言語における異文化要素は、その言語における特徴のある単語やセンテンスや構造などを指す。このようなものは目標言語の読書にとって理解しにくく、または受け入れにくいものである。

2.2 異文化要素の分類

Nedergaard-Larsen(1993)、NiDa(1999)、佐々木倫子（2002）、Ramiere(2004)、大川英明（2006）、範（2008）、Pedersen(2011)など多くの学者が異文化要素に対し分類を行った。アメリカの翻訳理論家のNiDa(1999)は翻訳に関わる異文化要素を生態文化、物質文化、社会文化、宗教文化、言語文化の5種類に、Nedergaard-Larsen(1993)は地理、歴史、社会、文化の4種類に、Ramiere(2004)は、地理、歴史、社会・文化の3種類に分類している。Pedersen（2011）は度量衡、固有名詞、職業上の役職名、料理及び酒類、文学、政府、娯楽、教育、スポーツ、通貨、技工物、その他の12種類に分けている。本稿ではPedersen（2011）に基づき、特にその中の固有名詞の翻訳方略と訳出志向について考察していきたい。

2.3 異文化要素の翻訳方略

翻訳方略とは訳出の過程で生じる問題に対処するための方法である。翻訳方略、異文化要素の翻訳方略に関する分類は、Díaz-Cintas&Remael(2007)、Vinay&Darbelnet(1958)、Aixelá(1996)、藤涛文子（1997）、Pedersen（2011）、Lomheim（1999）、王东风（1997）など多くの研究者により行われたが、本節では、今まで主な異文化要素の翻訳方略に関する分類に基づき、『紅楼夢』に見られる固有名詞の翻訳方略に踏まえた上で、翻訳方略を保持、直接訳、一般化、置換、テキスト内注釈、テキスト外注釈など6つの翻訳方略に分類した。

表1　　翻訳方略とその例

翻訳方略	定義	例文	訳文
保持	原文の綴りを導入する	狗儿	狗児
直接訳	起点テキストの原文を文字通りに翻訳する	负荆请罪	荊を負って罪の侘び
一般化	同じ内容を他の表現に言い換える	棒槌	洗濯棒
置換	目標内容に合わせて調整、変化する	红尘	浮世
テキスト内注釈	原文に含まれていない要素を加える	地藏王	地藏菩薩さま
テキスト外注釈	注などによりメタ言語的に説明する	赞善	賛善（女官の官名）

2.4 異文化要素の訳出志向

Pedersen（2011）は目標テクストにおいて起点テクストの異文化要素が保持されている度合によって、翻訳方略を起点志向の方略と目標志向の方略に分類している。「保持」「詳述」「直接訳」が起点テクストにおける異文化要素が保持される度合いが高いため、「起点志向の方略」「省略」「置換」「一般化」が起点テクストにおける異文化要素が保持される度合いが低いため、「目標志向の方略」としている。

3.『紅楼夢』における固有名詞の翻訳方略

3.1 データの収集

中国四大古典名著の一つである『紅楼夢』は清の時代の上流階級における貴族生活を背景に展開されるストーリーであるため、中国の社会文化に関する異文化要素が多く含まれている。したがって、本稿では『紅楼夢』とその日本語訳本に見られる固有名詞を中心に、中国的有標性の異文化要素が日本語訳における翻訳方略について考察してみる。

本稿では、Pedersen（2011）に基づき、『紅楼夢』①から固有名詞を593件収集した。また、Pedersen（2011）に基づき、固有名詞をさらに人名・地名、官職関係、年代・時間、作品名②、その他に分類した。その種類と件数を次の表に示す。

表2　固有名詞の分類とその例

	例	件数
人名・地名	金相公、国舅老爷、西京、混世魔王　など	299
官職関係	乡宦、吏部、礼部、掌宫内监、书吏　など	95
年代	東漢、漢朝、唐朝、宋代、甲戌、六朝　など	11
時間	雨水、申酉时、卯初、白露、酉初　など	22
作品名	《孙行者大闹天宫》《省亲颂》《燃藜图》　など	104
その他	看脉、降旨、外号　など	52
合計		593

3.2 人名・地名の翻訳方略

『紅楼夢』から収集された人名・地名に関する異文化要素が299件あり、日本語訳本において使用された翻訳方略は次の図1に示す。

図1の示したとおり、人名・地名に関する異文化要素は8割弱は保持、2割強はテキスト外注釈で翻訳された。そのほか、テキスト内注釈は1%観察された。例えば、「贾宝

① 《红楼梦》（曹雪芹.人民文学出版社. 1996）『紅楼夢』（伊藤漱平. 平凡社. 1973）

② Pedersen（2011）は「固有名詞」を「人名」「地名」「制度上の名称」などと分類している。「文学作品名」は「名詞」ではないが、同じ「固有」表現として、翻訳方略において同じ傾向が見られると思われるため、本稿では「文学作品名」をも考察の対象にした。

玉」「甄士隐」「晴雯」などの人名を、そのまま「賈宝玉」「甄士隱」「晴雯」に、「兴邑」「兴隆街」「紫檀堡」などの地名をそのまま「興邑」「興隆街」「紫檀堡」に翻訳された。中日両国とも漢字を使用している背景があるゆえに、保持が最も適切な翻訳方略であろう。漢字だけで意味や文化的な背景が伝わらない場合、テキスト外注釈の方略を用い、最大の認知効果を求める。

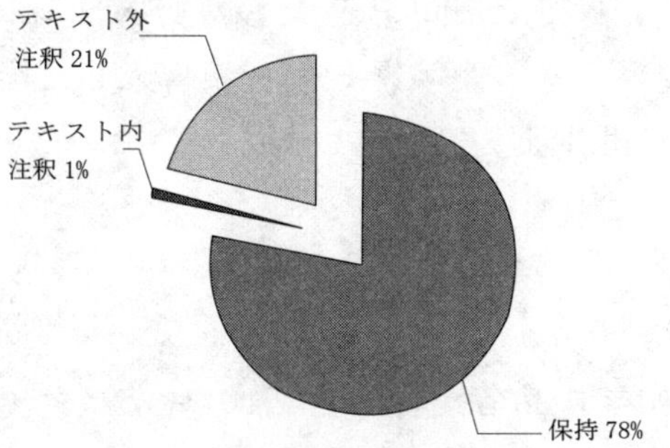

図1　人名・地名に関する異文化要素とその翻訳方略

3.3　官職関係の翻訳方略

『紅楼夢』から収集された官職関係の異文化要素が95件あり、日本語訳本で使用された翻訳方略は次の図2に示す。

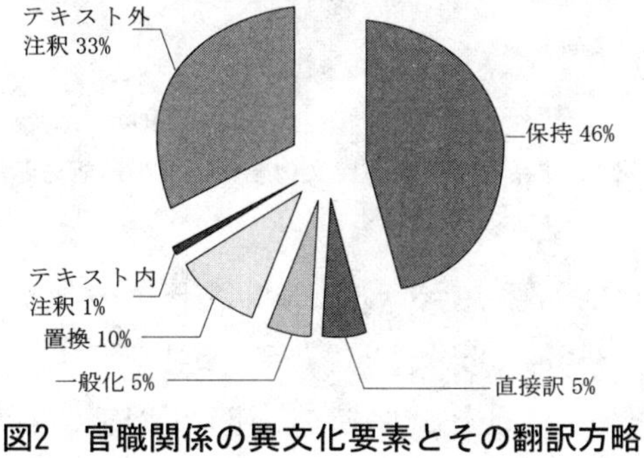

図2　官職関係の異文化要素とその翻訳方略

人名・地名の翻訳方略に比べ、官職関係の異文化要素の翻訳方略は多様的である。保持とテキスト外注釈は相変わらず多く使用されておる一方、置換も1割ほど観察された。ほかに一般化、直接訳、テキスト内注釈の方略も少ないながら観察された。

3.4　年代・時間の翻訳方略

『紅楼夢』から収集された年代・時間に関する異文化要素が合わせて33件ある。その中、年代に関するものは11件あり、保持の方略を使用したのは10件であり、テキスト外注釈の方略を使用したのは1件である。保持の方略を使用したのは、「東漢」「漢朝」「唐朝」「宋代」「甲戌」「六朝」などのような中国古代の朝を表すものがほとんどである。古代、日本が中国から文化を学ぶ歴史があったため、これらの朝の名前が多くの日本人に知られており、特に注釈しなくても日本人の読者に理解してもらえるのは保持の方略が使用された前提ではなかろうか。

『紅楼夢』に見られる時間に関する文化要素は22件ある。「テキスト外注釈」は17件、「保持」は4件、「一般化」は1件あった。テキスト外注釈の方略が使用されたのは、「酉初」「卯初」などのような干支で時間を表すものであり、日本語訳本では「卯初(五時)」「酉初(十七時)」のように、漢字をそのまま導入した後、括弧内で説明する方略を使用した。干支で表す時間は日本人に親しまれていないため、保持でなく、テキスト外注釈という方略を使用したのではないか。

3.4 文学作品名の翻訳方略

『紅楼夢』に見られた文学作品名が合わせて104件あった。その翻訳方略の使用実態を次の図3に示す。

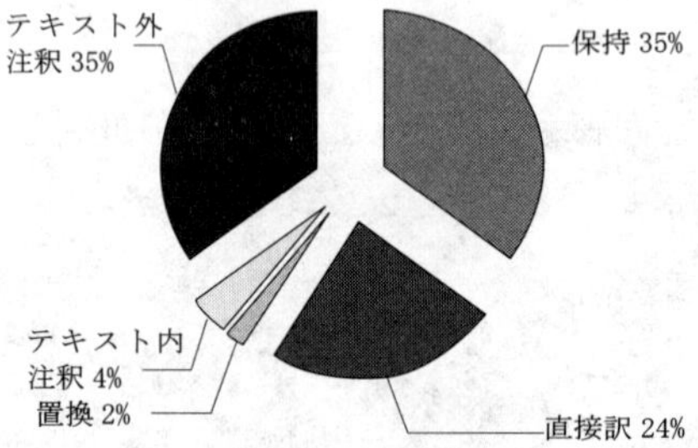

図3　作品名に関する異文化要素とその翻訳方略

図3を見ると分かるように、保持、テキスト外注釈、直接訳が最も多く使用されており、使用割合はそれぞれ、35%、35%、24%であった。テキスト内注釈と置換も少ないながら使用された。使用例を見ると、保持の方略で翻訳されたものには、『西廂記』『山海經』『詩経』『西遊記』『中庸』『大学』『白蛇伝』『左伝』『心経』などがある。その中に名作が多かった。これらの名作は多くの日本人に知られており、注釈をつけなくてもだいたい日本人の読者に分かってもらえるからではないかと考えられる。テキスト外注釈という方略で翻訳されたものには、『石頭記』『風月宝鑒』『金陵十二釵』『金陵十二釵正冊』『金陵十二釵副冊』『四書』『双官誥』などがある。これらの作品名は『西遊記』『詩経』などの作品ほど日本人に知られていないのが注釈をつけた理由ではないかと考えられる。直接訳の方略で翻訳されたのは、「飞鸟各投林」(「おのがじし飛ぶ鳥は林へ」)、「省亲颂」(「省親を讃うるの文」)、「姜太公斩将封神」(「姜子牙、将を斬って神に封ずる場」)、「黄伯央大摆阴魂阵」(「黄伯央、大いに陰魂の陣を敷く場」)、「丁郎认父」(「丁郎、父子対面の場」)などがある。

これらの文学作品の多くは題名がある事柄を表すものであり、直接訳の可能性があるものである。ほかに、「山门」（『魯智深酔って五台山をさわがす段』）のような、テキスト内注釈の例も観察された。

3.5 その他の異文化要素とその翻訳方略

『紅楼夢』に見られるその他の異文化要素は52件であり、下記の図4にその翻訳方略の使用実態を示した。

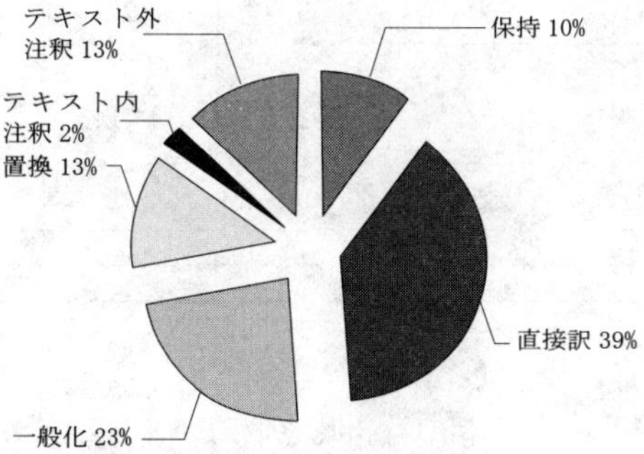

図4　品物関係の異文化要素とその翻訳方略

その他の異文化要素の翻訳は直接訳が最も多く、4割近くであり、一般化も2割強占めており、置換、テキスト外注釈と保持はそれぞれ1割程度観察された。具体的な説明はここで省略する。

3.6　まとめ

以上では、『紅楼夢』における固有名詞の翻訳方略について考察してきたが、種類別に見れば、異なる傾向が見られた。人名・地名と年代、時間に関して、ほとんど保持という翻訳方略が使用されており、官職関係と文学作品名になると、保持という方略で目標言語の読者に認知されない場合が出てきており、テキスト外注釈の方略を借用する必要が出てきた。また、文学作品名にはある事柄を表すものもあるため、直接訳が多く使用された。

4　『紅楼夢』における固有名詞の訳出志向

Pedersen（2011）の異文化要素の訳出思考に対する分類に基づき、本稿では、「保持」「テキスト外注釈」「直接訳」を「起点志向の方略」「テキスト内注釈」「置換」「一般化」を「目標志向の方略」とする。『紅楼夢』における固有名詞の訳出方略の実態は次の表のとおりである。

表3 **固有名詞の訳出志向**

	目標志向の割合				起点志向の割合			
	置換	一般化	テキスト内注釈	合計	直接訳	テキスト外注釈	保持	合計
人名・地名	0	0	1%	1%	0	21%	78%	99%
官職関係	10%	1%	5%	16%	5%	33%	46%	84%
年代	0	0	0	0	0	9%	91%	100%
時間	0	5%	0	0	0	77%	18%	95%
文学作品名	2%	0	4%	6%	24%	35%	35%	94%
その他	13%	23%	2%	38%	39%	13%	10%	62%

表3から、固有名詞はほぼ起点志向で翻訳されていることが分かった。一方、その他からは4割弱、官職関係からは2割弱、文学作品からは6%の目標志向の翻訳方略も観察された。内訳をみると、年代、人名・地名は起点志向が最も高い「保持」の方略を多用している。時間は「テキスト外注釈」が多用されており、文学作品名と官職関係の場合は直接訳も観察された。

5. 考察

以上では『紅楼夢』に見られる中国語的有標性の固有名詞に焦点を当て、伊藤漱平訳の日本語訳本に見られる翻訳方略の使用傾向と訳出志向について考察した結果、以下のようなことが分かった。

(1)『紅楼夢』に見られる各翻訳方略の使用頻度は次のようになっている。

保持 > テキスト外注釈 > 直接訳 > テキスト内注釈 > 置換 > 一般化

図5 『紅楼夢』に見られる固有名詞の翻訳方略の使用頻度

「保持」がもっとも多用されており、その次に多用されているのが「テキスト外注釈」と「直接訳」である。そのほか、「テキスト内注釈」「置換」「一般化」も少なからず観察された。

固有名詞は起点テクストにおける異文化要素の保持される度合いが高く、ほぼ起点志向で翻訳されている。目標志向の翻訳方略も観察されたが、その他、官職、文学作品名、時間の翻訳方略に限る。

(2)『紅楼夢』に見られる固有名詞の翻訳方略に保持が多く使用される理由には次のようなことがあると考えられる。①日本語にも中国語にも漢字があり、漢字は表意文字であるため、漢字を読むだけで意味がなんとなく分かる場合がある。②日本は昔から中国語から多くの語彙を輸入しており、現在日常に使用している語彙の中にも中国語から輸入した語彙が数えきれないほどある。このような文化輸入の歴史があったため、日本人が保持の方略による翻訳に抵抗が少ないのではないか。③過去の中日文化交流の歴史において既に日本に輸入され、日本の文化の一部として定着されたものもある。要するに、保持の方略を使用し、つまり、中国語の漢字をそのまま導入しても、目標言語である日本語の読者に認知、つまり文章理解に差支えのないことが前提となっている。また、中国語の漢字をそのまま導入して、日本語の読者に認知してもらえない場合は、括弧内にメタ言語で注釈を加える形をとる。つまり、テキスト外注釈の翻訳方略を使用することで読者の最適の認知効果を求める。直接訳の方略は主に文学作品名から観察されたのは、文学作品名には事柄を述べるものがあるからであろう。起点志向で翻訳するのは、日本語読者に認知してもらえない場合、目標志向で翻訳する傾向が見られた。

今回、『紅楼夢』における固定名詞の翻訳方略と訳出志向について考察してみたが、ほかの異文化要素の翻訳方略と訳出志向にどのような傾向が見られるかは今後の課題である。

参考文献

[1] 于静静.“日汉翻译中的文化差异”.《语言与文化研究》10. 2012, 171-174

[2] 王东风.“文化缺省与翻译中的连贯重构”[J].《外国语》, 1997:56-70.

[3] 大川英明.「映画における文化要素と日本語教育」.『関西外国語大学留学生別科日本語教育論集』, 2006. 16, 111-127

[4] 小玉齊夫.「文化の翻訳可能性について」.『論集』, 1992. 36, 53-87

[5] 佐々木倫子.「日本語教育で重視される文化概念」.『ことばと文化を結ぶ日本語教育』凡人社, 2002. 218-234

[6] 藤涛文子.「異文化コミュニケーションとしての映画翻訳: 字幕スーパーと吹き替えの比較を通して.」『ドイツ文学論集』 26 (1997): 75-97.

[7] 範祥涛.“文化专有项的翻译策略及其制约因素——以汉语典籍5文心雕龙6的英译为例”[J].《外语教学》, 2008(6).

[8] Aixelá,J.F. Culture specific items in translation.In R. Alvarez & M.Canmen-Africa Vidal(Eds.), Translation, power, subversion. Clevendon: Multilingual Matters. 1996, 52-78

[9] Davies,E.E. A goblin or a dirty nose? The treatment of culture-specific references in translationg of the Harry Potter books. The Translator, 9(1), 2003:65-100

[10] Diaz-Cintas,J. & Remael,A. Aodiovesual translation: Subtitling. Manchester & Kinderhoot: St. Jerome. 2007

[11] Viany,J.P. & Darbelnet,J. A methodology for translation In L. Venuti(Ed). The translation studies reader (2nd ed). London& New Youd: Routledge. 1958:128-137.

[12] Freddi,M. & Luaghi,S. Titling for the opera house: A test case for universals of translation? In L.I.McLoughlin,M. Biscio & M.A.N. Mhainnin(Eds.),Ausiovisual translation subtitles and subtitling. Oxford &New York: Peter Lang, 2011:55-85.

[13] Katan,D. Translating vultures: An introducion for translators, interpreters and mediators, Manchester, UK & Northanpton: St. Jerome, 2004

[14] Lomheim,S.The writing on the scree. Subtitling: A case study from Norwegian boradcasting(NRK),Oslo.In G.M. Anderman (Ed.).Word,text,translation. Great Britain: Multilingual Matters.1999

[15] Nedergaard-Larsen,B.Culture-bound problems in sudtitling. Perspectives: studies in translatolog 2. 1993:207-242.

[16] Nida, Eugene A.Language, Culture and Translating [M]. Shanghai: Shanghai Foreign Language Education Press.1999

[17] Pedersen,J. Subtitling norms for television. Amsterdam & Philadelphia: John Benjamins.2011

[18] Ramiere,N. Comment le sous-titrage et le doublage peuvent modifier la perveptiond' Elia Kazan, A streetvar named desire. Meat49(1).2004:102-114

[19] 曹雪芹. 红楼梦[M]. 北京：人民文学出版社, 1996.

[20] 伊藤漱平. 红楼梦[M]. 東京：平凡社, 1973.

機械翻訳で「だけ」を中国語に翻訳する場合の問題点

——動作の相手を表わす「に」が「だけ」に接続する場合

大連交通大学　李　璠
吉林大学　唐玉紅

要旨：本論文では、機械翻訳で動作の相手を表わす「に」がとりたて助詞「だけ」に接続する文を中国語に翻訳する場合の問題点を指摘している。主に述語は「あげる」「話す」「相談する」のような動詞が使われている場合、機械翻訳で翻訳する際の問題点を検討していく。特に、機械翻訳で「に＋だけ」の文型の否定文が正しく翻訳されない原因は、それぞれ日本語側と中国語側にあることを明らかにする。最後に、より正しく翻訳できるように、新しい翻訳方法を考えていく。

キーワード：機械翻訳　とりたて助詞　だけ

1. はじめに

本論文では、機械翻訳で動作の相手を表わす「に」がとりたて助詞「だけ」に接続する文を中国語に翻訳する場合、一番大きな問題点は次のように指摘している[①]。

◇機械翻訳では「に＋だけ」の文型を翻訳する場合、「だけ」はとりたて助詞として認識されず、ただ一つの単語として、それに対応する中国語の訳語に訳すように設定されている[②]。その結果、機械翻訳では中国語の訳文"只"の位置は正しく訳されないのだ。

（Ⅰ）山田さんに[だけ]言う。
　［機械翻訳］【誤訳】对山田先生[只]说。
　　　　　　【正訳】[只]对山田先生说。

とりたて助詞「だけ」により取り立てられた部分が動作の相手を表わす連用修飾語の場合、それに対応する中国語は、述語の意味が弱まって取り立てられた部分の意味が強まるのである。この現象は特に否定文に見られる。

① 本研究では「J 北京 V6」という翻訳ソフトを使用している。
② 日本語の「に＋だけ」「だけ＋に」の文型に関して、それほど意味の違いが見られないため、本論文では特にその区別を問わない。なお、本文では「に＋だけ」の言い方に統一して述べていく。

たとえば、(Ⅱ)のように、“说(言う)”という動作を強調するより、“只对～(～にだけ)”という限定の意味が強いように思える。この点では、日本語も同じである。

(Ⅱ)[山田さんに]だけ言う。
只[对山田先生]说。
↓
(“只(だけ)”にかかる焦点)

しかし、次の(Ⅲ)のように、日本語の場合は否定辞が動詞にくっつくが、中国語では、否定辞の“不”と“没”は動作の相手を表わす連用修飾語の前に置くべきである。つまり、限定する部分を否定するのである。

(Ⅲ)[山田さんに]だけ言わない/言わなかった(言っていない)。
只不/没[对山田先生]说。
↓　↓
否定辞　連用修飾語

したがって、本稿では、「に＋だけ」の文型を翻訳する場合、“只”と否定辞の“不”と“没”の焦点について次のように主張している。

Ⅰ　中国語の“只(だけ)”の焦点は、「だけ」により取り立てられた動作の相手を表わす連用修飾語「～に」の部分に置く。

Ⅱ　中国語の否定辞の“不”と“没”の焦点は、「だけ」により取り立てられた動作の相手を表わす連用修飾語「～に」の部分に置く。

したがって、本論文では、機械翻訳で「に＋だけ」の文型を翻訳する場合、中国語の“只(だけ)”は肯定文および否定文での位置について、次のように主張している。

Ⅰ　肯定文では、中国語の“只(だけ)”は“只(だけ)”にかかる焦点の前に置く。

Ⅱ　否定文では、中国語の“只(だけ)”は否定辞の“不”と“没”の前に置く。

表1

日本語	～に＋だけ	～に＋だけ…ない / なかった（ていない）
	只＋介词＋～	只＋“不”“没”＋介词＋～

(a)山田さんにだけ話す/話している/話した。
→只［对山田先生］说/说了。
(“只(だけ)”にかかる焦点)

（b）山田さんにだけ話さない/話していない/話さなかった。
→只不(没)［对山田先生］说。
（“只(だけ)”/“不”と“没”にかかる焦点）

本稿では、主に述語は「あげる」「話す」「相談する」のような動詞が使われている場合、機械翻訳で翻訳する際の問題点を検討していく。また、機械翻訳で「に＋だけ」の文型が正しく翻訳されない原因はそれぞれ日本語側と中国語側にあることを明らかにする。最後に、より正しく翻訳できるように、新しい翻訳方法を考えていく。

2. 先行研究

ト、池田（2004）では、「謂語の前に状语がある場合、否定辞は謂語の前か状语の前に置く。そのいずれかに置くかについては状语属性及び否定の焦点と関係がある。」と述べている。以下は、ト、池田（2004）で挙げられた例文である。

（a）我不｛和他｝去。（状语の前）　→　私は彼とは行かない。
（b）我和他不｛去｝。（謂語の前）　→　私と彼は行かない。

ト、池田（2004）で述べた中国語の訳文が「動作の対象の状语」と「範囲副詞」の場合の中国語否定辞の位置規則について、以下のようにまとめた。

Ⅰ　動作の対象の状语の日本語表現の後に「は」が付いていると、否定辞はその状语の前に置く。そうでなければ謂語の前に置く。

Ⅱ　中国語の“只”“就”“光”などの範囲副詞の場合、否定辞は当該副詞の前に置く。

しかし、規則Ⅰに従って翻訳すると次のような問題点が見られる。次の例文(c)は、「と」の後ろに「は」が付いていないため、中国語の否定辞は謂語の前に置くのである。しかし、(c)の訳文は(b)の中国語側の例文と同じ文になっている。

（c）私は彼とも行かない。　→　？我他一起不｛去｝。

また、規則Ⅰと規則Ⅱ両方に従って訳す場合、次の(d)と(e)はどちらも誤訳になるのである。なお、(e)の場合は、中国語側の訳文は日本語側の文と対応していないため、ここでは誤訳と見なされる。

（d）山田さんにだけ話さない。→　×对山田先生不只说。
（規則Ⅰ：謂語の前）（規則Ⅱ：“只”の前）
（e）山田さんにだけは話さない。→　×不只对山田先生说。
（規則Ⅰ：状语の前）（規則Ⅱ：“只”の前）

したがって、本稿では、ト、池田（2004）で作った中国語否定辞の規則を踏まえて、とりたて助詞「だけ」が使われる「に＋だけ」「だけ＋に」の否定文を翻訳するときの規則を考えていく。

本稿では、ト、池田（2004）で主張した動作の対象の状语の日本語表現の後に「は」が付くか付かないかで中国語否定辞の位置が変わる主旨と違って、「に＋だけ」「だけ＋に」の文型を中国語に翻訳する場合、中国語側の否定の焦点は、動作の対象を表わす状语(連用修飾語)の前に置くべきだと主張している。

3. 機械翻訳での規則の設定上の問題点

機械翻訳での設定に見られる一つ大きな問題点は、「に＋だけ」の文型を翻訳する場合、「だけ」はとりたて助詞として認識されているのではなく、ただ一つの単語として、それに対応する訳語に訳すように設定されている。そのため、「に＋だけ」の文型を訳すとき、中国語の訳文にはさらに複数の細かな問題点が見られる。

この節では、機械翻訳で「に＋だけ」の文型を翻訳する際の問題点を見ていく。機械翻訳で正しく翻訳されない原因は大きく二つに分かれる。一つは機械翻訳での翻訳の設定は厳密ではないことである。もう一つは日本語と中国語の文法上の違いによる原因である。

3.1　「だけ」の使用による格助詞「に」を翻訳する場合の問題点

3.1.1「に」が認識されない場合

機械翻訳では、とりたて助詞「だけ」が使用される前の文を翻訳するとき、格助詞「に」が正しく訳される。しかし、「だけ」の使用により、格助詞「に」は機械に認識されなくなる問題点が見られる。

例えば次の(1)のa.とb.のように、「山田さんに」の場合は正しく訳されるが、「山田さんにだけ」の場合は「に」に対応する中国語の訳文は訳されないのである。ここのbの「に」も中国語の介詞“与”に訳すべきである。

(1)a. 山田さんに連絡する。

［機械翻訳］【正訳】与山田先生联系。

b. 山田さんにだけ連絡する。

［機械翻訳］【誤訳】山田先生只联络。

また、例文(2)も同じように、「だけ」の使用前と使用後の訳文が変わってくる。ここのbの「に」も中国語の介詞“向”に訳すべきである。

(2) a. 山田さんに報告する。

[機械翻訳]【正訳】向山田先生报告。

b. 山田さんにだけ報告する。

[機械翻訳]【正訳】山田先生只报告。

したがって、機械翻訳で翻訳する場合、とりたて助詞「だけ」が入るか入らないかで、翻訳結果が変わってくる結果が見られる。

3.1.2「に」の訳文の設定の不規則な部分

A. 述語動詞が「話す」の場合

まず、機械翻訳での動作の相手を表わす「に」が「だけ」に接続する場合の正しい翻訳例を見てみよう。

次の例文(3)のように述語動詞が「言う」の場合は、aとbどちらも日本語の動作の相手を表わす格助詞「に」が、動作の相手を表わす中国語の介詞“对”に訳される。この二つの「に」の訳文どちらも適切である[③]。

(3) a. 山田さんに真実を言う。

[機械翻訳]【正訳】对山田先生说真实。

b. 山田さんにだけ真実を言う。

[機械翻訳]【正訳】对山田先生只说。

しかし、次の(4)のように、とりたて助詞「だけ」を入れることにより、「に」の訳文は正しく訳されないのである。機械翻訳で述語動詞が「話す」の場合を翻訳するとき、aの「山田さんに」の「に」は正しく訳されたが、bの「山田さんにだけ」の「に」は正しく訳されなかった。ここのbの「に」は場所を表わす中国語の介詞“在”に訳された。ところが、例文(4)で使った述語動詞の「話す」は「言う」と同じく動作の相手が現れる動詞であるため、ここの「に」も中国語に訳すとき“对山田先生”のように訳すべきである。

(4) a. 山田さんに真実を話す。

[機械翻訳]【正訳】对山田先生说真实。

b. 山田さんにだけ真実を話す。

[機械翻訳]【正訳】在山田先生只说真实。

③ ここの問題は、場所を表わす「に」が「だけ」にくっつく文を翻訳する場合で詳しく述べる予定です。

日本語では、格助詞「に」がとりたて助詞「だけ」に接続し動作の相手の意味を表わすほか、場所の意味も表わすのである。ただ、「に」が場所を表わす場合の述語は「いる」「浮く」「残る」のような状態を表わす動詞のみの使用となる。この場合の「に＋だけ」を中国語に訳すとき，例文(5)のように、“只(だけ)＋动词(動詞)＋在(場所を表わす)”に訳すべきである④。

(5)○地面にだけ残る。　→　○只残留在地面上。

しかし、(6)のように、述語は「言う」「話す」のような動作を表わす動詞が使われている場合、「に」は場所としての意味を表わすことが不可能である。また、「に」に前接する名詞は場所を表わす名詞かあるいは人物を表わす名詞かによって、後接する「に」の意味が変わってくる。その点については、中国語の場合も名詞の性格によって前接する介詞が変わってくる。ここの例文(6)の中の「地面」は場所を表わす名詞なので、述語の「話す」との組み合わせが成立しないため、(6)のような訳文は存在しない。

(6)×地面にだけ話す。　→　×只在地面上说。

B.述語動詞が「送る」の場合

日本語では、「～に送る」というような文型だけを見ると、「～」の部分に書かれるのは「送る場所」と「送る相手」のように二つの可能性が考えられる。しかし中国語では、「に」が「送る場所」の意味を表わす場合は“送到”のように、「に」を中国語の介詞の“到”に翻訳するべきである。また、「に」が「送る相手」の意味を表わす場合は“送给”のように、「に」を中国語の介詞の“给”に翻訳するべきである。

したがって、機械翻訳での次の(7)と(8)の訳文はどちらも適切に訳された。

(7)北海道に花を送る。
　[機械翻訳]【正訳】寄花到北海道。
(8)山田さんに花を送る。
　[機械翻訳]【正訳】寄花给山田先生。

しかし、とりたて助詞「だけ」が入ることによって、「に」の訳文は中国語の介詞“到”に訳された。この訳文は不適切である。

(9)山田さんにだけ花を送る。

④　ここの問題は、場所を表わす「に」が「だけ」にくっつく文を翻訳する場合で詳しく述べる予定です。

［機械翻訳］【正訳】到山田先生只送花。

以上の翻訳例を見た結果、機械翻訳で「だけ」が使用された文を翻訳するとき、「に」は無視されていることが予測できる。

3.2　動作の相手を表わす格助詞「に」の翻訳方法

日本語のとりたて助詞「だけ」の位置について、寺村（1991）では「（ⅰ）名詞の後（ⅱ）名詞＋格助詞の後（ⅲ）名詞と格助詞の間」のように述べている。本論文では、とりたて助詞「だけ」の位置について、取り立てられる名詞の前に置くか、あるいは後に置くかのみ考慮する。

次の例文(10)のように、日本語では、とりたて助詞「だけ」の位置は、「だけ」により取り立てられた名詞の後に置く。一方、中国語では、「だけ」に対応する限定を表わす副詞“只（是）”の位置は、“对象状语”（対象を表わす連用修飾語）の前に置く。

(10)山田さんにだけ/だけに話す。　→　只对山田先生说。
　　（名詞＋格助詞の後/名詞と格助詞の間）　（状语の前）

また、「に＋だけ」の文型の述語が「話す」「相談する」「手紙を書く」のような動詞を使われている場合、日本語側の「に」に対応する中国語の訳文は違ってくる。

(11)彼にだけ話す。　→　只对他说。
(12)彼にだけ相談する。　→　只和他商量。
(13)彼にだけ手紙を書く。→　只给他写信。

さらに、次の例文(14)のように、「に＋だけ」の文型の述語が「贈る」のような動詞を使われている場合、「に＋だけ」は“只(だけ)＋送(贈る)＋给(に)”のように、動詞“送”（贈る)は“只”（だけ)と“给”（に)の間に入れなければならない。

(14)彼にだけプレゼントを贈る。　→　只送给他礼物。

以下、格助詞「に」が対象を表わす場合、「に＋だけ」の文型の述語に使われている動詞による中国語の訳文をまとめた。

①「話す」「怒る」「言う」などのような二項動詞の場合：
　“只”（だけ)＋“对”（に)＋名词(名詞)＋动词(動詞)
②「渡す」「譲る」「送る」などのような三項動詞の場合：
　“只”（だけ)＋动词(動詞)＋“给”（に)＋名词(名詞)

③「相談する」のような相互動詞の場合：

"只"（だけ）＋"和"（に）＋名词（名詞）＋动词（動詞）

4. 日中両言語の文法上の違いによる問題点

「1．はじめに」で述べたように、機械翻訳で「に＋だけ」の文型を翻訳する場合、「だけ」はとりたて助詞として認識されているのではなく、ただ一つの単語として、それに対応する訳語に訳すように設定されている。そのため、機械翻訳で「だけ」が入っている文を翻訳する場合、「だけ」に対応する中国語の副詞の"只"の位置は正しく訳されない問題点が非常に目立つ。

この節では、機械翻訳でそのような問題点が起きる日本語と中国語の文法上にある原因を探っていく。以下機械翻訳での「に＋だけ」の訳文に見られる問題点を紹介する。

4.1　機械翻訳での「に＋だけ」の肯定文を翻訳する場合の問題点

機械翻訳で次の例文(15)を翻訳するとき、「だけ」にかかる焦点は「真実を言う」の部分だと認識されているようである。つまり、機械は原文を日本語の「山田さんに真実だけ言う」のように解釈したのである。しかし、(15)の「だけ」は「山田さんに」にかかるため、ここの中国語の訳文の"只"の位置は不適切である。"只对山田先生"のように訳すべきである。

(15) 山田さんにだけ真実を言う。

[機械翻訳]【誤訳】对山田先生只说真实。

【正訳】只[对山田先生]说真实。

（"只"にかかる焦点）

また、機械翻訳で次の例文(16)を翻訳するとき、「だけ」にかかる焦点は「厳しく言う」の部分だと認識されているようである。つまり、機械は原文を日本語の「山田さんに厳しく言うだけ」のように解釈した。しかし、(16)の「だけ」は「山田さんに」にかかるため、ここの中国語の訳文の"只"の位置は不適切である。"只对山田先生"のように訳すべきである。

(16) 山田さんにだけ厳しく言う。

[機械翻訳]【誤訳】对山田先生只严厉地说。

【正訳】只[对山田先生]严厉地说。

（"只"にかかる焦点）

最後に、機械翻訳で次の例文(17)を翻訳するとき[⑤]、「だけ」にかかる焦点は「厳しいこと」の部分だと認識されているようである。つまり、機械は原文を日本語の「山田さんに厳しいことだけを言う」のように解釈したのである。さらに言うと、機械では「山田さんにだけ／だけに厳しいこと」を「言う」の目的語として認識され、中国語の“说……(～を言う)”のように翻訳されるのである。しかし(17)の「だけ」は「山田さんに」にかかるため、ここの中国語の訳文の“只”の位置は不適切である。“只对山田先生”のように訳すべきである。

(17)山田さんにだけ/だけに厳しいことを言う。
　　[機械翻訳]【誤訳】说/说对山田先生只严厉的事。
　　　　　　　【正訳】只[对山田先生]说严厉的话。
　　　　　　　　　（“只”にかかる焦点）

4.2 機械翻訳で「に＋だけ」の否定文を翻訳する場合の問題点

この節では、機械翻訳で「に＋だけ」の文型の否定文が正しく翻訳されない原因を考えていく。その原因とは、日本語側と中国語側の否定辞の位置の違いおよび中国語側の否定の焦点の不定性のことである。さらに、「に＋だけ」の文型の否定文をより正しく翻訳するための翻訳方法を考えていく。

例文(18)の訳文のように、限定の意味を表わす“只”の位置は不適切である。つまり、ここの①と③の“只”は、否定の意味を表わす②と④の“不”と“没”の後ろに置かれるのは中国語では非文となるのである。

(18)山田さんにだけ話さない/話していない(話さなかった)。
　　[機械翻訳]【誤訳】在山田先生不只说/没只说。
　　　　　　　　　　　　　　　②①　　④③
　　　　　　　【誤訳】只不对/没对山田先生说。

4.2.1「に＋だけ」の否定文が正しく翻訳されない両言語にある原因

機械翻訳で「に＋だけ」の文型の否定文を翻訳する場合、中国語の訳文の“只”（だけ）の位置は不適切である。つまり、ここの①と③の“只”は、否定の意味を表わす②と④の“不”と“没”の後ろに置かれるのは中国語では非文となるのである。

(19)山田さんにだけ話さない/話していない(話さなかった)。
　　[機械翻訳]【誤訳】在山田先生不只说/没只说。
　　　　　　　　　　　　　　　②①　　④③

⑤　機械翻訳で「だけに」と「にだけ」の訳文が違うため、両方あげることにした。

そのため、機械翻訳で「に＋だけ」の文型の否定文が正しく翻訳されない一つの原因となる、日本語側と中国語側の否定辞の位置の違いを検討していく。

まず、日本語の否定辞の「ない」「ていない」「なかった」は文の最後に置く。

一方、中国語では、「だけ」により取り立てられた名詞が「主語」の場合、中国語に翻訳したとき否定を表わす"不"と"没"は述語「話す」の前に置く。また、「だけ」により取り立てられた名詞が「連用修飾語」の場合、中国語に翻訳したとき否定を表わす"不"と"没"は"对象状语(対象を表わす連用修飾語)"の前に置く。

以上の内容を以下のようにまとめた。

Ⅰ　日本語の否定の「ない」「ていない」「なかった」は文の最後に置く。

Ⅱ　「主語＋だけ」：否定を表わす"不"と"没"は"谓语(述語)"の前に置く。

Ⅲ　「連用修飾語＋に＋だけ」：否定を表わす"不"と"没"は"对象状语(対象を表わす連用修飾語)"の前に置く。

(20) 山田さんだけ話さない/話していない(話さなかった)。
　→只山田先生不(没)说。　（"谓语"の前）
(21) 山田さんにだけ話さない/話していない(話さなかった)。
　→只不(没)对山田先生说。　（"对象状语"の前）

機械翻訳で「に＋だけ」の文型の否定文が正しく翻訳されないもう一つの原因は、中国語側の否定の焦点の不定性に見られる。つまり、中国語側の否定の焦点は本来"谓语(述語)"の部分に置かれるが、「に＋だけ」の文型において、"对象状语(対象を表わす連用修飾語)"に置かれるのである。

(22) 山田さんは話さない/話していない(話さなかった)。
　→山田先生不(没)［说］。　(述語の前)
(23) 山田さんにだけ話さない/話していない(話さなかった)。
　→只不(没)［对山田先生］说。　(連用修飾語の前)

本論文では、「に＋だけ」の文型のように、とりたて助詞「だけ」による中国語の訳文は、述語の意味が弱まって取り立てられた部分の意味が強まるのである。そのため、「に＋だけ」の文型を翻訳するとき、述語にかかる焦点を取り立て助詞「だけ」により取り立てられた部分に置くべきだと主張している。

4.2.2「に＋だけ」の文型の否定文の翻訳方法

日本語の「に＋だけ」の文型を翻訳する場合、次の二つの翻訳方法にしたがって翻訳するのである。

Ⅰ　中国語の“只(だけ)”の位置は“只(だけ)”にかかる焦点の前に置く。

Ⅱ　中国語の否定を表わす“不”と“没”の位置は“只(だけ)”の後に置く。

(24)［山田さんに］だけ話さない/話していない(話さなかった)。

→只不(没)［对山田先生］说。　　　　　　　(否定の焦点)

5. まとめ

本稿では、機械翻訳で動作の相手を表す「に」がとりたて助詞「だけ」に接続する文を中国語に翻訳する場合の問題点を述べた。主に述語は「あげる」「話す」「相談する」のような動詞が使われている場合、機械翻訳で翻訳する際の問題点を検討した。本稿では、機械翻訳で「に＋だけ」の文型の否定文が正しく翻訳されない原因はそれぞれ日本語側と中国語側にあることを明らかにした。最後に、「に＋だけ」の文型の否定文をより正しく翻訳できるように、新しい翻訳方法を提案した。

参考文献

[1] 寺村秀夫（1991）『日本語のシンタクスと意味Ⅲ』くろしお出版

[2] 顾明耀　主編（1997）『标准日语语法』高等教育出版社

[3] 吕叔湘　主编（1980）『现代汉语八百词』商务印书馆

[4] 卜　朝暉・池田尚志（2004）「日中機械翻訳における否定文の翻訳」『自然言語処理』11(3), pp. 97-122, 言語処理会

[5] 翻訳ソフトJ北京V6（2006）高電社

文学研究

「懐かしい古東洋の秋の夢」に関する一考察

——芥川龍之介『東洋の秋』を中心に

大連理工大学　孔月　孟慶栄

要旨：寒山と拾得は中国の唐の禅僧であり、日本の宗教、芸術及び文学に深い影響を与え、しかも仏教思想の形象化を担った存在である。日本の古代、近現代文学と美術などに多く描かれ、多大な影響を与えた。芥川も1917年と1920年に寒山と拾得を主人公にした、現実と幻想を巧妙に融合させた作品『寒山拾得』と『東洋の秋』を書き上げた。しかし、この二つの作品における寒山拾得像に関する研究はまだ不十分である。そこで、本稿では主に「東洋の秋」を取り上げ、なぜ作者が1920年代の東京の街に中国の唐の時代の人物が出現する作品を書きあげ、この二人と出会った後の「おれ」が晴れやかな気持ちになったのか、などの問題を、時代背景および場所などの設定と意味を解明することによって明らかにした。すなわち、作者の「西洋」対「東洋」といった構図から、作者の伝統文化への憧れと創作当時の生き方への反省と見直しが読み取れる。

キーワード：西洋　東洋　伝統　見直し　生き方

1. はじめに

芥川は1917年と1920年に中国の唐の人物である寒山と拾得を主人公にした、現実と幻想を巧妙に融合させた作品『寒山拾得』と『東洋の秋』を書き上げた。周知のように、寒山と拾得は日本の宗教、芸術及び文学に深い影響を与え、しかも仏教思想の形象化を担った存在である。また、世俗から離れた超俗的な人物として知られている。日本においても中国においても、寒山と拾得の人物像に関する研究は多く見られるが、芥川が描いた寒山拾得像に触れる研究はほとんどみられないといっても過言ではない。芥川龍之介に関する研究は、今までさまざまな視点にわたって論じられてきたとはいえ、調べた限りでは『寒山拾得』と『東洋の秋』に関する研究はまだ少なく、不十分だといえる。とくに本稿で取り上げられる『東洋の秋』についての今までの研究は、管見の限り主に漱石の『夢十夜』との関連を指摘した言及しか見つからない。中国の寒山と拾得を題材と選んだ原因は、芥川の中国文化への憧れと仏教に対する興味などが考えられるが、『東洋の秋』と『寒山拾得』ではけっしてそれだけではないことがわかる。

そこで、本稿では寒山と拾得を取り扱った『東洋の秋』を取り上げ、なぜ作者が1920年代の東京の街に中国の唐の時代の人物が出現する作品を書き、この二人と出会った後の「おれ」が晴れやかな気持ちになったのか、などの問題を、時代背景および場所などの設定と意味を解明することによって明らかにしたい。

2.「日比谷公園」「篠懸」と西洋

『東洋の秋』（1920、『改造』）[①]は「おれ」が、黄昏の日比谷公園を寂しく散歩することから始まる。「売文生活」の重荷と重い負担を担っている「おれ」はため息をつきながら、苦しさと悩みを感じていた。突然、二人の男が静かに枯れ落ちた篠懸の落葉を掃いている場面が目に映る。その姿は静かで、穏やかであった。このような時代に寒山と拾得がまだ生きていることを見た「おれ」の心の中には、疲労と倦怠のかわりに、喜びと愉快の気持ちになり、心が落ち着いてきた。

『東洋の秋』が1920年の作品にもかかわらず、中国の唐の時代の寒山と拾得を登場しているのは何を意味するか、作品を詳しく解明する際に、背後時代が落とした影および作家自身の経歴も結合して分析する必要がある。その前に、まずテキスト配置されている「日比谷公園」「篠懸」「黄昏」などの記号が描写の中に自然に溶け込んでいることにも注目しなければばならない。これらの記号がテキストに散らばっているのはけっして偶然ではなく、隠喩的な意味があることをテキスト分析と結びつけて分析してみる。

まず、テキストの冒頭で「おれ」が散歩している場所——「日比谷公園」とそこに植えてある植物——「篠懸」の意味を解明する。

日比谷公園は、1903年皇居や国会議事堂などのさまざまの首都の主な施設が集中した場所に、日本初めての西洋風の公園として建てられた。この公園は当時ドイツの公園を範にし、花壇、噴水や芝生などが作られ、芝生樹林はドイツ風の散策路として設計された。また、1910年11月に完成された公園事務所の建物はドイツ・バンガロー風の瀟洒な建築物で、明治期の数少ない近代洋風建築の一つである[②]。すなわち、「日比谷公園」は日本の西洋化が進んでいく過程で、日本の近代化を象徴する公園として作られたのである。

そして、「篠懸」という植物はウィキペディアフリー百科事典によると、原産地はヨーロッパ南東部とアジア西部で、日本に明治末に渡来した樹皮が大きくはげて白と淡緑色のまだらな植物で、日本へ導入されてから、街路樹として初めて植えられ、次第に広く植えられるようになり、人々に知られるようになったとされる。

このように、「日比谷公園」も「篠懸」も、近代日本の西洋化した産物であり、濃厚な西洋文明の雰囲気があふれていることがわかる。

---

① 本稿における作品の原文引用はすべて『芥川龍之介全集』第三巻．岩波書店、1977 年による。
② 前島康彦『日比谷公園』郷学舎、1980

3.「日比谷公園」の「黄昏」と西洋化への苦悩

テキストが書かれた時代は、民衆の騒乱、労働争議の激化など社会的な矛盾が深まり、ロシア革命によって、ロシアの帝国主義政権の統治は覆され、世界最初の社会主義政権は樹立された時代であった。日本社会も当然大きな影響を受け、民主主義や自由主義を求めるデモクラシー風潮が起きた。この時期の日本社会は西洋化が進み、西洋文明が猛烈な勢いで社会に影響を与え、伝統文化はだんだん衰えるようになった。革命の思潮において、ロシア研究や内田魯庵が翻訳したトルストイやドストエフスキーの革命小説が人気を博していた時期であった。このような日々変幻しつつある時代に生きる作者自身の生活状況も悪くなっていく。1919年、芥川は英語教師の仕事をやめて、大阪毎日新聞社に入り、専任の作家となるが、収入が非常に低かった。それだけではなく、この時期の芥川は、心の苦痛を抑えざるをえなく、親戚の面倒を見なければならなかった、生活上の苦境および心の悩みと悲しさに取り巻かれていた時期でもあった。『東洋の秋』のなかで、作者は「おれ」の口を借りて「疲労と倦怠とが、重たくおれの心の上にのしかかつてゐるのを感じてゐた。寸刻も休みない売文生活」（415頁）という内心の苦しい悩みと自身の重い負担を直接に読者に訴えている。「おれ」の目からみると、作家という職業は本来の価値を失い、「売文」となってしまった。何のために作品を書くか、自分にも分からないという自暴自棄の考え方で、芥川の生活上の悩みは明らかに示されている。

そしてテキストの冒頭に、「おれは日比谷公園で寂しい散歩を続けていた」（414頁）とあるが、「日比谷公園」は前述したように、日本初めての近代化を象徴する公園であり、「おれ」一人が日比谷公園を歩いている姿は、東洋文明を代表する日本人が西洋化した近代風の公園を歩いている場面を強く提示した。西洋化された日比谷公園の中で、東洋人としての「おれ」が寂しく歩いているという対照的な描写、すなわち東洋と西洋という二つの文明を強く対照させることによって、止まることない時代の流れを強く感じさせる。そして、日比谷公園というと、もうひとつ見逃せないのは、大正デモクラシーの中、東京市電賃上げ反対運動や普通選挙運動、シーメンス事件に対する第2次山本内閣弾劾国民大会など、民衆による社会運動の拠点ともなったところであることも見逃せない。日比谷公園は、新旧二つの時代の重なり合いの中で、政治的混乱がもたらす心の不安、迷いを呼び出す装置としてもみられる。この感傷的な基調をもとに、芥川は日比谷公園について長い紙幅で描いているが、その一部を引用する。

> 空には薄雲が重なり合つて、地平に近い樹々の上だけ、僅にほの青い色を残してゐる。そのうそ寒い路の上には、おれ以外に誰も歩いてゐない。（略）まるで風の落ちた海の如く、蕭条とした木立の向うに静まり返つてしまつたらしい。（略）さう云ふ内にこの公園にも、次第に黄昏が近づいて来た。（414頁）

引用の中に表れる「薄雲」「うそ寒い路」「青い色」や「蕭条」などの言葉は、いずれも秋という季節の悲しみと孤独が感じさせる、薄ら寒く物寂しい秋の雰囲気を醸し出している。また、「黄昏」という言葉が現れた。すなわち、芥川が描いたのは、夕暮れの日比谷公園である。

『黄昏』は芥川の作品によく見られる言葉である。たとえば『羅生門』（1915年）や『片恋』（1917年）、『蜜柑』（1919年）、『杜子春』（1920年）などの作品が挙げられる。芥川の多くの作品にみられる「夕暮れ」は、流転している自然や過ぎ去る時間に対する哀れと感傷を強調し、絶望な声が聞こえるように描かれている③。それは日本人独特の美意識の「もののあわれ」とも結びつけられる④。「夕暮れ」は消え去った短い生命を象徴し、物悲しい情緒があふれている。『東洋の秋』においても、秋の「黄昏」を描く場面を通して、作品に溢れている感傷的基調が強く読者の心を打つことはあきらかである。

以上みてきたように、作品のなかの「日比谷公園」と「黄昏」についての多くの環境描写は、「おれ」の心の奥に隠している悲しい気持ちと悩みを鮮明に表現し、交錯している時代の中で希望が見つけられない「おれ」の迷いを示している。

4. テキストにおける「掃除」するという装置

寂しい秋の夕暮れの日比谷公園を寂しく歩いている「おれ」は、時代に対する不安や生活への感傷に浸っていた。ところが、あとの「おれ」は思わず寒山と拾得と偶然に出会った。本文では二人の姿を次のように描いている。

> 二人の男が、静に竹箒を動かしながら、路上に明るく散り乱れた篠懸の落葉を掃いてゐる。何処からか飛んで来た鴉が二三羽、さつと大きな輪を描くと、黙然と箒を使つてゐる二人の肩や頭の上へ、先を争つて舞ひ下がった。が、二人は依然として、砂上に秋を撒き散らした篠懸の落葉を掃いてゐる。

ここで、特に寒山と拾得が静かに「掃除」している姿が生き生きとして、たいへん人の注目を引く。

寒山拾得は二人とも禅僧であり、仏教に関わっている人物として仏教的生き方が二人の人生に深い影響を与えたのはいうまでもないことである。日常生活に良く使われる掃除の工具としての「箒」は、拾得という禅僧がよくもっている道具としてのイメージが定着しているが、その「箒」に仏教的深い意味が含まれている。仏教において、「箒」は人の霊魂を呼びかけて収集したり、心の汚れや不純な雑念を取り除いたりことができ

③ 平岡敏夫．芥川龍之介論——叙情の美学大修館書店、1982

④ 蒋静．芥川龙之介作品中黄昏意象的文化阐释［J］．湖南人文科技学院报，2013，8：31-36.

る。ちりやゴミなどの不浄なものが、箒の使いによってすっかり清掃されるのは、良くないものを一掃する意味である。要するに、拾得が持っている「箒」は、ただの掃除道具ではなく、そもそも呪術的な意味が込められ、人間の心の汚れや雑念をきれいにすることのできる道具でもある。天台宗の法話集のなかでも掃除という行為について「一掃除二座禅三看経」と書かれている。すなわち、禅寺での生活は「なにはさておきまず掃除から」が基本となっている。「掃除」は、仏教が人の気質および性格を作り上げるための説諭であり、仏事の重要性を示す一つの方法である。経巻の勉強や閲読、坐禅などの行事はもちろん大事であるが、それに比べて、掃除のほうが心を磨くのに一番重要である。お釈迦様も自分の弟子に「自身洗浄、他心洗浄、諸天歓喜す、端正の業を植ゆ、命終の後、まさに天上に生ずべけん」と掃除の功徳を語っている[⑤]。すなわち、「掃く」という行為は自分だけでなく、他人の心を清められ、それによって周囲の環境もいきいきとし、周囲の人の心も物事も整い、死後必ず天上に生を受けるという意味で、掃除がいかに大事な行為で、人の生き方に直接関わっていることがわかる。

テキストにおいて、寒山と拾得は西洋風の「日比谷公園」のなかで、静に箒を動かしながら落葉を掃除している。この場面は虚実結合の筆法で描かれていて、「おれ」の目の前に現れた寒山と拾得は、「静に竹箒を動かしながら、路上に明るく散り乱れた篠懸の落葉を掃いてゐる。」。前でも述べたように、明治期に植栽された「篠懸」には「西洋的」意味が強調されている。さらに、そこに並べてあるのは「篠懸の花咲く下にカッフェ店かな」という語句がある。「日比谷公園」と「篠懸」という西洋とかかわる設定を組み合わせることによって、西洋化された現実社会が目の前に浮かび上がってくる。そこに、東洋の伝統文明を代表する人物の寒山と拾得を登場させ、「篠懸」の落葉を掃くという設定を施している。そこには、寒山と拾得の掃除しているものが、まさしく西洋的もので、二人の「篠懸」を掃除している姿に「おれ」が「今までの疲労と倦怠との代りに、何時か静な悦びがしっとりと薄明るく溢れてゐた。あの二人が生きてゐる限り、懐しい古東洋の秋の夢は、まだ全く東京の町から消え去つてゐないのに違ひない。」という気持ちがはっきり示された。懐かしい古い東洋の時代を象徴する寒山と拾得の二人は、、「おれ」の心を強く引き付けた。ここで、「おれ」は心の塵を払い、西洋化した世界から離れ、東洋の伝統文化を再び発見し、その信念を強く守っていこうとする決心を打ち明けているとみられる。最後の「気軽く口笛を吹き鳴らす」場面からもうかがえる。

「日比谷公園」も「篠懸」など西洋文明に満ち溢れている世界に、寒山と拾得が現れ、西洋的ものの「篠懸」の落葉を清掃する姿は、「おれ」の東洋文化への懐かしさを一層明確に示している。なお、最後の「懐かしい古東洋の秋の夢」はストレートに伝統文化への熱愛と偲びを表現している。

奔放で無垢な童心を持つ人物としてだけでなく、静かに自分のやっていることに専念

⑤ 善光寺秋彼岸法会．特別法話．横浜善光寺（出版社不详）、2005

する人物として描かれている。ここで特に強調されているのは、無数の鴉が飛んできて、二人の掃除作業を妨げてもぜんぜん影響されず落葉を清掃していることである。二人の沈黙と静かな姿からみられる、成熟で豊満な人物像、つまり全力を尽くして自分のやっていることに集中する人物像が生き生きとして浮かび上がる。また、「掃除」という行為は、「我が心の塵を払わん、我が心の垢を拭わんという、いわば自分自身を変えていく一つの大きなポイントがある」⑥とされるように、禅宗の修行では、掃除することにより、自分の心を清めることがわかる。掃除することで、欲望を払い、迷いを除き、それによって心が清められ、幸福が得られるといえる。その「心の塵」は、テキストでは西洋化されたものを指し、「おれ」自身の「疲労と倦怠」の原因でもある。そこで現れた静かに「心の塵」や苦悩を掃除している寒山と拾得の姿に、「おれ」は深い感銘を受けた。要するに、新旧交替の時代または世間の無常に対して澄みきった心を守り、信念を守り抜き、他人の視線を気にせず自在に生きていくことが、これからの「おれ」の生きる道だということが確認できた。

作品が書かれた1920年代は、富国強兵を国是とする日本の西洋化が急速に進んだ時代であった。ロシア革命以後、日本はますます西洋文明を自分の救世主として強く信じるようになった。そういった西洋化された社会、西洋文明に熱中する民衆に対して芥川は客観的で冷静な態度を持っていたと推測する。この時代前後に書かれた『開化の良人』（1919年）、『舞踏会』（1920年）、と『南京の基督』（1920年）などの作品のなかでも、芥川は日本の文明開化と近代化のもとに現れた人物の滑稽さや愚かさ、悲劇などを描くことを通して、「西洋文明は本当に日本を救うことができるのであろうか」⑦という疑念と不安をはっきりと示し、西洋文明の風潮への見直す姿勢をみせた。『東洋の秋』においても、そういった風潮に迎合していた自分への否定と反省の気持ちがみられる。

5. 結論

本稿では『東洋の秋』に散りばめられた記号「日比谷公園」「篠懸」に焦点をあて、そのねらいと「ロシア革命」が創作背景となる時期と結びつけて作品を分析し、以下の結論に至った。

西洋化が急速に進み、社会的な矛盾が次第に深まる1920年代の日本を生きる作者は日々孤独や彷徨を感じていた。このような時期に、伝統文化と精神の自由を象徴する東洋文化の代表的人物の寒山と拾得を巧妙に作品に登場させることによって、内心の解脱を求める傾向がわかるうかがえる。テキストにおいて、作者は西洋化の潮流に乗ってし

---

⑥ 于天禕．「『南京の基督』から見る芥川龍之介の近代観」[G]．『比較文学・文化論集』．東京：東京大学比較文学・文化研究会，2006:1-6

⑦ 上甲晃．『志のみ持参』[M]．致知出版社：1994

まった人々や社会を冷静に見直し、そういった波に呑み込まれた自分への否定と反省の気持ち、そしてこれからの自分の生きる道を、東洋伝統文化を象徴する寒山と拾得に託して顕わにしている。二人の自由自在な生き方を賛美することで、その生き方への憧れと二人の精神が当時の日本、あるいは自分中で生き続けてほしい願いを解読することができる 。今まで芥川の作品に関する研究では、作品における悲劇的で、消極的な人生観を見出す論が多く、寒山と拾得の詳しい描写や人物像に着目して分析する視点はほとんど見られない。本稿は、『東洋の秋』における時代、地名などの背景に焦点をあて、その意味解釈を通してテキストにおける隠喩的意味を析出した。暗い人生と移り行く時代の無常さに、作者の消極性が見られたが、世の中を楽観的に生きていこうとする「おれ」の明るい態度に、創作当時の作者芥川の態度を垣間見ることができる。この時期に芥川がなぜ中国の伝説的人物の寒山と拾得のような生き方を作品に導入したかを明らかにした。寒山拾得像を描くことによって、作者の「西洋」の対局となる「東洋」の伝統文化への憧れと創作当時の生き方への反省と見直しがうかがわれる。

参考文献

[1] 芥川龍之介.『芥川龍之介全集』. 第三巻. 岩波書店, 1977

[2] 加藤富一.『夢十夜』論[J].名古屋女子大学紀要, 1992(3)

[3] 小林信彦.「芥川龍之介が不用意に扱った素材——長尾佳代子が行ったケイラス研究の成果」[J].『国際文化論集』, 2007(12)

[4] 高橋奈保子. 芥川の墨画と文人的風流[J].待兼山論叢, 2004(38)

[5] 张石. “唐代诗僧寒山与日本近现代文学”[J].《日本研究》, 2009(1)

[6] 西川正二.「芥川龍之介の庭——創造の生成場所としての異種混淆」[J].『慶応義塾大学日吉紀要』. 英語英米文学, 2011(58)

[7] 前島康彦. 日比谷公園[M]. 郷学舎:1980.

[8] 孟雪. “芥川龙之介小说中的佛教思想”[D]. 北京:北京林业大学, 2011.

付記：本論文は教育部社会科学研究プロジェクト「隠喩视域下芥川龙介小说中的中国书写」［15YJC752012］の研究成果の一部とする。